昭和後期の家族問題

1945～88年、混乱・新生・動揺のなかで

湯沢雍彦 著

ミネルヴァ書房

まえがき

あなうれし　とにもかくにも　生きのびて
　戦やめる　けふの日にあふ

その昔『貧乏物語』を書いて庶民の共感をよんだ人道主義マルクス経済学者河上肇は、昭和三年共産主義者の大弾圧にあって京都大学を追われ、八年以降はずっと獄中にあった。昭和二〇年八月一五日敗戦の日に獄中でこのニュースを聞いて喜び、この歌をよんだ。しかしその時は、肺結核に加えてひどい栄養失調でもあった。一カ月後、大好きだった郷里のまんじゅうのことを十日がかりで手紙に書いて母親へ送ったが、その数日後に亡くなってしまった。

死ぬる日と　饅頭らくに買える日と
　二ついずれか　先に来るらむ

残念ながら、死の方が先に来てしまったのである。

敗戦は、このように一部の人には、大きな喜びを伝えたが、より多くの人には失望と困惑とを与えた。私は旧制中学三年生として、動員先の中島飛行機三鷹工場でこの日に出会い、その中庭で終戦の放送を聞いた。物心ついて以来ずっと戦いの中にいたので、戦争が終わることなど考えもしなかった。「学校に戻って勉強を始めよう」と言われた先生の言葉はうつろに響いた。そのように困惑した人も多くいたに違いない。

学校に戻って授業に出ても、社会系の先生方はその前と言うことが変わり、自信をなくしていた。価値観の根底が逆転した上に、物資の大欠乏の中で敗戦を迎えたのだから、戦後は大変なことであった。しかしそこから日本人は立ち上がったのである。二〇年あまりの間に日本は大きく変貌し、社会も生活も家族も劇的に変わっていった。経済が猛烈に成長を始め、人びとの顔つきが明るくなった。この短い期間でこれほど社会の質が変わり、生活が発展した国が他にあったろうかと思われるほどの変わりようである。しかしその二〇年後にはバブルがはじけ、困惑する声が溢れてきた。

それらを検討する政治史や経済史や事件史などの書物はたくさん出されているが、ここでは、家族という最も人間くさい枠の中から関係する世の動きの意味づけを考えるものとした。

本書は、いずれもミネルヴァ書房から刊行した『大正期の家族問題』『昭和前期の家族問題』に次ぐものであるので、そこでの基本的スタンスを踏襲している。

一つは、時代の先頭を切る人物や物品の登場のことよりも、平凡で普通の人々や日常生活の方に重点を置いた。それが大多数を占めていた社会全体の動きだからである。過半数の人の考えや行動が大切である。二つは、整理された主張や理論ではなく、率直で生の言葉や文章を多く拾った。それこそが地の塩の人の気持ちであり願いである、と考えたからである。なるべく論評ではなく、「本人をして語らしめる」姿勢を貫いたのもそのためである。

なお戦後の昭和は戦前と違って、情報の種類と量が比較にならぬほど厖大なものとなった。どの分野をとらえても一冊の本になるほど資料が溢れている。全領域にわたることは到底出来ないので、本書では私が辿ってきた道筋、すなわち、昭和二〇年代の貧しさ、三〇年代の家裁調査官としての体験、四〇年代以降は大学研究室での仕事、五〇年代は国際婦人年の委員としてのかかわり、などを軸として組み立てる方法をとった。私なりの昭和家族史としたかったからである。

扱った時代範囲はほぼ昭和後期（昭和二〇年から六三年）に限られているので、年号は西暦ではなく和暦を用いるのを原則とし、必要があると思われる場合のみ西暦を付記するようにした。なお、引用した方々の肩書や敬称は省略させていただいた。

終戦後の昭和時代は四三年間もあって様相をかなり変えてきたので、全体を三つの部に大別し、その中を一二の章に分けることとした。ほぼ時代を追って大きな出来事を軸にまとめてみたが、事態は年度によってはっきり区切れるものではないので、重複が出るのはお許しいただきたい。目次部名のうしろの副題は、主要な出来事が起こった年次である。

第Ⅰ部は、戦後の大混乱の中で大きな社会改革が重なったときで、昭和二〇年代前半が中心だが、そのひずみが続いた二〇年代後半も含めた。

第Ⅱ部は、家庭生活がやや向上を始めた昭和二〇年代後半から、古い家族関係に終わりがみえてきた四〇年代初めまでをまとめた。景気に明るさが見え、改革の意識が先行したときである。

第Ⅲ部は、現代的な家族に近づいたとみられる昭和四〇年代から昭和末期の六三年までをまとめた。この時期の日本は、空前の経済成長に恵まれて多くの家庭生活は向上し、女性の形式上の地位も高められた。この前半には明るい声も上がったが、不遇な子はやはり救われることがなく、夫婦の間にも新しい悩みが拡がった。最後の二つの章では戦後昭和家族の変貌ぶりを総括した。

なお、全体として読者の年齢層を考慮し、なじみが少ないであろう第Ⅰ部を詳しくし、現在に近い第Ⅲ部をやや簡略にした。

昭和後期の家族問題

——一九四五～八八年、混乱・新生・動揺のなかで

目次

のの、女性を中心とする人身売買は二九年でもあり、貧困長欠小中学生は二八年でも二九万人もいた。うっすらした明るさが出てきた都市部の裏側にも、貧窮する家族が少なくなかったのである。

家庭裁判所ができて、戦前の数倍にものぼる家族紛争を引き受け、新時代の夫婦・親子の同権・平等の考えによる解決を拡めていったが、家裁にかけることをいさぎよしとしない夫たちは協議離婚を多用して女性を泣かす道を続けていた。他方、老親子同居は減らないものの、嫁と姑の立場と力関係は、徐々に逆転していった。

他方、戦争で阻止されていた結婚が爆発的にふえ、昭和二二～二三年の婚姻率は、戦後最高の数値（二〇～一二）が記録された。その内容は第一章で紹介する。

盛大な結婚はのちの二倍もの高い出生率と結びついて、二二～二四年のいわゆるベビーブーム時代を現出した。死亡率は二二年から早くも低下していたから、各年二六〇万を超えるこの三年間の出生者は、前後に比べ年当たり約五〇万、一〇年後に比べれば一〇〇万も多い特殊巨大な人口コーホート、すなわち「団塊の世代」として、のちの世に数々の社会問題をひき起こす要因となるのである。

しかし、この出生率のはね上がりの主力は、若い夫婦に限られた。ブームのさなか二三年七月に施行された優生保護法の事実上の目的は、この窮乏期に保身策として横行した違法堕胎の防止とその合法化にあったとされるが、三〇歳代以上の妻は、出生ブームよりもむしろ中絶の方に関与したのである。

2　生活向上と新生のとき

しかし、昭和二七～二八年になると、収入の絶対額はまだ乏しいもののエンゲル係数（生計費中の飲食費の割合）は五年前より二割も低下して、わずかながらも生活に余裕が出てきた。その力を読書・ラジオ・映画などに振り向けて、暮らしは低くとも「思いは高く」する望みが出てきた（第四章）。

そして三〇年代に入ると神武景気がはじまって岩戸景気につながり、多くの家族も経済成長の波にのれるようになる。家族制度の改革は親の拘束力を弱め、農地改革は地主のくびきを断ち切ったので、若い労働力は自由に都市へ移住し、少子の核家族を作り、失業を知らない製造業や流通業に入っていった。三〇年代なかばからは所得倍増計画にのって高度経済社会に突入する。勤労者の手取り月給は右肩上がりで年々素晴らしい勢いで上昇し（図序－1）、家族をとりまく空気はひどく明るいものになり、「人身売買」とか「子の家出」といった暗い言葉はいつのまにか消えていった（図序－2）。

代わって、都市では電気釜や電気洗濯機などの三種の神器が登場して、主婦の労働力は大幅に軽減され、女性も職場へ進出しやすくなった。だが、家族員の生活感情は、簡単には変わらない。三一年実施の「家族制度についての世論調査」（内閣審議室）では、全体として、家族主義的国家観をはっきり否定するもの一九％に対し、はっきり肯定するもの四〇％にみられるように、総じて伝統的家族関係支持が大勢であった。

しかし、家族の構成は、昭和三〇年から四〇年までの一〇年間に劇的に変わっていった。普通世帯

図序-1　月間実収入の推移（二人以上勤労者世帯）

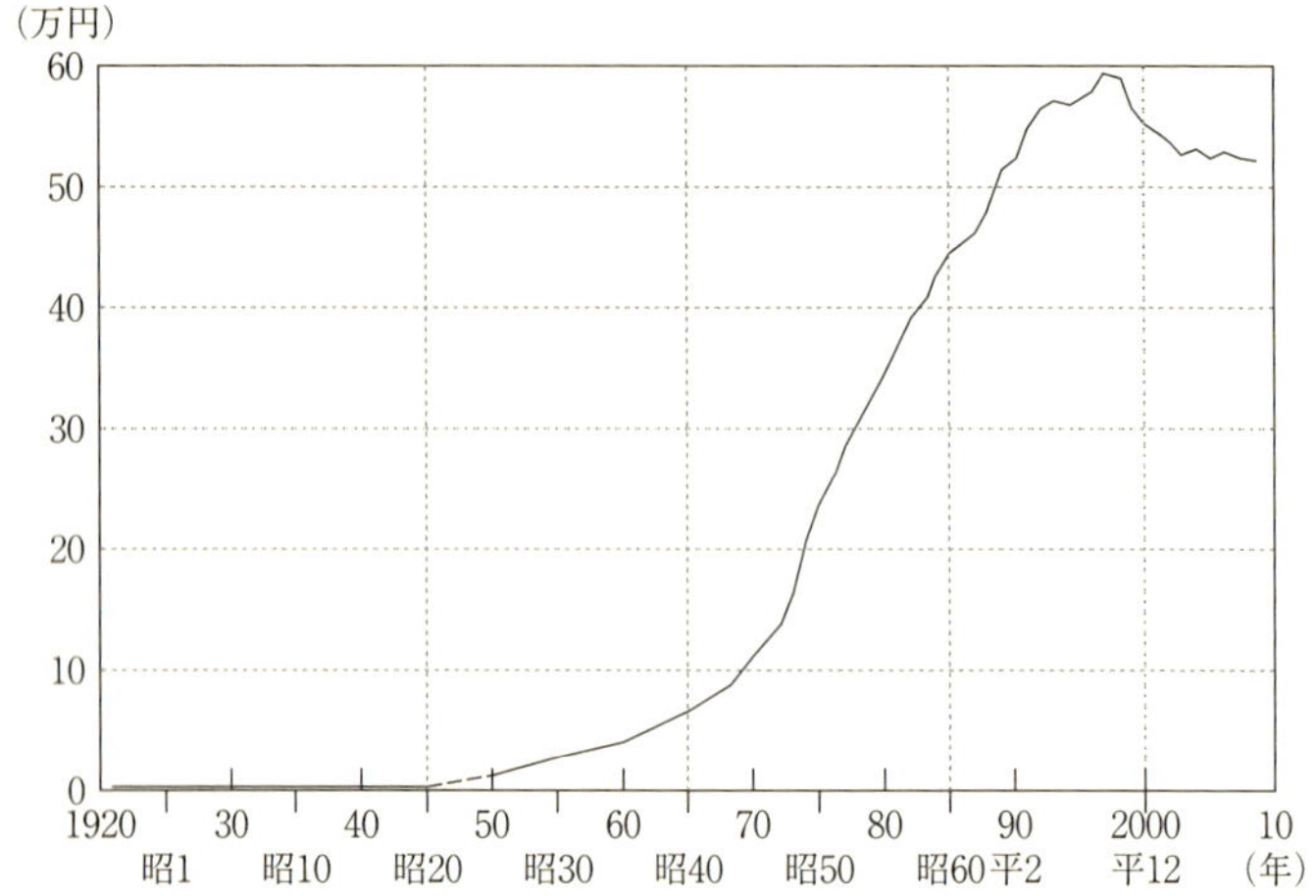

出所：総務省『家計調査年報』。

の平均人員が五・〇人から四・一人にまで縮小した。アメリカでは五〇年かかった変化が、日本では一〇年で起こったのである。子の数も四人から二人へ減り、若年者が小さな住宅で単独世帯と核家族を構えたのである。これは普通、核家族化といわれるが、親などが同居する拡大家族世帯も六四三万から六八三万へ増加しているのであって、拡大家族が減少したわけではない。つまり、従来の拡大家族が分裂したのではなく、増大した新たな若年層が別の世帯をつくったのである。このように、青年世代の増加の結果とはいえ、核家族が一〇年間で四一一万世帯も増加して拡大家族の倍以上になったことは核家族時代の到来とうたってよいであろう。これは量的問題のみでなく、同時に質的にも、親族組織の中での核家族の自立化・孤立化ならびに、配偶者選択における恋愛の優越と見合いの減退（四一年以降）等をもたらした。第六章で

図序-2　被保護世帯数（万），被保護人員（万），保護率の年次推移

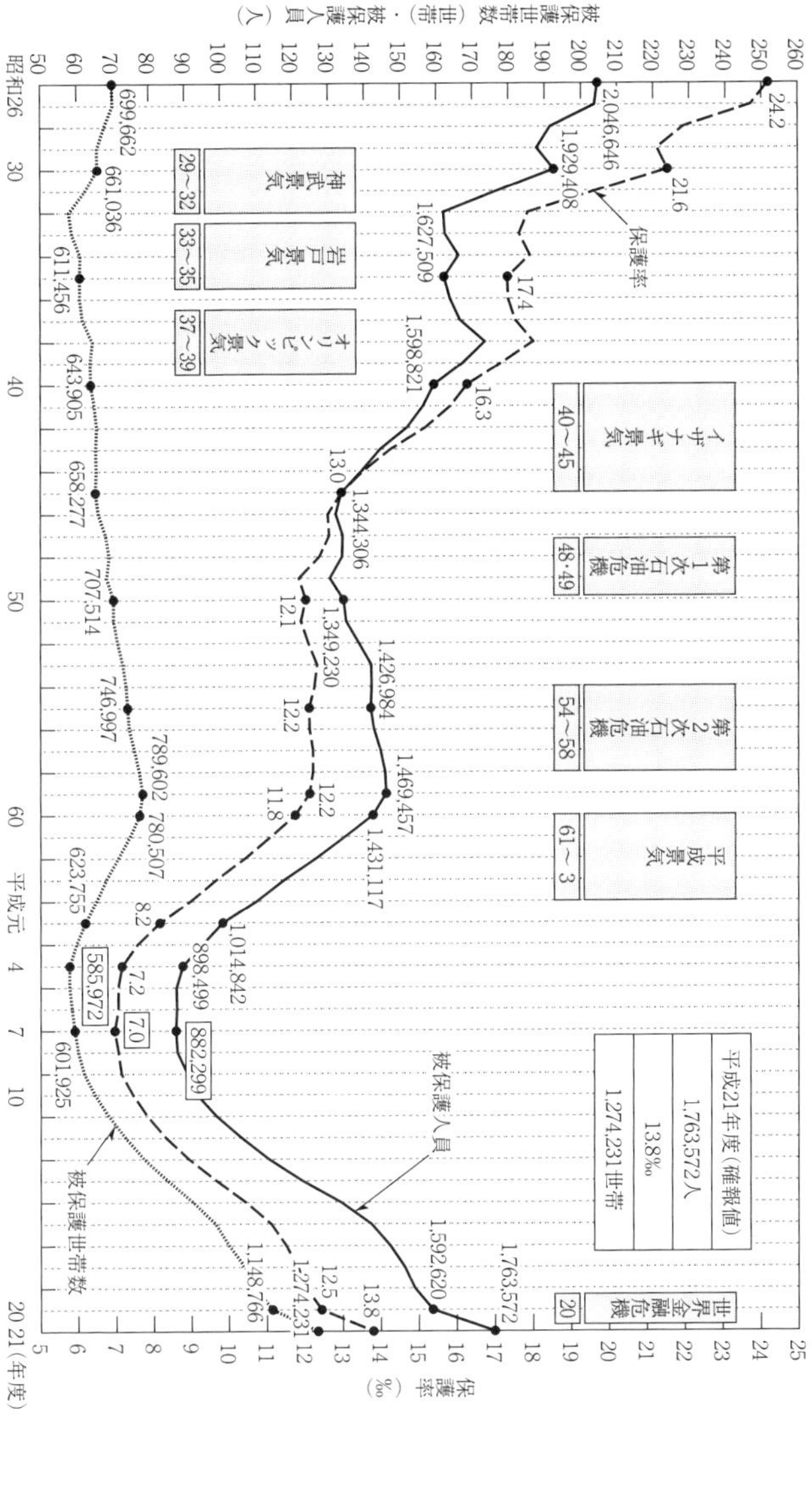

出所：厚生労働省『福祉行政報告例』（平成22年1月版）2頁。

みるように、団地などには近代家族を生むようになったのである。

この結果、全国の意識の面でも明らかな変化がみられた。四一年実施の「家庭生活意識に関する世論調査」（総理府）によると、多くの家族が家庭生活全体として「子どもの頃（すなわち戦前）よりも現在の方が良い」と答えた。これは意見を明示したものの八四％にものぼり、しかも妻だけでなく夫も同様に支持した。この家族肯定観は、しつけ問題を除けば、父親・母親とも役割をよく果たし、夫婦の間がらもうまくいっているという自信に支えられている。確かに夫婦の離婚率は、普通離婚率においても夫婦総数あたり離婚率でみても三〇年代後半が戦後で最も低いという背景がある（第六章）。

この調査は前出の「家族制度についての世論調査」の一〇年後のものだが、この一〇年の間に「夫の家庭化」「長男の劣位化」「嫁の優位化」といった価値の転換がみられた。四〇年前後に流行した「家つき・カーつき・ババア抜き」はそのシンボル的フレーズであった。

3 経済成長下の家族の動揺

実はこれらの動きには、日本社会全体の動きとともに先進諸外国の変動の影響も大きく作用している。そのもようを第七章で確かめてから、日本の昭和四〇年代に起こっていた若年男女、老人、子どもの動揺を第七・八章で検討した。それまでは、万人に当然とされてきた「適齢期での結婚」の遅れが目立ちはじめ、結婚や出産を回避したりする若者も出てきたのはこの頃からである。とくに昭和四七～四八年は、未婚の母事件、菊田医師事件、子殺し報道過剰問題など子どもをめぐる病理問題が騒がれたが、より大きくは前の二倍以上に増えてきた主婦の雇用労働化の影響の方が動揺を激しくした。不足する保育所をめぐる問題と、家事・育児は妻のものとする伝統的性別役割分業に対する見直し是正を迫る問題であった。昭和四五年にアメリカで高まったウーマンリブ運動は、同年秋早くも日本にも移り、「性差別への告発」と題する大会が開かれた。政府側も四七年「婦人に関する諸問題調査会議」を設け、五〇年の国際婦人年にこの課題はもち込まれた。「ワタシつくる人、ボク食べる人」のコマーシャルが槍玉にあがるなど性別役割見直し論がとくに論じられた。総理府の四七年世論調査では、「男は仕事、女は家庭」に同感四九％、反対四〇％と小差に変わっている。五三年には、女子被雇用者中五五％を有配偶者で占めるほど妻の社会進出が目立ってきて、子育て論争が再燃する地盤を作りつつあった。

「国際婦人の一一年」をめぐる内容と法の改正は第九章で取り上げた。なお昭和四八年には「オイルショック」が起こって産業界には大打撃を与えたが、家庭経済への影響は少なかった。

昭和五〇年代後半から六〇年代初めにかけては、テレビや映画などのマスコミが、新しくなりつつある家族に新しい濃厚な刺激を与えてきたが、その一部を第一〇章で紹介した。

なお家庭の経済は、昭和五〇年代から経済成長が停滞期に入ったのちも世帯収入は平成四年ごろまで伸びていた。しかし昭和六一年以降は、実態がないにもかかわらず土地や株への泡沫的な投機現象が広まり（バブル経済）、平成二年にはそれが急落してバブルは崩壊した。幸か不幸か昭和時代はその崩落の一歩手前で終わっていたのである。

最後の二つの章では、庶民の考える家族論をまじえ、まとめをかねて戦後の昭和家族全体の動きを振り返ってみたものである。

物資の充実、ゆとりへの変化、電化に伴う生活の動き、地域社会の縮小、社会保障の整備、マスコミ情報の影響増、などのように、戦後大きく変わった思想・経済・社会の動きとともに、家族のかたちや問題の質も変わっていく。しかしそこには、多くの人が家族に対して「変わらぬ心の拠り所」を求めるがゆえ、社会の変化に応じて、家族問題の表の部分と内の部分が少しずつ動いてきたようにも見てとれる。そして昭和の行きつく先では、「家族という存在」への見直しが始まり、現在に続いているのである。

それでは、次章から戦後昭和の社会の移り変わりと家族問題の変化を詳しく見ていこう。

第Ⅰ部　終戦直後の混乱と改革

――一九四五～五〇年――

第一章　混乱と窮乏のなかで

1　飢えの苦しみとヤミ市

食糧難に耐え抜いた家族

昭和二〇（一九四五）年八月一五日の敗戦で戦いは終わったが、庶民の生活の苦しみはそこから始った。

とりわけ、大中の都市に住んでいた市民たちは、衣・食・住のすべてを失って死の危険に瀕するものが続出した。バラック住まいがやっとの住宅、ボロボロになっても買い換えができない衣類・履物の問題も大きかったが、農場や漁業の地が近くになくて何よりも毎日の食べる物がないという食料問題こそが、待ったがきかない最大の問題となっていた。

戦争から遠く隔たった時に生まれた人々は、戦時中の方が食糧難だったのではないかと思う人が多いが、実際には、戦いが終わったあとの昭和二〇年秋から二四年暮れまでの方が大変だったのである。中学生であった私（筆者）も、イモのくきをすすり、かぼちゃの葉を食べ、休日にはリュックを担いで近県までイモの買出しに出たことも何度かあった。父の郷里である山梨県東山梨郡に住む叔父や叔母がときどき米や野菜を運んできてくれた時には、手を合わせるほど有難かった。だが食料の確保は何といっても親の仕事であったので、子どもは本当の苦しさを味わうことなく過ごせていた。

しかし、家族のために食べ物を作らねばならぬ一家の主婦は、大変な試練の時であったろう。この間の苦しさを具体的に文章で伝えることは至難のわざだが、幸い、「家計簿をつけ通す同盟」に加入していた大阪の主婦岡野秋子が『婦人之友』へ寄せた家計記録がある。非常に綿密で詳細であるので、各年の長い文章の一部だけを引かせていただく。秋子の夫は、終戦まで軍関係の学校教師だったが、終戦で失業してしまった人である。

⑴昭和二〇年

「何としてでも生活の資を得る手段を講じなければならなくなった。（主人は）闇屋《やみや》になることは自尊心がそれを許さず、正常な方法でと毎日のように西に東につてを求めて走り廻ったが、すべてが徒労であった。それでも二〇年の暮振興会社のＤ産業に一介の事務員として、月給三〇〇円を手にすることが出来た。家計は全く行き詰まり、食糧難は日を追って深刻になり、インフレの四字は紙上に絶えず現われ、一〇〇円札はあっという間に消えた。三〇〇円の収入ではどうにもならなくなり、私の身辺から（物々交換のため）衣服、鏡台、傘等が次々姿を消した。ミシンの内職を探しあてたけれど、糸代に工賃がほとんどかかるような仕事で永続きしなかった。闇米は一升八〇円であった」。

(2) 昭和二一年

「金と人と物との交錯、新円交換旧円預入と、お金の問題で実に騒然とした二一年の初め、D産業は解散し、就職三カ月で失職してしまい、退職金九〇〇円をもって親子四人にこれから先、幾月かを送らねばならぬという心細さにおかれた。……今にも路頭に迷うというところで（夫は）やっと四月K校へ。求人広告をたよって就職出来た。この頃の最低賃金五〇〇円にも及ばず、月給は三六〇円であった。

配給だけにたよっていたのでは死に就《つ》かねばならぬ、生きるためには闇のものを買って息をつくことである。しかし法を犯すことなしに清く一途に生き抜きたいと希いつづけた。家計はますます苦しく、次第に増す支出を追いかけ、金になるものならなんでも売らねばならなかった。当時五歳と三歳の幼児を抱え、身重であった私は働きに出ることも出来ず、手内職を求めて歩いたが無駄であった。

芹《せり》を摘み、のびるを採り、わらびを採ってすべて主食のたしにした。副食物は野菜ばかりで魚肉類は私達の前には容易に現れなかった。二人の男児は栄養不良の徴候を示し初め、ことに三歳の子は腹ばかり大きくて蛙のようになった。食べ物を求めて泣きわめく日が多くなった。大人も毎夜のように空腹に耐え兼ねて苦しんだ。番茶にいり豆二十粒を四人の朝食にあてたこともあった。弁当に入れるものがなくて主人は勤めを休む日もあった。闇米は一升一〇〇円となり配給米はますます減った。六・七月には米麦合せて僅か六キロの非常米を貰ったけれど焼石に水であった。路傍に作った作物を最大限に利用し、そら豆の皮、南瓜の葉柄、種子、藷《いも》づる等何でも食べた。貧しい食料をわけ合ってひよこを育てようとしたが、三羽とも足が萎《な》えて立てなくなり、産卵まで一年半もかかった。一貫目三五円の薯も買いかね、路傍の南瓜を唯一の主食兼副食とし、それこそ精根こめて育て上げた二〇貫余の収穫で二〇日間の生命をつないだこともある。……主人は全身に浮腫が表れ、子供は全く動かず、食事時が来ても物の匂いがしないことが多く、家中はしーんとして、時折かぼそい赤ん坊の泣声がするだけであった。その上七月下旬学校の経営困難のためK学校を退職金五〇円で解雇された。主人は東弄西走、ようやくのことで神戸市S商業学校に就職出来、教員資格審査に合格した時は一条の光をふり仰ぐ気持であった」。

⑶昭和二二年

「主食遅配は新年早々よりはじまり、闇米は一升一八〇円もするようになった。月給七〇〇円の枠は外されることになったが、家賃、米麦、税金すべて値上げになり、収支の均衡はとれず主婦の苦悩は去らなかった。けれど昨年に比べ収入がやや安定して来たので、長男をやっとの思いで幼稚園に入れた。配給の衣料品もたまには買い、姑への送金も僅かながら出来はじめた。主婦は糸織り作業の内職を得ることが出来、一ポンド三円の工賃で最高一カ月一八〇ポンド括ったこともあった。月平均の収入は二三〇円である。この仕事は材料入荷にむらがあって収入は不安定だったが、主人の神戸までの定期代になったり、送金の補充になった。……

六月頃までにまだ残っていた主婦の平常着、配給の酒、特配の砂糖などを売って収入の補いとしたが、七月からは主婦も内職を得、又生活補充金、暫定加給等の名目で収入が少しずつ増して来た。

けれど一一月から又配給米価は騰《あが》り、家計の赤字は消すべくもなかった」。

(4)昭和二三年

「息つく間もなく一月下旬、主人は疲労の余り慢性盲腸炎となった。手術も出来ず漢方薬や灸など施して、静養にのみたよっていなくてはならなかった。そこへ主婦もまた二月初旬昏倒、四肢の自由を全く欠くという情けないことになった。起居の自由はほとんどなくなり、錘《おもり》のごとく感じられる体をもてあました。手の関節は糸くり作業時、そのままの恰好に曲がって屈伸出来ず、下肢は紫色の斑点が無数にはれ上った。医師にはかかれず、ただ体をあたためるばかりだったが、一カ月苦しんだ挙句だんだん自由を取り戻せた。

この年は昨年下半期に続いて放出食糧があって、小刻みながらいくらか量は増して来た。それでも配給だけで足りるはずもなく、薯類にたよらなくてはならなかった。配給のいも類には本当に辛い思いをした。一度に一〇日以上も半ばくさりかけたのや、全くの屑いもを押しつけられては泣くに泣けなかった。辞退出来る時は断って、三拝九拝しながらも百姓の許でいもを頒《わ》けてもらった」。

(5)昭和二四年

「幾月かつまづきながらしかしたおれもせず二四年を迎えた。二四年度はこれまでに比べて幾分事情は好転し、主婦の憂いを少しは軽くした。一時は全く得ることの出来なかった魚介類が豊富に出廻り、主食物もこれまでの量一点張りからの質の問題に移っていった。

主食は米一キロ四五円五〇銭となり、家賃は最初の一〇倍三三六円となり相当の支出であったが、収支の均衡がとれそうな萌しが見え初めた。しかし子供等からぼろを取り除きたい、良書を手にして色々な勉強をしたいと思ったが、そこまでは実現困難であった。五月には第四子の女児を持ち、八月には父が一物も残さず旅先で死ぬ等のことがあって、借金を返すことも容易ではない。姑を引取り九月から家族も七人に増し、主食配給金額だけでも月三千円要るほどになった。主人はT商業からS師範勤務に転じ、折から騰《あ》がった交通費が極めて低廉ですみ、家計に大きくプラスしたが、母乳不足の児にミルクを買い与えることは難しかった。そこで私は子どもを姑に託し、他家へ子守兼留守番に通った。朝八時から夕方四時まで昼食に一時間の帰宅、日曜は休みで一カ月一〇〇〇円の礼をうけ、これが四ポンドのミルク代となった[1]」。

このように、粗く見ても昭和二四年末までは食糧確保の苦労が続いていたが、ことは食料だけでなく、就職・出産・病気・子の学費・姑への援助・家主との交渉・売り食い・ヤミ買いなど、あらゆる生活の雑事がからんでくるから大変なのである。この一家は、夫が昭和二五年春に新制大学へ転職できたので収入が増し、主食の配給もだいぶ向上してきたことで、この報告が終わっている。

ヤミ市の繁栄

物不足、食糧難の都会の中で、その穴を埋めるべく生き生きと活動したのは「ヤミ（闇）市」である。デパートも問屋も焼け落ちて形もなく、流通機構も崩壊していたから、焼け残った商店にも品物は何もなかった。統制は戦後も続いていて、ときどきは配給もあったが、それは質も悪く、量もごくわずかで生活のたしには全然ならなかった。とにかく食べねば生きていかれないのだから、統制を無視し値段に関係なく、人は食糧のある所に殺到した。

東京の大きな盛り場、上野、浅草、新橋、渋谷、新宿、大阪の梅田、天六、鶴橋、難波、上六などには大きなヤミ市場が密集した。駅前は焼野原であったから、借地権などにはお構いなく、どんどん店らしきものが進出してきた。

そこを一日のぞいてみた人は、「なんでも売っている」と感嘆した。統制品であるはずの、米、麦、乾燥芋、カルメ焼、アルコールなどの食料品をはじめ、タバコ、石鹸、ゴム、古着、再生服、靴、占領軍兵士から仕入れた外国タバコ、チョコレート、ガムなどの品物が売られていたほか、雑炊や麺類、カレーライスまで食べることができた。作家野坂昭如は『闇市』という短文の中で神戸三宮のヤミ市でみた品名を次のように羅列している。「ケーキ米麦砂糖てんぷら牛乳ミルク缶詰魚焼酎ウィスキー梨夏みかん、ゴム長自転車チューブマッチ煙草足袋おしめカバー軍隊毛布軍靴軍服半長靴……」(2)。

昭和二一年二月の警視庁調査では、東京都内だけでも二三四のヤミ市があり、七三六四の店があったという。初期は露天商三割、罹災商人二割のほかは、失業した素人《しろうと》だったようで、おばさんでもムシロ一枚、戸板一枚でもあれば売り手に加わることができた。

尾津組マーケット

東京でも乗降客が一番多かった国鉄（現ＪＲ）新宿駅の東口、西口には三つのヤミ市が出来たが、その中で一番の花形になったのは、新宿駅東口の新宿マーケットだった。関東尾津組の組長尾津喜之助が終戦後一〇日目にして早くも作った板とヨシズの三二店分の組織で、「光は新宿より」をモットーとしていた。はじめは屋台の集合だったが徐々に固定した店となった。だが店の下に車輪の絵だけを描いた板を並べ、これは屋台なのだと云い張っていた。当初は、復員兵を社員に採用し、連日黒山のような客を集める賑いを呈していた。

しかし、その翌年以降には、ヤクザを中心とする暴力組織の支配が徹底してきて、戦災前にあった本来の店の再開を暴力で妨害した（湯沢行雄不動産会社社長の話）。普通の女性や子どもは怖くてなかなか近寄れない雰囲気の場所に変わっていった。

昭和二三年一〇月、NHKラジオの録音自動車「社会探訪」班は、藤倉修一アナウンサーを中心に、新宿駅横の高見組（和田組の誤りか）マーケットの飲食街、通称「カストリ横丁」へ乗り入れた。カストリ横丁でオダをあげている酔客から政治論・社会論を録りたいと願ってである。しかし、ヤクザの若者に乱暴されて計画は中止に追い込まれてしまっている(3)。

もちろん警察は、主食とタバコのヤミ販売を取り締るための手入れを何度も行っていたが、その二日後には再び同じようなヤミ市は復活していた。買い手も物を運びこむ人もいくらでもいた。人々は貧しい財布の底をはたいてもヤミ市へ顔を出した。そこには、わずかながらも飢えを満たすとともに、長年押さえられていた「自由に品物を買える喜び」があったからである。

裁判官栄養失調死事件――山口判事の信念

ときどき配られる配給品だけで、人は生きていかれたのか。それは絶対に不可能であることを証明する実例が、昭和二二年一〇月に示された。山口判事餓死事件である。

山口良忠判事は三七歳、東京地方裁判所刑事一三部所属で経済事犯担当の裁判官であった。妻と幼児二人を抱えていたが、月給は税込みで三〇〇〇円、東京都世田谷区居住では、二人の子の空腹さえ満たすことができなかった。そのたび妻は物を売ってヤミ買いすることを提案したが、夫は「人を裁く裁判官の身でどうしてヤミが出来るか、給料でやっていけ」と叱りつけて配給だけの生活を命じた。夫婦はほとんど毎日汁ばかりで、配給物は子に与えていた。これを見かねた妻の父をはじめ在京の縁者たちが郷里から食料を送ったが夫はこれをしりぞけ、一〇〇件以上の事件審理に奮闘していたものの、二二年三月には極度の栄養失調で倒れた。妻の父は、一週に一～二度ずつ山口一家をよんで食事することを提案したが、それさえも断った。失調はいよいよひどく微熱が出るようになったので、妻は診断を受けるようすすめたが、「自分が病気だと診断されて休んだら、担当している一〇〇人からの被告人は、いつまでも未決のままでいなければならなくなる」と聞かずに仕事を続けていたが、八月二七日裁判所内で倒れてしまった。ようやく受診の結果、肺浸潤で絶対安静を告げられた。ここではじめて休暇手続きをとり郷里佐賀県の実家に帰省したが、そこでもヤミの栄養物をしりぞけたので、病床で綴った次の日記を残して一〇月一一日死亡してしまった。

「食糧統制法は悪法だ。しかし法律としてある以上、国民はこれに服従せねばならない。自分はどれほど苦しくともヤミ買出しなんかは絶対にやらない、従ってこれをおかすものは断固として処罰せねばならない、自分は平常ソクラテスが悪法だと知りつつもその法律のためにいさぎよく刑に服した精神に敬服している、今日法治国の国民にはとくにこの精神が必要だ。自分はソクラテスならねど食糧統制法の下、喜んで餓死するつもりだ。敢然ヤミと闘って餓死するのだ。自分の日々の生活は全く死の行動であった。判検事の中にもひそやかにヤミ買して何知らぬ顔で役所に出ているのに、自分だけは今かくして清い死の行進を続けていることを思うと全く病苦を忘れていい気持だ(4)」。

関係者の反応

ヤミと真正面から闘って死の道を選んだこの事件は、各方面に大きな反響を呼んだ。時の総理大臣片山哲（社会党）は、「勘弁してくれ」と意見を述べることを断ったが、夫人の菊江はこう語った。

「直接国民にヤミ絶滅を唱え、取締りをされている官吏の方々はやはり立場としては、立派な方でしたら山口判事のような考え方をなさるのも当然ともいえますが、ただ家庭を守る女性の立場としては、多少のゆとりを持って夫や子供の生命を守るべきだと考えます。畑の仕事を女の手で出来るだけやることなどでも大きな効果があります、奥さんにもう少し何かの工夫がなかつたものでしようか、ともあれ早くこんな悲しいことがなくなつてくれますよう願つております」。

また、女性の衆議院議員松谷天光光は、「『生活保護法』もあることだから、なぜその適用を受けることを進んで考えなかったのか。ことに病床にあった時は医療保護を受けられたのに」と語ったが、実際には、平均よりはるかに高給を得ていた身では、たとえ申請しても窓口で断られたことであろう。

公務員は一八〇〇円ベース

実はこの数カ月前の閣議で、内閣は米価問題で一八〇〇円基準を守るよう強調し、また全官公労組合の人々にも「公務員には月一八〇〇円以上は出せない」と強く言って、一八〇〇円ベースが確立されたばかりであった。その中心者和田安定本部長官は、この話に「ウーム」とうなり椅子に深く身体をうずめ、目をつむったまま「気の毒だと思うがねェー」と言ったきりになった。記者が重ねて「ヤミ買いをするとしても、一八〇〇円ベースでやっていけると思いますか」と聞くと、「どうも答えられなくて残念だ。私個人の考えはある。しかしいまこの問題について何と私が話しても、それは大きく政治上の問題となるおそれがある、そこを察してくれ給え」と言うばかりであった(5)。

山口判事の収入は、この平均ベースの一・六倍も多かったのに、こういう事件になったのである。また、山口判事の事件は、地位が高い裁判官だったので評判になった。同じ頃上野駅地下道では、六日間に一〇人もの餓死者が出ていたが、こちらは話題にもならなかった(6)。

2　清算する夫婦たち

現地の妻と内地の妻

戦争が長かったため、出征した戦場の近くで配偶者としての女性を得た兵士や軍属も少なくなかった。多くの兵士は、敗戦とともに女性を現地に残して内地に引き揚げたようだが、律儀にも、その女性を連れて内地に帰還した者もいた。

その一人が、昭和前期に元社会大衆党代議士でもあった山崎剣二で、陸軍嘱託の司政官（臨時の行政職員）としてボルネオに出征していた。しかし四年間の在住でアインという現地女性と親しくなって結婚し、二人の子どもまで生まれていたが、その妻子を連れて昭和二一年四月三日に帰国し生家に戻ってきた。

ところが剣二には二〇数年前に結婚した妻道子がいた。道子は若い印刷女工時代から無産者解放運動のイバラの道を共に歩んできた同志で、夫が戦前同じ選挙区から最高点で当選したのもなかば以上は夫人の内助の功だといわれていた。夫人は民衆政治家としての夫の使命を継ぐつもりで、いわば夫の身代わりとして、女性の選挙権、被選挙権を認めた戦後第一回の衆議院議員選挙に立候補中であった。この選挙には、全国から八二名の女性が立候補し、「連記制」であることも手伝って、うち三九名もの当選者を出したが、山崎道子もその一人となった。

道子は女性の解放、民法の改正を公約としていたので、当選発表の日に剣二に離婚を申し出た。道子は新聞記者にこう語っている。

「五年間も外地にいた夫の苦労もよくわかります、夫の過失も許せるものなら許したいといふ気持ちで一杯です。でももし私が夫を許したら私は当然当選を辞退しなければなりません、夫も許し、当選も甘受するそんな妥協は絶対出来ません。当選辞退も考へましたが、こんなに私を支持して下さった同志や選挙民にそれでは本当に済みません、泣く泣く離婚の手続きをとりました」。

剱二の方も次のように語って、離婚のことで争うことはせず、のち昭和二九年に妻子を連れてブラジルへ移住し、三三年に亡くなった。

「話せば解って貰へると思つたが止むを得ない、潔く承認する。僕はボルネオで身を埋めるつもりだつたのだ、こんな姿で帰るとは想像もしなかつた。折悪しくも選挙最中に帰り道子の気分を乱してはと思つて人目を避けてゐたのだが、おめでたうと一言云ひたい……」(7)。

離婚後の復姓はかなわず

もっとも道子の方は、離婚により戸籍上は旧姓の「藤原道子」に復帰したが、藤原姓では世間になじみがなく、社会活動上不利益なので山崎姓に戻してほしいという訴えを、昭和二五年に東京家裁に、のち東京高裁に起こしている。

「自分は亡藤原某の三女で、大正一四年五月一日山崎剱二と婚姻し、昭和二三年一一月八日協議離婚して復氏し藤原姓となった。ところが、自分は右結婚中に無産運動、婦人運動をして有名になり、終戦後衆議院議員に二回当選し、日本社会党婦人部長として全国的に活躍したので、山崎道子の名は深く世人に印象せらるるにいたった。よって選挙に際し名を知られているのは非常な強みであるのに、山崎姓を失うことは、自分にとり致命的な打撃である。したがって、離婚により一旦藤原姓に復氏したのは止むをえないとしても、戸籍法の規定に基づいて、山崎氏に再び変更することを認めてほしい」と申立てしたのである。

この事件は、申立事情については理解と同情をもたれながらも、二つの裁判所で結局は却下された。「申立人が本申立通りに改正すれば、離婚前の氏と同一の文字称呼となり、民法第七六七条の離婚によって婚姻前の氏に復する規定に結果に於いて反することにな」り、「かようにして改正事由の範囲がひろげられることは、民法の強行規定の趣旨に反する」との理由からである。そして、類似する幾多の事例も、ほとんどこれと同じ理由によって改氏が認められない場合が大部分を占めた(8)。

しかしこの問題は、ずっと後の男女共同参画をテーマとする国際婦人年で不平等と指摘され、昭和五一年に民法の七六七条の規定が「離婚の日から三カ月以内に……届け出ることによって、離婚の際に称していた氏を称することができる」と追加・改正された。婚姻中の氏を使い続けることが可能になるよう改正されている。

有名人の離婚ブーム

昭和二〇年代も後半にかかると、戦後の混乱がやや収まって生活が元に戻りつつある時となったためか、有名人夫婦の離婚話がマスコミを賑わすようになった。

（二四年）①新劇界の薄田研二―薄田晴子
②劇作家の菊田一夫―高杉妙子
③歌手の並木路子―波多野四郎
④女優の轟夕起子―マキノ正博（監督）
（二五年）⑤音楽家の近衛秀磨―近衛康子
⑥バレエの小牧正英―谷桃子（バレエ）
（二六年）⑦女優の水谷八重子―守田勘弥（歌舞伎）
⑧華族の華頂博信―華頂華子（華族）
（二八年）⑨美術家の三岸節子―菅野圭哉（美術家）
⑩作家の平林たい子―小堀甚二（評論家）
⑪音楽家の堀内敬三―堀内竹子
（二九年）⑫音楽家の藤原義江―藤原あき
⑬女優の高峰三枝子―鈴木健次

などである。このうち、①②⑤⑥⑧⑨⑩⑪には夫の愛人関係がからんでいた。

しかしマスコミは、大正時代や昭和前期のときのように大騒ぎをしていない。法の改正もあって、もう、増えてきた芸能人や有名人の離婚には驚かない自由な風潮が広まってきたとみてとれる。

3　アプレと老いらくの恋

若者のアプレ事件

敗戦とともに、いろいろな解放感が広がったが、なかでも男女のセックスに関する解放感はすさまじいものがあった。それまでは、明治以来の倫理道徳教育が強かったうえに、戦時中は夫婦を除く男女交際は不道徳のきわみとされ、たとえ夫婦・兄妹でも、男女が並んで歩いてはいけないといわれた。そのように禁欲生活が続けられていたものが、占領軍であるアメリカ人兵士のあけっぴろげた行動や公開されたアメリカ映画などが、性の自由と楽しさを教えるものだったから、禁欲から一気に解放の時代に転換したのだった。

粗末な紙を手に入れて、ようやく戦後の出版が可能になった昭和二一年頃から、街には「カストリ雑誌」が氾濫した。低劣なセックス記事ばかりで編まれた薄い雑誌で、粕取り酒を三合（約五・四デシリットル）飲めば酔いつぶれることから、三号で潰れてしまうことがお定まりだったのでカストリ雑誌という名がついた。普通の書店は拒否したので大通りの露店に毒々しい表紙が並べられた。「パンパン」と呼ばれた駐留軍向けの娼婦も多く、二二年からはストリップショーも盛んになっていた。これらの風潮は、当然一般の男女にも及んできた。

昭和二五年春に明るみに出た鉱工品貿易公団経理課員早船恵吉（二五歳）の事件は、当時としてはまことに巨額の一億円を横領した事件で、逮捕されるまでに、元ミス東京のダンサーの妻とともに熱海や関西各地を移り歩いていた[9]。妻への虚栄から公金を何度も横領した首謀者で、この事件から「つまみぐい」が当時の流行語になった。これは、「戦後派アプレ」の代表的犯罪だといわれた。「アプレ」とはフランス語のアプレゲールの略で、戦後、無責任・無軌道な若者たちをさす言葉として使われた。

同年秋には、一九歳の日本大学運転手山際啓之が、大学職員の給料を積んだ銀行帰りの車を奪って一九〇余万円を強奪し、一八歳の愛人と間借りしようとしたところを検挙された。愛人が父に叱られ家出して金が必要になったのが動機だったが、犯行後は二人で映画ばかり見て時を過ごしていた[10]。

老いらくの恋

この種の気ままな自由の風潮は若者だけではなく、高齢の有名人にも及んでいた。

「純情の歌人」などといわれた歌人川田順（六八歳）は、一〇年前に妻と死別して孤独であったが、戦後は戦時中の作歌活動に悩みを持ち続けた。愛国的な歌ばかり作っていたからである。しかし、戦時中弟子入りしていた俊子（四〇歳）と愛情が芽生え、その頃から作風に色ツヤを増した。

かしの実の　独りものにて終らむと
　思へるときに　君現れぬ

俊子の方は子が何人もいる京都大学教授夫人だったが、

命こめて　作らむものと歌に寄せし
　この吾心　君によりゆく

と恋情を深めていった。京都の仲間や文人のうわさが高まって、俊子は離婚した。世間的おもわくから消極的だった川田は、昭和二三年一〇月三〇日、旧友に歌稿や遺書を送り、相聞歌一二〇首を残して家出し、死を決していたが、養子らに発見されて連れ戻された。

この事件のとき川田は、「墓場に近き老いらくの恋は、怖る何ものもなし」と歌っていたことから、「老いらくの恋」という言葉が生まれて話題になった。結局二人は、翌二四年に晴れて結婚し、神奈川県国府津に住んだ(11)。

漢文学者のロマンス

昭和二四年には、七二歳の東大名誉教授塩谷温博士（漢文学）のロマンスが評判になった。一七年前、新潟県長岡市に講演旅行に赴いた塩谷は、宴会の席で芸者をしていた「きく乃」（本名長谷川菊乃一九歳）の詩吟を聞き、これに即興の漢詩を色紙に書いて与えた。菊乃は二九歳の時結婚したが七年後に離婚、この時生活に困って衣類や書画を売り払ったが色紙だけは残した。その後住込み女中となった料理屋で博士の漢詩の書を発見、やがて知人の口から「博士の色紙をもっている女中」のことが博士に伝えられ、一七年ぶりの再開となった。博士は色紙の裏に「十有七春秋」という長恨歌を記して彼女の純情を喜んだ。

そして、前年妻を失った博士との間に三六歳という年齢差を超えた愛情が芽生えた。亡妻の三周忌がすんでから二人は再婚したが、菊乃の方が「私のような女が妻として入籍すれば名門にキズがつく。博士の夫人はせつさんだけだったということにしてほしい」と条件をつけたので、内縁の再婚になったようだ。

この結婚は円滑に続いていたが、わずか一年半で終止符が打たれた。二人で小田原の海岸を散歩中、菊乃が急に行方不明となり、翌日水死体で発見された。自殺なのか過失死なのかはっきりされなかったが、火葬の際に博士は、

君帰れ　海の中には鬼多し
　とくとく来れ　わが懐に

と記した心境をそえて棺の中へ入れた(12)。

4　集団見合いと恋文横丁

集団見合い

昭和一九年から二一年にかけては、敗戦にともなう大混乱のため婚姻（届け出された正式結婚）についての全国統計は公表されていない。確かに、実際にも二〇代から三〇代の男子は戦争や工場に動員されて、戦死者や病死者も多く、必要な物資は欠乏していたから本当の結婚はほとんど成り立たなかった。しかし、内地にいた女性は大部分生き残り、適齢期を過ぎようとする女性は結婚せざるをえなかった。それまでは縁談を運んできてくれた地域社会や親類縁者のつきあいが戦争で消滅し、勤務先

も不安定な男女は相手を探すきっかけもなくなっていた。

そこで考えられたのが「集団見合い」である。戦後すぐに雨後のタケノコのように発生した結婚関係の雑誌社や地方自治体が主催して、昭和二二〜二三年頃に盛んになった。

新聞に報道された最初は昭和二二年一一月六日のもので、ある雑誌社が「誌友大会」と称して東京都と神奈川県の境をなす多摩川の川畔で開いたものである。

この日は、遠く東北、九州からも参加があり、総数は男女で三八六名に達した。年齢は二〇歳以上五〇歳未満とされていたが、初婚の希望者ばかりでなく、再婚者や子持ち未亡人も含まれていた。受付でもらった番号札を胸につけて歩き、行き交った男女のうち、気に入った番号を覚えて事務所へ駆け込み、そのカードをくって、年齢・職業・学歴・財産などを確かめた上で話し合いを申し込む。数ははっきりしないが、「相当数の成立」があった由と書かれている(13)。なお、一一月一〇日にも多摩川原で別の集団見合いが行われ、以降各地で流行した。

今日出海の観察

昭和二三年五月に神奈川県鎌倉市役所が主催して行われた集団見合いのようすを、作家の今《こん》日出海が記録している。

「彼等は田舎から付添いの父母兄弟と共に、泊まり込みで鎌倉に乗り込んで来たのだ。真剣でなくて見合いが出来るものか。私は幔幕《まんまく》の中に入って、胸に番号札をつけ、樹下を逍遥する花嫁花聟の候補の表情を見て、実際不思議な感慨を催した。当然のことではあるが、彼等は意外に真剣なのだ。そして女性が勇敢に積極的に相手を物色し、事務所で男の経歴、収入、希望条件を書いた申込書を調べては相手と話し合っている姿は、確かに今までの日本では見られぬ光景であった。女性が戦争を通り、敗戦後の深刻な時代を生きて来たという事実をまざまざと見たようだ。また困難な生活条件と共に結婚難の切実さが女性をかくまで勇敢にしているのだろうとも思われた。実際衆人環境の中で、見合するという一見乱暴な形式を肯定して、ともかく自分の幸福を獲得しようという望みの切実深刻さに、私は感嘆したのである。……領土を失い、財産を焼いても、殖えるものは人口である。繁殖力の強さばかりは戦前戦後を問わず揺がない。私は集団見合いで最も強い印象を受けたものはやはり繁殖力の強さに帰因する凄まじさである[14]」。

この報告には、市役所が調査した統計も載っている。それによると、参加者は、男五五、女五九で同数に近い。年齢は、男は二一歳から五九歳までだが、二五～三三歳が多い。女は二三歳から四八歳までで、二三～三一歳が八割を占める。学歴は、男が旧制中学卒・中退と高等小学校卒で七割を占め、女は、高等女学校卒と中退で三分の二を占め、残りは高小卒である。職業は、男は工員と会社員が多く、女は六割が家事（無職）で、残りは会社事務員と洋和裁の自営である。

なお、再婚者は男一三％、女二四％で、初婚者とは限らないことが分かる。

繁盛する恋文屋

戦後まもなく東京でも指折りの繁華街に成長した国鉄（現ＪＲ）渋谷駅西口近くに、小さな軍服の古着屋があった。昭和二三年から四〇年代半ばまで、忠犬ハチ公の銅像と並んで渋谷の名物になっていた。道玄坂と栄通りにはさまれた三角地帯にあり、始めた店の主人菅谷篤二は、陸軍士官学校から東京外語専門を出た人で、横文字を得意としていた。菅谷ははじめ軍服の古着屋を開いたのだが、駐留軍のアメリカ兵ＧＩとつきあいのある日本女性に頼まれて、その恋文の代筆をするようになった。「客へのサービスのつもりで始めたものが本業になってしまって」と本人は苦笑するが、英文のほかフランス文の論文・技術・科学ものも扱うほど達者。奥さんは自宅で歯科医を開いているインテリ夫婦なのである(15)。

横丁は、はじめパチンコ屋や古着屋などが並んで「百貨街」といっていたが、代替りして飲食店ばかりとなったとき菅谷の店は残っていたので、いつしか「恋文横丁」と呼ばれるように変わった。

小説にも映画にも

そしてこの横丁の名は、昭和二八年作家丹羽文雄がこの店をモデルに朝日新聞夕刊に『恋文』という連載小説を書き、田中絹代が監督した第一回作品の映画『恋文』にもなって、全国にその名が知られるようになった。

丹羽の『恋文』は小説なので作者の創意が入っているが、仕事の雰囲気はよく伝わってくる。主人公山路の店へ軍隊時代の友人真弓礼吉が訪ねてくる。礼吉もこれを仕事にしてみようかと思っている。

「どういう手紙を、書くの」

「相手がしゃべる。それをただちに英文なり、フランス語に翻訳して、書くのだ。相手は、まんぞくにじぶんのおもっていることを、表現することができない。相手の表情をよんで、こちらで誘導してやらねばならない場合も、多いのだ」

「知能のひくい相手だね」

「むろんだ。自分のいちばん恥しい、いたいところを、他人にしゃべる人たちだ。それだけに、みんな正直だ。純真だ」……

ほどなくハイカラなスタイルの若い女が来て腰をおろした。

「ハーバードの奴、もう三週間にもなるのよ。ひどいわ」

「そう言えば、ハーバード君、送金してくるのが、だんだんとおくれるようになっているね。たしか、先月、そういう催促の手紙を書いた」

「(べつに)もう一本、書いてほしいのよ」

「アリソン君にだろう?」

「そうよ、こっちの方は、うんと濃厚に、ねつれつに書いてね。アメリカへ帰ってから、まだ二カ月しかたっていないんだもの」

「ハーバード君へは、当然の権利主張といった請求書みたいに書いて、アリソン君には、濃厚な恋文だね?」

「おねがいするわ、ね、先生、うまく書いてよ」(16)

こうして、来た英文の手紙を日本語で読んで聞かせるのが一〇〇円、英文の手紙を書いてやるのが一通二〇〇円もらって終わりになる。これが恋文屋の仕事だったのである。

5　戦争孤児のゆくえ

エリザベス・サンダースホーム

長い戦争で子どもも大きな打撃を受けたが、なかでも空襲で一挙に両親を失って孤児となった子どもの生活は悲惨であった。住む所も寝る所もなく、路上やガードの下で暮らし、靴磨き、新聞売り、乞食《こじき》などをして飢えをしのぐ姿が連日のように新聞を飾った。終戦の年の一二月一五日、東京都は上野駅地下道の浮浪者二五〇〇人を一斉収容したが、この過半は戦災孤児で引揚孤児・家出浮浪児も含まれていた。厚生省は昭和二二年児童保護法案を作成したが、その際調査した結果では、孤児は全国で一二三万人以上に上ると発表した。

翌二三年一月に「児童福祉法」が施行されて、乳児院や養護施設も整備されだして、多くの子どもを収容したが、同時に、民間有志による実践活動が光を放っていた。

岩崎弥太郎の孫に生まれた澤田美喜が、昭和二三年二月に、「占領の落とし子」といわれた占領軍兵士と日本女性との間に生まれた混血孤児を収容するために「エリザベス・サンダースホーム」を神奈川県大磯に開いたのは有名である。美喜は、広大な岩崎別邸の中に、最初に寄付金を寄せて岩崎家で亡くなったイギリス人看護婦の名をとって施設の名称とした。(17) 孤児の多く（数百人）はのち海外

（多くはアメリカ）の夫婦へ養子縁組された。また、差別が少ないブラジルのアマゾン流域にも「聖ステパノ農園」を開いて、そこへも孤児を送った。

混血児は、占領軍到着から一年後の昭和二一年六月から翌年にかけて最も多く生まれ、昭和二八年二月の調査では約四〇〇〇人弱になったことが分かっている。

澤田美喜はこう語っている。

「ホームにはいろいろの子どもがいるが、自分の父親の顔を知っている子は一人もいない。いや、子どもだけでなくその母親たちさえ、子どもの父親の名をろくに知らないのである。私がお父様の名前は？　ときくと、下をむいて、『わからないんです』と、答える娘もあれば、『ブラッキー』とか、『ピンキー』とか、『ジョニー』などと、いう娘もある。これが、それぞれの名をちぢめた愛称であることさえ、当の娘はしらないのである。……

おとなが可愛いから引き取って個人の家に一人置く方がいいか、孤児院のようなところで、同じ運命のたよりない子どもたちが、互いにたよりあっている方がいいか、私はこの一つの教訓からも、かんたんに大人の考えで決めてしまえるものではないと思った。孤児院といえば、非常に陰気な冷たい感じをあたえるところのような通念がゆきわたっているが、かえって子どもたち同士で、このような明るい指導の場ができてくると思う(18)」。

鷺宮の愛児の家

それより早く昭和二〇年一〇月から、協力者とともに戦災孤児救護同志会「愛児の家」を創立し、二三年以降は法の認可施設となり、多くの私財を投じて孤児たちの養育者となった人に「石綿さだよ」がいる。

さだよは装丁織物加工業の石綿金太郎と結婚して三女を儲けたが、東京中野区鷺宮の大きな屋敷を施設のように使うことを夫が認めて、それを養護施設に当てた。夫の方は、商店がある東神田の家の方に住むことになった。

孤児たちが、どういう経過で浮浪児になり、石綿さだよの施設に引きとられたかのいきさつは、昭和二〇年に入園した二人の感想文からよく知ることができる。

「……私はあの恐ろしかった昭和二〇年三月一〇日の大空襲の夜、母と弟と一緒に深川の町をにげまわりました。アメリカ軍機の爆弾の落ちる音。真っ赤な空に火のこが吹雪のようにふって、燃える毛布が飛んでいました。窓から火をふき出している家。助けを呼ぶ声。そんな中をにげまどうおおぜいの人のうずにもまれながら、気がつくと、母と弟ともはなれていました。小学校の庭で夜をあかしました。あくる日、家も街もすっかりなくなった焼けあとで、私は一人で泣きながら、母と弟をさがしまわりました。でも、どこにも見つかりません。こうして、私は浮浪児になりました。

上野の駅のまわりでうろうろしていました。

毎日毎日、食べ物にこまり、空かんを持って、駅の中や外をほうぼう歩きましたが、良い顔をして何かくれる人もいれば、『うるさい！　しっしっ、あっちへ行け！』などといわれたこともありました。そんな時は、ほんとうにさびしく思いました。そうしながら毎日毎日、新聞売りをして暮らしていました。

そんなとき、『かりこみ（刈り込み）』といって、自動車が来て、それに乗せられて、私たちみたいな浮浪児がたくさんつれて行かれたこともありました。でも、入った収容所の院長さんは冷たくて、みな、不親切でした。その日も朝はやく、新聞を仕入れに行き、売り歩きましたが、あまり売れません。どこへ行くあてもなく、上野駅と上野の山（現在の上野公園）をブラブラ歩いていると、もといっしょに収容所にいた人と、ほんとうにやさしそうな目の引っ込んだ外人みたいなおばさんがきて、『私の家に行きますか？』ときかれたとき、なんといってよいやら、ただうれしさでいっぱいでした。それから西武電車に乗せられて都立家政駅でおり、踏切をわたって「石綿」と書いてある表札のかかっている家につきました。私は、こんなりっぱな家にきてどうするのかと思いました。……わたしはなぜ、こんなに急にしあわせになったのかと考えると、苦あれば楽ありで、神さまがこの天使をさずけてくださったのだと思いました。……」。(19)（M子）

「……さむいさむい冬の夜でも、ぼくはなかまと、上野駅の階段下で寝ていた。そのぼくが、ママにつれられてこの家にきた。家に着くと、すぐお風呂に入れられ、からだを洗っていただいた。裕子《ひろこ》ねえさんの案内で二階にあがると、みんながぼくをなぐさめてくれたし、いっしょになかよく遊んでくれた。ぼくはうれしいやら、はずかしいやら、なんともいえない気持だった。コジキのような生活から、やっとすくわれたぼくは、その晩は死んだようにねむってしまった。それから一カ月後の四月六日から、ぼくは学校へ行けるようになった。ほんとうに幸福だと思った。ときどきかなしい戦争の時を思い出して、上野へ行く気持ちになることもあったが、やさしいママやおねえさんたちの心にそむいては……と、思いとどまるのだった」[20]。（T男）

このようにして愛児の家に収容し、数年間養育して社会に送り出した児童は、昭和二一年には一三人だったが、二二年には一〇六人になり、昭和四一年の増改築を経て、五七年までの三七年間には一〇〇〇人以上にも達している。

「鐘の鳴る丘」のモデルと作者の事件

戦争孤児のほか、親に棄てられた児童などは、昭和二二年一二月一二日に制定された児童福祉法四一条に基いて正規に発足した養護施設二六七カ所（児童数一万一〇九一名）に収容された（昭和二三年厚生省調査）。終戦時の推計数、施設八六、児童数五六〇〇名に比べて非常に増加している。

この施設の九割までは民間有志者によって作られたものであったが、そのようすは、昭和二二年六月に始まった群馬県の養護施設をモデルにしたといわれる連続ラジオドラマ（NHK）「鐘の鳴る丘」でよく伝えられた。この番組は、原作者菊田一夫（当時四三歳）の巧みさもあって、全国の子どもを毎日夕方の一五分間、ラジオの前に釘付けにするほどの人気番組となった。もっとも、肝心の養護施設児童は、ラジオがなくてこの放送を聞けなかったという声もある[21]。

その菊田一夫が、放送中に人妻女優と恋愛事件を起こし、できたばかりの東京家庭裁判所へ訴えられたのである。

菊田は妻と双子の子がいたが、昭和二四年六月に離婚していた。そして、このドラマに出演していたB女（三四歳）との同棲を始めた。しかしB女には夫と子がいたので、夫はB女と菊田を相手に同居と慰謝料請求の調停事件を起こしたのである。本来、家庭裁判所の事件当事者の氏名は秘密主義によって守られるはずだが、当時は徹底せず、有名人だったこともあって新聞で報道され、大きな波紋を呼んだ。

福岡市のIさんは、

「毎夕、『鐘の鳴る丘』は全国の子どもたちが楽しみにしている。ところが、今度その作者菊田一夫氏が前夫人と愛人との間で裁判沙汰になったが、このことを知った子どもたちはどんな感じをいだいたであろうか、想像するに難くない。彼の放送に純粋な涙を流した子どもたちには大きな衝撃であり……『鐘の鳴る丘』には不浄の鐘は鳴らしたくないものだ」

と、感情的になっとくできないと非難する。しかし、一週間後には高校生から反論がよせられた。

「先日のI氏の意見に反対である、なぜなら作者の私生活とその作品の内容に関しては無関係ではないでしょうか。……放送などをきくにつけ、戦災孤児の救済を叫び、とくに社会正義をテーマとして広く世間に呼びかけている作者の態度はひしひしと心を打つものがあります。私は彼の生活に汚点があったにせよ、作者の持つ社会正義を追求する精神にはいささかの動揺をきたしてはおるまいと固く信じています(22)」。

このように賛否両論に分かれたが、双子の子どもがどう処遇されたのか、はっきりされないことが一番の問題として残された。

里親制度は機能せず

戦災孤児は、昭和二二年頃でも全国で一三万人はいたとの調査報告があったが、その後どういう生き方を辿ったかはよく分からない。国としては、公私立の児童養護施設に収容するほか、昭和二四年度からは、児童福祉法の一部に「里親制度」を設けて法制化した。簡単にいえば、要保護児童（親がいないか、親に虐待される子ども）を養育することを希望する夫婦を里親として知事（実際には児童相談所）が認め、一定の期間国定の委託費を与えてその児童を里親の家庭で養育する制度である。委託児童は二四年の三二七八人から増加して三一年に九三四八人にまで達したが、それで頭打ちとなり、その後は三〇〇〇人台にぐんと減少している。

要保護児童そのものは、三〇年前後には四万人以上、平成二〇年代の現在でも三万五〇〇〇人以上もいるのだが、その大部分七五～八五％は児童養護施設に入り、八％前後の子は乳児院（〇歳～二歳まで）に収容されるので、里子児童は最多の三三年でも要保護児童の二〇％、現在では一一％に当たる数しかいない。これらの気の毒な子の処遇において、日本は世界でもまれな「施設優先主義」が貫かれている。子の立場からすれば、大人数で暮らし、面倒をみてくれる職員がしばしば異動する養護施設よりも、養親ないし里親など特定の夫婦に長い期間養育される養子縁組や里親制度の方がずっとすぐれていることは、国際的にも共通して認められている。戦災孤児が異常に多かったとはいえ、施設優先に傾いた戦後の最初のつまずきが、今に至るまで尾を引いている宿題である。

6　翻弄される小学生

日本の学校教育制度は明治五年の「学制」公布に始まり、明治一九年の学校令と大正九年の増設とで、小学校から大学に至る体制が整備された。しかし、国家主義的な教育方針に立ち、（旧制）中学校以上は少数の支配的エリートを養成するものであった。

そのため、戦後の五大改革の対象の一つとされ、昭和二二年の教育基本法と学校教育法により大改革された。国家による教育支配の排除、男女の共学が原則となり、六・三・三・四の単線型学校系統が打ち立てられたのである。

各種の学校で変化が生まれたが、なかでも一番下の小学生が一番大きな変化に直面し、気の毒なことになった。

階段教室や青空教室

まずは、物的環境である。

戦災で焼失した校舎は全国で二〇〇〇万坪（約六六〇〇万平方メートル）に及んだといわれ、東京や大阪などでは、五割以上の学校が戦災で消失し、学ぶべき校舎がなくなっていた。焼け残った学校や工場や物置に間借りしたり、板の間に座って授業を受けたりしたが、それでもたりず、午前・午後の「二部授業」や「三部授業」も生まれた。昭和二四年の文部省調査では、二部・三部授業をしている学級は、小中合わせて一万七〇〇〇学級もあり、馬小屋を改造した所や、寺・病院などの一部を間借りしている所が、二五万坪以上もあった。教室に入れないクラスは、通路の階段を使っての「階段教室」に座ったり、天気の良い日は校庭や空地へ出ての「青空教室」で学んだ。

疎開児童がほぼ昭和二〇年一〇月には元の学校へ復帰してきたほか、昭和一五〜一八年に生まれた児童が多く、その子たちが学齢期に達してまず終戦直後の苦しさを作り、さらに昭和二二〜二四年のベビーブームの子が入学してきて、教室の満員風景は昭和三〇年代なかばまで続いたのである。

中学校の新設

ついでに言えば、学制改革で昭和二二年に生まれた「新制中学校」の整備も大変だった。それまでもあった国民学校高等科を転用すれば済むと考えるむきもあったが、高等科は二年制なのに新制中学は三年制なので、どうしても新築が必要となった。均衡予算を守るという名目で国の予算はまったくつかず、設置が義務づけられた市町村では大問題となり、住民からの寄付が募られた。建築中の校舎が完成できず、責任者の校長が自殺するという事件さえ起こった。

墨塗りの教科書

国民学校（二二年からは小学校の名称に戻る）の授業は昭和二〇年九月から再開されたが、九月二〇日の文部次官通牒で、教科書のうち、「肇国の精神」を鼓吹《こすい》した個所や、「愛国尊皇の道徳」を説いた文や「戦争」を論じた個所を墨で黒く塗りつぶすように指示された。その基準は、国防軍備などを強調したもの、戦意高揚に関するもの、国際親善を妨げる恐れのあるものなどであり、国語教科書では、「兵タイゴッコ」「金しくんしょう」「水兵の母」「ハワイ海戦」など多数にのぼった。

法制上明らかになっている文部省の削除修正指示は、国民学校後期用の国語と算数にとどまっていたが、各府県当局や教育会はさらに範囲を広げて実行に移した。例えば東京都は、初等科・高等科の前期用・後期用の国語・算数のほか国史・地理・理科・習字・図画・工作・裁縫・家事・農業・水産にまで及び、岩手・岐阜・三重県では、さらに修身・音楽までも含んだ。現場の校長や教員は、占領軍の視察を恐れてさらにまた独自の判断で削除個所を増やしたようで、実際には教室ごとに千差万別のスミぬりが行われていた(23)。

原則としては「切り取ると裏面が役に立たないから、スミをぬるか紙をはる」であったが、岩手県のように、「必ず之を切り取って棄てること」という通達を出した所もあった。

生徒は、スミを懸命にすり、先生に言われるままに、教科書の方々を真っ黒に塗りつぶした。一〇行に刷られた一頁分で、残されたのは一～二行にすぎない頁もたくさんあった(24)。秋田県神宮寺町国民学校四年生だったMは、当時の状況を次のように書いている。

「そのうちに、家にある教科書を毎日学校に抱えていって、朝から真黒になって墨をすり、先生の指示に従って、戦争のことをかいた所、米英の悪口をかいた所だのを一生懸命消した。先生は時々教室をまわって、墨が薄いとか、ここも消さにゃならんとか、もう少し墨を塗った方がいいと注意していた。確か『ににぎのみこと』の降臨の所だと思うが、そこはみんな真黒にしなければいけなかった。くもにのって『ににぎのみこと』一行が下りてくる図は、うっすらとみえてもいけなかった。何度も何度も塗りたくった。本よりも手や顔の方が黒くなるほどだった(25)」。

家庭や児童への影響

こうなると、教科書を弟妹に譲って教科書代が節約できるという家計のメリットがなくなったほか、たとえば「初等科国語二」のうち、約四二％に当たる六一頁が切り取られて、新出漢字のうち五九字（四四％）が削除され、学習対象にならなくなった。他学年についても同様である。

このことは、当然、児童の学力低下の問題をひき起こし、三年後に調査された六年生についての結果では、「国語・算数に関しては大体四年生の実力もない」といわれるようになった。

ただし、スミ塗り教科書問題は昭和二一年四月から六月にかけて、裏表に刷った新聞大の紙を折りたたむか、あるいは、大きな紙が配られて生徒がそれぞれ折りたたむ折本、分冊の暫定教科書が配布されることによって一応終了した。旧教科書は二一年七月末日で消えることになった。その後は、塗られなかった所をつないだだけのザラ紙のとても薄い教科書の時代がまだ続いたのである。

しかしこのスミ塗り問題は、物思う児童にとっては変節した先生への不信を招く第一歩でもあった。静岡県三カ日で国民学校四年生として終戦を迎えたAは、成長した後だが次のような回想を寄せている。

「命ぜられるままにだんだん塗っていくうちに、戦争に関係があるところだということが解ったが、なぜそれがいけない部分なのか判断に苦しんだ。幾度も皆が声をそろえて読んだ所だ。何日かかって暗誦できるようにした所だ。大事に大事にと扱っていた本が、無残にも黒々と塗られていくのを見て、惜しくて惜しくてたまらなかった。墨が薄くてまだ活字の読めるものは、繰返して塗らせられた。少しも感情の動きを見せずにいる先生の態度に不信を抱いた。誰いうとなくその訳をだずねた。『上からの命令です。こうしないと進駐軍に叱られますから』と先生は答えた。父も母も答は同じだった。誰もそれ以上は説明してくれなかった」[26]。

注

（1）岡野秋子「苦しみに耐えつつ終戦後六年の家計」『婦人之友』昭和二五年、一二月号。
（2）鴨下信一『誰も〈戦後〉を覚えていない』平成一七年、文藝春秋社、六二頁。
（3）藤倉修一「秘められた特ダネ」『婦人公論』昭和二四年、一月号。
（4）朝日新聞、昭和二二年、一一月五日。
（5）朝日新聞、昭和二二年、一一月六日。
（6）全く偶然のことだが、私はこの事件の一五年後に、同判事の妻・山口矩子さんにお会いしたことがある。小柄ながら上品なそぶりで良家の育ちであることをうかがわせた（父親は元大審院＝現在の最高裁判所判事）。私は東京家庭裁判所へ勤務しており、そこで発行していた職員向けの機関誌『ケース研究』の編集委員を兼ねていた。家裁の調停委員になっていた矩子さんは絵が上手で、その雑誌の空欄にカットを描くことをされていたのである。
（7）朝日新聞、昭和二一年、四月一二日。

(8)　湯沢雍彦「裁判所の事件にあらわれた女性の地位」小山隆編『現代日本の女性』昭和三七年、国土社、三三七〜三三八頁。
(9)　朝日新聞、昭和二五年、四月二〇日。
(10)　朝日新聞、昭和二五年、九月二五日。
(11)　朝日新聞、昭和二三年、一二月四日。
(12)　朝日新聞、昭和二四年、一二月二一日、昭和二六年、七月二〇日。
(13)　朝日新聞、昭和二二年、一一月七日。
(14)　今日出海「集団見合いは如何に行われたか？」『婦人』昭和二三年、七月号。
(15)　朝日新聞、昭和三七年二月二日
(16)　丹羽文雄「恋文」丹羽文雄文学全集第八巻『包丁、恋文、雨跡』昭和四九年、講談社、一九二〜一九四頁。
(17)　鶴見俊輔編『記録現代史・日本の百年、一〇巻、新しい開国』昭和三六年、筑摩書房、二九四頁。
(18)　沢田美喜「混血児の母」鶴見俊輔編、前掲書、二九六頁。
(19)　「思い出」久保喬編『千人の孤児とともに』昭和五七年、ＰＨＰ研究所、四八〜五〇頁。
(20)　「追想記」久保喬編、前掲書、五四〜五五頁。
(21)　大島幸夫『人間記録・戦後民衆史』昭和五一年、毎日新聞社、一二一頁。
(22)　西日本新聞、昭和二四年、一〇月一一日、声欄。
(23)　中村紀久二『教科書の社会史』平成四年、岩波書店、二一三頁。
(24)　中村紀久二、前掲書、二三二頁。
(25)　中村紀久二、前掲書、二三三頁。

(26)　唐沢富太郎『図説　明治百年の児童史（下）』昭和四三年、講談社、五三九頁。

第二章　夫婦は同権、親子は平等

1　憲法・民法の大改正

旧憲法から新憲法へ

敗戦直後の昭和二〇年八月、日本に進駐した占領軍は総司令部（GHQ）を設置し、早くも一〇月に五大改革指令を発した。その対象は、婦人の解放・労働組合の助長・教育の自由主義化・専制政治からの解放・経済の民主化の五項目である。これが日本社会の民主化を求める第一歩となるものであった。

そのトップに指定されたのが、女性の地位の向上、男性との平等化であった。「旧（明治）」憲法において女性は法的無能力者とされ、企業の経営者になれないばかりか、子についての親権もなく、相続権もなく、選挙においては、議員にもなれず投票権もなかった。中等学校以上は男女別学で、女子校は男子校より低レベルの教育が行われ、大学には入れずといったように、あらゆる生活場面で女性は徹底的に低い位置に立たされてきていたから、女性を人間並みに扱う平等化が求められたのである。

この考えから、まず新憲法の中に、その根本精神を明らかにすることになった。第二四条を中心とする次の三カ条である。

第二四条　婚姻は、両性の合意のみに基いて成立し、夫婦が同等の権利を有することを基本として、相互の協力により、維持されなければならない。配偶者の選択、財産権、相続、住居の選定、離婚ならびに婚姻および家族に関するその他の事項に関しては、法律は、個人の尊敬と両性の本質的平等に立脚して、制定されなければならない。

この「個人の尊厳」と「両性の本質的平等」については、順序は逆だが次の条文がさらにこれを明らかにしている。

第一三条　すべての国民は、個人として尊重される。生命、自由及び幸福追求に対する国民の権利については、公共の福祉に反しないかぎり、立法その他の国政の上で、最大の尊重を必要とする。

第一四条　すべて国民は、法の下に平等であって、人種、信条、性別、社会的身分又は門地により、政治的・経済的又は社会的関係において、差別されない。

家族と個人の権利についてのこのような根本的規定は、明治憲法にはまったく置かれていなかった。明治民法の中には婚姻（届出された法律的結婚）の規定はあったが、「婚姻ニハ戸主ノ同意ヲ得ル」とか「妻ハ夫ノ家ニ入ル」といった当事者本人の権利を否定するものばかりであった。

それに比べると、今回の憲法はめざましい前進である。

改正民法の特色

この新憲法の根本精神からみると、それまで使われていた明治民法のうちで、最も問題となるのは

「家」「戸主権」「家督相続」の規定である。この三つが中核であったために、明治民法の親族編・相続編は「家《いえ》」の制度を規定したものだと言われてきた。そこでこの三者を廃止することが最初の仕事となったが、家の制度はわが国固有の良風美俗であるから、新憲法の精神には抵触しないと考える閣僚や両院議員が少なからずいたから審議は紛糾した。

憲法議会とも呼ばれた第九〇帝国議会における北村圭太郎議員の発言はその表徴であった。

「……結局この改正に依りまして戸主権並びに親権が根底的に動揺いたすと思いますがいかがでございますか、随って道義の根本たる父母に対する孝道は愈愈《ますます》衰えてゆく……国家が戸主権並に親権を認めることによりまして、家族また随て父母を尊敬すべき理由を知り、その権利を中心といたしまして、父母に対する孝道、兄弟の友情、夫婦相愛の道が立ち、一家相済うことに依って天下泰平をいたして来たことは実にわが日本の伝統的特徴であります……この憲法草案は従来の帝国憲法の特長でありました天皇に対する忠義は全く消滅した、それは已むを得ませぬ、併し治国平天下の根本道徳である孝道まで、また破壊せられんといたしますことは、熟考を要する問題であります(1)」。

しかし、内閣の臨時法制調査会と司法省の司法法制審議会は、共にこの三者を廃止する結論に達し、それを基礎として政府は改正民法法律案を作成し、新憲法施行と同時に施行することを考えたが、関連法規の整備が準備不足で間に合わないため暫定的に「応急的措置に関する法律」を作って昭和二二年末までをのりきった。

応急的措置法はわずか一〇カ条だけの短いものだったが、改正の趣旨がよく分かるものであった。この条文は、たとえば次のように簡潔である。

第二条　妻又は母であることに基いて、法律上の能力その他を制限する規定は、これを適用しない。
第三条　戸主、家族その他家に関する規定は、これを適用しない。
第四条　成年者の婚姻、離婚、養子縁組及び離縁については、父母の同意を要しない。

新民法の内容

もちろんこの大枠は根本で、こまかい規定は「新」民法の随所にあらわれた。その主要点だけを、司法省の「提案理由」にそって簡単に列挙してみよう。

①　家の存在を前提とする各種の制度即ち継親子、嫡母庶子、入夫婚姻、親族入籍、引取入籍、離婚、分家、廃絶家再興、一家創立、隠居、法定推定家督相続人、婿養子縁組、遺言養子及び家の氏に関する規定等もすべて削除する。

②　成年者が婚姻をするについては父母等の同意を要しないものとし、未成年者の婚姻についてはその保護のため父母の同意を要する。婚姻年齢は男女共従来より引上げて男は満一八歳以上女は満一六歳以上に改める。

③　何れの氏《うじ》（姓のこと）を称するかは婚姻の際夫婦の定めるところによることとし、妻の無能力の制度はこれを撤廃し、婚姻中は夫婦は同居し互いに協力し扶助しなければならないものとし、その他妻の財産に対する夫の使用収益権、管理権の規定等夫婦の法定財産制はこれを夫婦間に平等なものとすると共に、婚姻を継続し難い重大な事由があるときも離婚を請求できることとする。

④　離婚に伴い離婚した者の一方から相手方に対し財産を分与すべきものとする。

⑤　親子関係については、まず庶子の名称を廃止し、未成年者を養子とするには家事審判所の許可を要するものとする。この氏は、嫡出の子は父母の氏、嫡出でない子は母の氏を称するものとし、父または母と氏を異にする場合には家事審判所の許可を得てその父または母の氏に改める途も開く。

⑥　親権は未成年の子に対するものに限る。母の親権に対する制限は撤廃し、父母の婚姻中は、親権は父母共同してこれを行うべきものとし、父母が離婚した場合には親権者は父母の協議で定めることとする。親権者が再婚その他の事情で親権を行うのを不適当とする場合の為親権を辞する途及び一旦辞した親権を回復する途を開く。

⑦　親族会はこれを廃止する。後見監督人は指定後見監督人である場合の他は必要がある場合に家事裁判所がこれを選任する。

⑧　扶養に関しては、先ず扶養義務を負うものの範囲を親族共同生活の現実に即せしめるため直系血族及び兄弟姉妹の外三親等内の親族にまで拡張する。扶養義務者の順位、扶養の程度、方法等は、家事裁判所で適宜にこれを定めることができるようにする。

⑨　相続に関しては、均分相続制度を採用し、大体は従来の遺産相続制度によるが、兄弟姉妹をも相続人に加え、配偶者は常に相続人となるものとする。配偶者の相続分については一定の割合を確保するため特別の措置を講じ、これに関連して遺留分の定め方についても若干の変更を加える。系譜、祭具、墳墓等の承継は祖先の祭祀を主催する者がこれを承継することとする。

なお、この中にある「家事審判所」は昭和二三年度だけのもので、二四年一月からは、少年審判所と合体して「家庭裁判所」（地方裁判所と同格の下級裁判所の一つ）となって現在に至っている。本庁が各都道府県に一つずつ（ただし北海道のみ広いので四つ）置かれたほか、支部が二四三、出張所が九五も設けられた。

2　歓迎の声と庶民の心配

歓迎の大声

改正された新しい民法は、まず、婦人層の賛同をえて圧倒的に迎えられた。
「なんという素晴らしさでしょう。架空の夢としか思えなかったことが現実となってそこにあります。否それ以上に、願っていた以上の目を見張るような状態がそこに展開されているのです。今まで「家」制度のためにつぶされていた血を分けた者への自然の愛情も、法に守られて出てきました。人間的なあたたかい思いやりがいたる所に見えます……反対も多かったでしょうに、戦争がすんだばかりだというのに、よくこれだけの大回転がなされたものと、驚くと共に感謝がつきません」。

農民の嫁であった岩崎多鶴（当時四五歳）は、新民法が発表された時の感激をしのんでこうつづっている。その頃、民法改正にタッチしていた河崎なつ（女性運動家、母親大会事務局長）のもとには、七万通もの手紙が寄せられ、その九割は女性からの喜びの文であったという(2)。

しかしこれが必ずしも全部の声でなかったことは、昭和二二年一月に早くも行われた毎日新聞社の「民法草案についての世論調査」からもうかがわれる。標本抽出にやや難があるものの、全国成年男女五〇〇〇名を対象としたこの調査は、政府関係のこの種の世論調査が昭和二〇年代にはまったくないために、今となってはきわめて貴重である。

この調査において、法律上「家」の制度廃止について賛否を問う質問に対しては、全体として賛成が過半数を制した（五八％）ものの、反対（三七％）も少なくなく、その差は二〇％と接近していた。賛成者は、男性よりも女性の方がわずかに多く、とくに未婚の男女が七割近く賛成したことは、解放を望む意向がどこに強いかを明確に語っている。もっとも、どのような層でも賛成者が多いわけではなく、府県別にみると、茨城、群馬、埼玉、奈良、鳥取、大分において、また職業別では農漁業者においては反対の方が賛成を上回っていた。「家」の制度が、工業都市が少ない農業県の農家に最も密着していたことを明示している。

「男女の不平等廃止」については、男性は一三％の開きで、女性はさすがに五二％の開きで賛成が反対を上回った。賛成の理由としては、〝男女としても、夫婦としても同権になるから〟が多く（とくに社会的同権への希望が強い）、反対するものは〝時期尚早〟、〝夫唱婦随の美風がすたれる〟、〝男女には能力の差がある〟を主な理由としていた(3)。

とまどう庶民の心配

憲法改正の草案が発表される前から、家族に関する法制が変わることは予測されていたが、何がどのように変わるかは誰にも分からなかったので、各地で疑心暗鬼の心配が濃くなっていた。そこで各種の疑問・質問が新聞などに寄せられたが、それを司法省（現法務省）民法調査室が回答することになり、質問と回答の記事が、昭和二二年五月から毎週水曜日の『読売新聞』の「法律相談」欄に掲載が始められた(4)。これには、単なる一般的な法律解説だけではなく具体的紛争の解決を求める事例も含まれている。ごく一部を示してみよう。

(1)家の廃止と夫婦親子

「民法が変わると家《いえ》という制度がなくなるそうですが、そうなると今までの親子、夫婦などの関係はどうなるのですか。家がない以上親子、夫婦の間もいままでより薄くなることになりますか」。

（東京都世田谷、田島）

▽「民法が変わっても夫婦、親子の関係は薄くも遠くもなりません。今までの夫婦、親子に関する規定はなくなりません。ただ個人の尊厳と平等を害する規定や男女の平等に反する規定は改められますが夫婦、親子の関係はそのため親密の度を増しこそすれ、疎遠になるとは考えられません」。

(2)未亡人の復籍

「私はもと甲姓を名乗っていましたが、乙と結婚して乙姓になりました。その後乙も乙の養父も死亡したので、私は乙家の戸主になりました。しかし私は甲の戸籍に帰りたいので乙の養母と相談の上養子を迎えて隠居しましたが、それが五月三日前のことです。そして私は乙の戸籍に帰る手続きをするため市役所に行きましたところ、新法はその手続きは大変難しく恐らくできないだろうとのことで困っています」。

（東京都吉祥寺、山口）

▽「民法の応急措置法の下では認知、養子縁組、養子離縁、婚姻および離婚等の場合以外は戸籍を変えることはできません。したがって現在のところ貴女《あなた》は婚姻前の戸籍に帰る方法はありません。しかし近く民法が本格的に改正されると乙との婚姻が死亡によって解消したことを理由として貴女だけの届け出により甲の戸籍に帰る途がひらかれるはずです」。

(3)前夫の子を跡取りに――廃嫡

「生活難のため夫は私と生後間もない長男をすてて家出し行方不明となりましたので、私は正規の離婚手続きをとり長男を連れて実家に帰りました。行く末はこの長男を実家の跡取りにするつもりで苦しい中から高等教育まで施したところ、数年前元の夫が帰り今は長男の廃嫡さえ渋っております。長男は私の姓を名乗ることを願っており、実父には何らの愛も感じていません。この場合私の実家の姓を名乗らせるにはどうすればよいでしょう。また長男は、将来父を扶養する義務があるのでしょうか。元の夫は現在戸主です」。（秋田県、昭子）

▽「応急措置の下では法律上廃嫡ということはありません。だから長男でも養子になることができ、成年ならば父の同意も要りません。しかし子と実の父との血族関係は絶たれるものではありませんから、父と子の間の扶養義務はあります」。

(4)勘当について

「私は長男ですが〝親不孝〟との理由で親族会議にかけられ勘当されました。新憲法の下でもいわゆる〝勘当〟ということが単なる親族会議で成り立つものですか。もし法的に成り立つものとすれば戸籍離脱の方法はどうなりますか。また家に残した私の持物はどうなりますか」。（北海道、高田）

▼「法律上勘当ということはありません、それに近いのは相続人廃除です。相続人が被相続人に対して虐待をしたり、または重大な侮辱を加えた等の非行があるとき被相続人が裁判所に訴えて相続人を排除してもらうのです。排除されると親が死んでもその財産は相続できなくなります。しかし戸籍はそのままです。判決によらず親族会議などで勝手に排除はできません。なお、本来その人の持っている財産は排除があっても何の影響もありませんから、もし誰かが押さえて渡さないならば、訴訟してでも引き渡しを請求することができます」。

以上のように、明治民法特有な概念であった「家」「廃嫡」「親族会」「家督相続」「隠居」といった用語のほか、慣習上の言葉にすぎなかった「勘当」「婿養子」といった用語も世間ではかなり使われていた。昭和二二年においても、明治民法の考えは庶民の間でなお広く使われていたことがよく分かる。

3　家庭裁判所の誕生と効用

発足と特色

家庭裁判所は、昭和二四（一九四九）年一月一日、形の上ではそれまで一年間だけあった家事審判所と少年審判所が合体してでき上がった。特別な目的をもつ新種の裁判所である。

そのいきさつには種々の流れがあるが、簡単にいえば、①昭和一四年からあった人事調停制度を引き継ぐもの、②家庭問題と少年問題を包括的に扱うべきだとする考え、③アメリカの一部に始まっていた家庭裁判所のあり方をまねしたいとする考え、などもあったが、直接的には、④新しい民法や戸籍法や少年法の問題を処理する特別裁判所として必要とされたからである。

しかし、司法制度の中で、家庭問題全般についてこれほど広範に包括的に扱う裁判所は世界にも例がなく、まことにユニークな機関となった。とくに高められた女性と子どもの権利を具体的に守る拠り所として期待する声が非常に高かった。

家庭裁判所の家事審判部は、他の一般裁判所にはない特色をもって発足した。その一部を列挙してみよう。

① 簡易性……用意された用紙に本人自身が書いて申し立てできる。費用は、当初調停事件三〇円、審判事件一五円と低額（平成二三年現在はどちらも一二〇〇円）。本人出頭が原則で、弁護士などの代理人をつけることは原則として必要ない。

② 迅速性……離婚調停事件などは三〜四カ月で終結するのが普通で、訴訟事件よりはるかに速い。

③ 秘密性……訴訟と違って手続きは非公開で、担当者には秘密義務が課されている。

④ 民主性……専門裁判官のほかに、調停事件には民間から選ばれた調停委員が、審判事件には参与員が参加する。

⑤ 科学性……医務室技官や家裁調査官が参加して、科学的な診断や調査やカウンセリングをする

ことができる。

⑥　社会性……事件処理に必要な場合は、社会施設や福祉援助の利用や協力も行い、決定事項の履行の確保も行う。(5)

たくさんの利用者

では、実際にはどれだけの人が家裁を利用したのだろうか。

実質的な扱いは、家事審判所であった昭和二三年一月から始まったのだが、その時には独立した建物（庁舎）などはなく、各地方裁判所や区裁判所の一部を間借りして業務を始めた。東京でも審判は区裁判所の非訟係室を、調停は第一弁護士会三階大講堂を借用し、つい立てで仕切っただけなので互いに隣からの声が入り乱れ、ときに怒声、罵声、号泣さえ聞こえてよくない影響を与えざるをえなかった、(6)といわれる。紙も不足し、複写機などは皆無の頃だから、新しい法規集を用意することも大変なことだったろう。二三年には書記官も存在せず、二五年度までには調査官も医務室技官も制度化されていなかったのである。二三年の東京では、調停が成立すると手伝いの女性が筆と硯を運び、裁判官が毛筆で調書を認めていた。

そのなかで、二三年には全国で三万二三八四件の調停事件が受理されて二万六二八七件を処理し、二四年には三万九二二九件が受理されて三万八九九八件が処理されていった。その他、家事相談も行われ、二三年の東京だけでも二万五七二九件も扱った。

全国的な大勢を二四年度の統計からみると、三万九二二九件の調停事件が申し立てられている。昭和一四年からの人事調停は、予想よりも多いといわれながらも平均すると年間五三〇〇件程度であったから、その八倍近い事件を裁判所に引き寄せたことになり、これは大きな成果であった。庶民がこの種の機関の開設をいかに心待ちにしていたかがうかがわれる。このなかの三〇％が婚姻中夫婦の事件（ほとんどが離婚請求）、一三％が婚姻外男女の事件（多くが内縁解消）、ほかに乙類に含まれた夫婦間の関係事件が一二％あるので、結局、半数以上が夫婦間の事件で占められていた。

その年東京家裁調停委員の研究会が離婚を直接問題としたケースについて、その原因を調査したところでは、夫の不貞一九％、夫の虐待一三％、夫の遺棄《いき》七％、夫の浪費・酒乱六％、妻の舅姑との不和一七％、性格相違一三％、生活難一〇％などが大きな申し立て理由となっていた[7]。

初期の事件の特色

事件数がきわめて多いので、その内容や解決の詳細を伝えることはとてもできない。ただ、外部の法学者が組織した家事資料研究会の調査結果から、昭和二三・二四年度という初期の特色を記しておく。

広島家裁では、被爆者の事件はもとより、戦死した長男の未亡人が逆縁婚（死亡した配偶者の兄弟と再婚する結婚）してのトラブルが各地で起こっていた。木次支部（島根県）や高山支部（岐阜県）や下妻支部（茨城県）のような農村部では、戦前を思わせるような因習や暴力・虐待がまだまだ幅をきかせていた。しかし、下妻では、「家制度の影響あり」「戦争の影響あり」に該当した事件は合計しても二三年二〇件（二八％）、二四年三件（四％）しかなかった。これらの地域でも、家制度や戦争とは無関係の純枠に夫婦間だけのトラブルのほうがよほど多かったのである（大垣支部・高山支部でも同様な指摘がある）。このことも、大事なことである。

この頃の事件申し立てでは、司法書士の介在が大きいことが注目される。後に最高裁判所家庭局は、住所・氏名のほかは○やチェックだけで済むような簡便な申立書を作成して、各受付窓口で無料で入手できるようにして「家事調停の簡易性」の実現をはかったが、昭和二三・二四年度にはこれがなかった。そこで申立人は、昔ながらに代書屋さんの名で親しまれた司法書士の事務所を訪ね、中立書を代筆してもらった者が六割以上に及んでいる。当事者の経済的負担もさることながら、中立ての記載がかなり形にはまったものになっていると思われたのはこのせいである。

事件の実質と事件名の表記とが一致していない事例が各地で見られた。これにはいろいろな問題がからむ。まず、中立ての趣旨が明確でないことが多いが、それは当事者（中立人）の意思が不明確である上に、多様である（それが家事事件の特徴でもあるのだが）ことを反映している。そして、裁判所側も、たとえば養育費を中心とする事件の件名を「扶養」としたり「離婚」としたりなど、扱いに揺れが大きく、裁判所ごとの扱いも一定していない。これこそが、開始早々の大きな悩みごとの一つであったに違いない。

もちろん地域によって内容は異った。家事資料研究会の報告からさらに少し拾ってみる。

神戸家裁では偽造（相手方の承諾を得ないで一方的に提出した）の協議離婚届けを無効としてほしい旨の調停が多い。調停をして成立したのに、協議離婚届けを提出するとしたものもかなりある。子が自分の意志で氏の変更をしたときは養育費の送金を終わりとする旨の調停などに、古い意識の名残りがみられた(8)。

家事相談の働き

ところで、全国の家庭裁判所は、「家庭問題」全般についての相談に応ずる機構をもち、本庁と大規模な支部では「相談室」という専門の部屋を設けたり、夜間や休日の相談に応じたりする所もあった。家庭裁判所に家事相談室があることはかなり知られており、申し立てされる調停事件の大部分は相談室を一応経由するから、家事調停に対する相談の機能はかなりに大きいものがある。これに注目してみよう。

第一の問題は、相談件数が、厖大な数であることである(初期には全国統計がなかったが、東京家裁は昭和二三年度に二万五七二九件と記録している。当時は東京が全国の約一割だと言われていたことから類推すると、全国では約二五万件あったと推測される。なお、二五年度から全国統計がとられているが、三九年までは毎年二二万ないし二七万件を記録している)。相談の八割強は調停に親しむ内容のものであるから、実際に係属する調停事件の四~五倍もの事例が相談にかかっていたことになる。このうち、夫婦間の問題についての相談だけでも一〇万件を超え、当時の年間離婚総数をオーバーしている。すなわち、離婚全体の中で家庭裁判所で成立する調停離婚の割合は一〇%前後にとどまっているが、協議で離婚するもののかなりの数が家庭裁判所の相談室を利用していることが推測できる。事実、東京家庭裁判所が昭和四四年三月に行った「来談者実態調査」でも、事件を申し立てする意思をもって相談室にきた者は三〇%にとどまり、無料で、手軽で、信頼のおける知識提供機関としての利用度の方が高かったので

ある。(9)

もっとも、家事相談は制度として公認されないという問題を抱えているが（そのため平成二〇年からは「家事手続案内」と名称を変更している）、実質的な働きは無視できないほど大きい。

実際には、小さく区切られた部屋で一〇分ないし三〇分程度、調査官か書記官が面接するものだが、来談者は、感情的な問題を法律的に整理する道を示され、法制度の基本的な理解を教えられ、事件にかけるときには大体の予想経過を示されるのだが、それだけで納得してあとは本人たちで処理できるとする者が多いのである。

これだけ多量の相談があることは、市民の必要不可欠の需要のあらわれとして、新しい機構の設置があってもよいことだが、最近までそれは実現されていない。

審判と調停

審判事件というのは五〇種以上もあるが、大部分が、戸籍の訂正、氏や名の変更、養子縁組の許可、相続放棄の承認といった行政処分（かっては市区町村役場が行っていた）に当たる問題の許可を求めるもので、短時間の審理でほぼ一回ですむ簡単なものである。

それに対して調停事件は、必ず相手があって争うものだから、一回二時間ずつの期日を二回から長ければ一〇回以上もかけて行われる。月に一回の期日が入るのが普通だから、数カ月から一年近くもかかることになる。婚約不履行、内縁解消、慰謝料請求、老人扶養、子の引き取り、遺産分割、認知、親族間の紛争など二〇数種もあるが、いつの年も、半分以上を占めて一番多いのは離婚をめぐる夫婦間の紛争である。

そこで以下、この夫婦間紛争の調停事件を中心に話を進めよう。

最初の昭和二四年には、約一万四〇〇〇件の夫婦紛争の申し立てがあったが、そのうち妻からの申し立てが七八%もあった。いつの年も妻からの申し立てが夫よりも多いのだが、初期にはとくに多かった。その七割は離婚することを望むものだったが、二割は円満同居を回復するものないしは安定した生活費援助を望むものだった。

では、数回の期日を経たのち、申立人は目的を達成できたろうか。

内容の一部スケッチ

非公開と秘密保持の原則に従って、調停事件の内容と経過を具体的に紹介することはできない。もし仮に紹介できたとしても、全貌を伝えることは長大なものになってしまうので、本書などでは不可能である。

しかし私は調査官として各事件の一部分に触れる機会があり、印象深い事件の幾つかを振り返ってみることは可能である。調停事件の雰囲気といったものの匂いを嗅いでいただけたら幸いである。ややや変わったケースだったから今でも忘れられないものであって、他の一般のケースがすべてこのような変わった問題をもっていたわけではない。個人的秘密には十分気をつけて焦点を語って見たい。いずれも、昭和三〇年代前半の東京家裁での情景である。
①　ある離婚調停事件で、調停委員会から財産分与の試案を求められたので、諸条件を考えて公平

にほぼ半々になるような案を提示したことがある。「では次回までにこの案でよいかどうか考えるように」ということで散会したので、私は廊下に出て歩きはじめた。するとあとを追ってきた男の当事者から肩を叩かれた。「あなたの案はおかしいよ」と言うのである。私は、「あれでだいたい公平な五分五分になると思いますけど」と返事をすると、「ここは日本だ。日本では男七女三くらいに分けるのが公平というものなんだ」と反論された。私は唖然として返事の言葉が見つからなかった。

②　ある日、ベテランの調停委員が廊下を駆け回っていた。「何事ですか」と聞いてみると、「誰か職員で昔（戦前）の六法全書をもっている人はいないか探しているんですよ。今の民法とどう違うのかをはっきり説明しなければ納得しない、という当事者がいるんです」とのことだった。

③　妻から申し立てられた離婚調停で、相手方である夫は、一回目こそ期日に出頭したが二回目からはまったく出てこなくなった。調停の進め方がまったく不満だというのである。私は裁判官の命令を受けて、夫の住む自宅まで、調停に出ることをすすめる「出頭勧告」に出かけた。ごく普通の一軒家の六畳間に上げられて対面した。他には誰もいなかった。話し始めてまもなく、夫は別室へ行って三尺ほどの杖を持ってきて前に置いた。中は聞くまでもなく、真剣（本物の刀）を入れた「仕込み杖」であることが分かった。夫はさまざまないきさつと妻への怒りを語り、委員に対する不満を重ね、感情が激してくると、その度に二〜三寸刀を引き抜くのである。男はヤクザであることを委員から聞かされていたが、私もさすがに恐怖をおぼえ、本当に切りかかれたらどう逃げるかばかりを考えて聞く耳はうつろになった。ひたすら「ええ」とか「そうですか」ばかりをくり返して一時間が過ぎた。さらに三〇分近くも夫の独演が続くと、さすがに疲れたか、「これだけ言ったからもう離婚していい」

と自ら言い出した。

私は用意していた二通の「協議離婚届」の用紙に署名捺印をもらって帰庁した。担当の調停委員は「あの難しい男を相手によくやった」と大喜びしてくれ、のちのち「湯沢調査官はカウンセリングの名手だ」と触れ回ってくれた。カウンセリングなどした覚えはまったくない私は、恐縮するばかりだった。

実は妻の方は、良家の娘が集まることで有名な名門女学校の卒業生で、普通ならヤクザの男などとは結ばれることがない組合せだった。そのお嬢さんの適齢期が戦争末期で若い男性が払底していた。やっと工場勤めの男を探して結婚したのがこの男だった。戦時中はヤクザの仕事がなくなっていたので普通の男のふりをしていて分からなかったのである。戦後はたちまち復活してヤクザ稼業に戻り、妻はまったくやりきれない日々を過ごしていたのがこの夫婦だった。

④　履行確保専門係にいたときのケースである。ニコヨン（失業対策事業、当初の日給が二四〇円だったことから使われた語）に出ている女性から、離婚調停で別れた元の夫が決められた養育費を払わないので勧告してほしいとの申出を受けたので、男の自宅まで出張したことがある。男は四畳半一間に借間していたがその半分がカーテンで仕切られている。自分もニコヨンに出ているがとてもたりないので仲間に借間の半分を又貸ししてて、二日に一杯やっと焼酎を飲めている、それを止めて送金しろといわれるなら私は死ぬほかない、と答えられた。低収入者なればこそ、国はニコヨンの仕事を与えているのである。このような場合どう履行を確保したらよいのか、私は首をかしげつつ引き返すほかなかった。男女とも弱々しい体格の人だった。

こうした事件にぶつかると、人が悪いのか、社会が悪いのか、法が悪いのか、考えこまざるをえなくなるのである。

調停事件の終局

おおまかな統計は最初からあるが、こまかい内容区分は昭和三〇年からなので、この両者を合わせてみていくことにする（この割合分布は、年度によって大きな違いはない）。

昭和二四年度の終局区分をみると、離婚を内容とする事件で調停がまとまった（調停成立）ものは、五六％でやっと半分を越えたにすぎない。その割合は以後もっと下がっていく。不成立や取り下げの割合が多いからである。しかも離婚を希望しながら離婚成立の割合が四一％であるのは小さすぎて良くないと一見思われるが、一概にそうは言えない。それぞれのケースを見れば分かるように、申立人にも身勝手な要求があるし、相手方にも別途な事情や反論があるのが普通だからである。調停が不成立で、なお離婚要求を貫きたい人は、民事事件としての離婚訴訟を起こせばよいのである（当時のルール。なお平成一六年からは地方裁判所の離婚訴訟手続きが家庭裁判所へ移された）。

問題は、「成立」でも「不成立」でもないのに、途中で事件を「取り下げる」割合が昭和二四年で三五％、三九年には四一％と非常に高いことである。これには、相手方のあまりにも理不尽な態度に呆れはてて、とか、見込みがまったくないということもあるが、家裁調停委員会の態度や進行方法に対する不満（相手に同調しすぎる、よく聞いてくれないなど）によるものもある。申立人としては、自分の考えや要望がほとんど通らないことに大きな不満を抱いて止めてしまったのであろう（全事件につ

図２－１　審判事件・調停事件の結果割合の推移

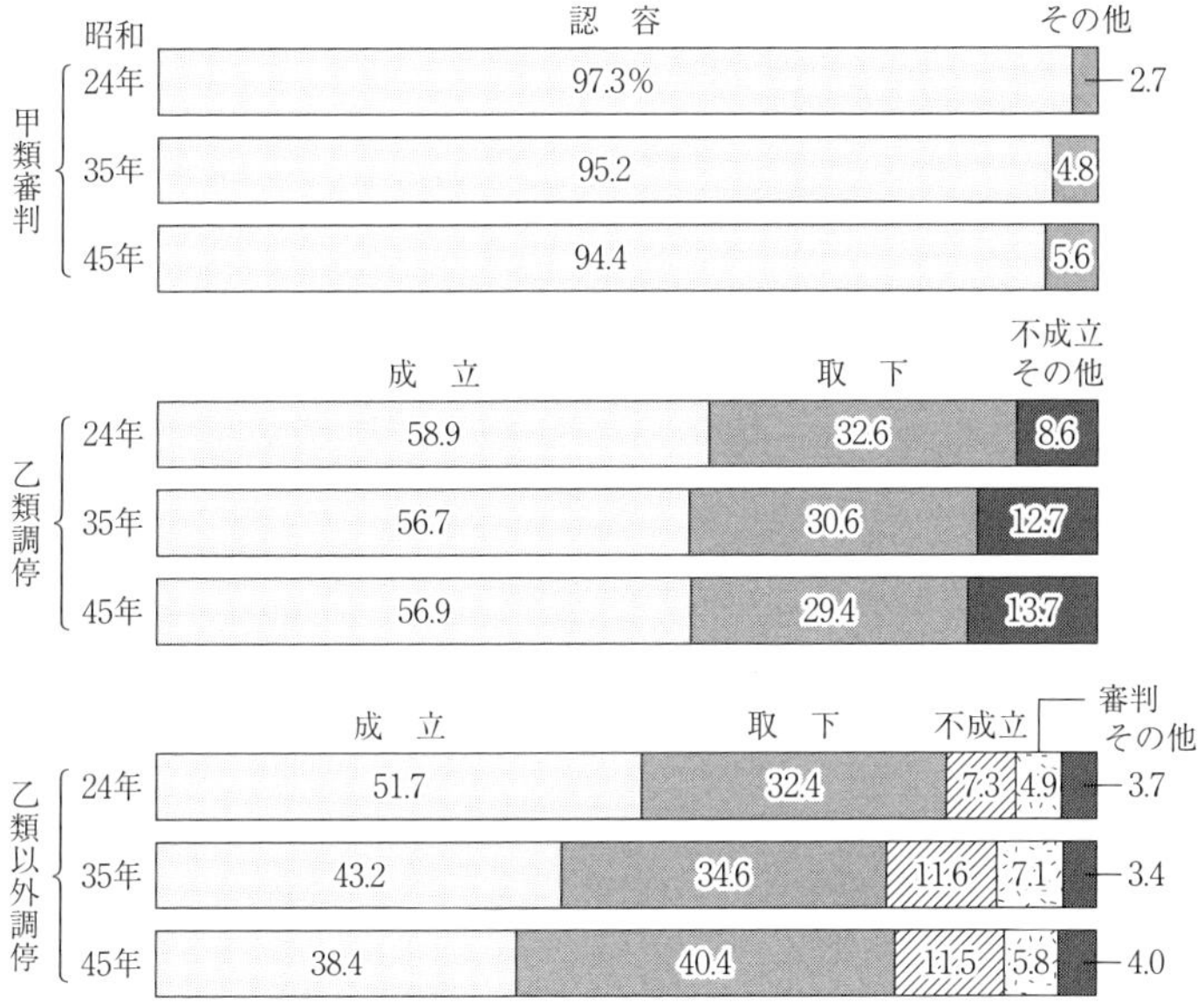

出所：最高裁判所『司法統計年報』による。

いての統計は図２－１）。

調停委員

一般の訴訟は、職業裁判官のみによって担当されるが、家庭裁判所の調停委員会は、裁判官一名と一般から選ばれた調停委員二名（ふつう男一と女二）とで運営される。裁判官の法的知識と調停委員の世間的良識との総合で対処しようという発想からである。

ところで調停を経験した人の多くは、どんな調停委員に当たったかをよく語るが、裁判官がどんな人であったかをいうことはほとんどない。なかには、調停委員のことを裁判官だと思い込んでいる人もいるし、調停委員は実は裁判所の正規の職員ではない（当時は）のだと聞かされると驚く当事者は数多い。

法のたてまえの上では、家庭裁判所の家事調停も、地方裁判所・簡易裁判所の民事調停でも裁判官と調停委員とが委員会を作り事件に当たることになっている。しかし、裁判官は同じ時間に五件も十件も事件を抱えているので各事件の部屋にあまり出席できず、自然、調停委員中心となってしまう。だから、調停の善し悪しは、多くの場合、委員にどういう人を得るかによって決まってくるのである。昭和三〇年代の調停委員は、その労は多としながらも、高齢すぎる（昭和四〇年頃には、七〇歳以上が三割近くで平均六四歳）、セミプロ化している（平均一二年も続いている）、感覚が古い、選任基準があいまい、などの問題が指摘されていた。

その最大の原因は、名誉職的な報酬の低さから、退職した社長や無職の上流婦人などを依頼するほかなかったことにある。これでは権利意識を増した若い労働者家庭の事情にどれだけ迫り得たか、確かに疑わしい。

そのため、のちの昭和四九年に、最高裁判所規則が改正された。骨子は、調停委員を任期二年の非常勤裁判所職員とし、待遇を五倍に引き上げ、年齢を四〇歳以上七〇歳未満と制限し、職業を経験して専門的な知識・経験を持つ者としたことである。

「徳望良識ある者」とだけしかなかったそれまでの基準からみれば、大幅に前進したのである。

子の引き取り

離婚に決まった夫婦には、さらに子どもや財産の処理の問題がある。戦前に比べれば夫婦当たりの子の数は減っていたが、それだけに未成年の子の引き取りをめぐっての争いは深くなりつつあった。

昭和三〇年の結果をみると、親権者が父とされた者四六%、母とされた者五四%で、母の方が優越しているが、これは家庭裁判所で調停離婚したからこうなのであって、家庭裁判所へ来ない協議離婚を含めた全離婚でみると、四七%対四〇%で夫の方が多くなっている（残りの一三%は子が複数のとき夫婦双方で親権を分け合ったもの）。家庭裁判所へ来なかった離婚紛争では、やはり夫の方の力が強かった。後述のようにこの関係が逆転したのは昭和四一年からである。

戦前の明治民法時代には、離婚後の親権は、父の死亡または所在不明を除いて父に専属することを規定していたから、少なくとも形式上は争いようもなかった。新民法の戦後になっても、昭和三五年頃までは、妻が子を連れての離婚は生活上困難だったために、争いが目立たなかった。家庭裁判所の調停の席上では、二人以上の子を持つ母は、泣く泣く子どもを手放したり、あるいは離婚そのものを断念する情景がよくみられたものである。

ところが、昭和四〇年頃からは女性が子連れ離婚を平気とする情勢の変化が起こってきた。女性の就業機会の増加、保育園の増設、児童扶養手当や生活保護費の増額などが、それを支える社会的条件であったのであろう。

この結果は、親権者となる夫婦別の割合推移を示す図2－2によくあらわれている（親権者はほぼ監護者でもあるとみて良い）。二人以上の子を双方で分け合うというのは漸減し、平成時代になると八割以上の子が母に引き取られるようになった。

乳幼児は母親の監護にゆだねるのが当然という世界の趨勢《すうせい》に合致してきたわけだが、この夫婦逆転

図2－2　親権を行う者別にみた離婚件数割合の年次推移

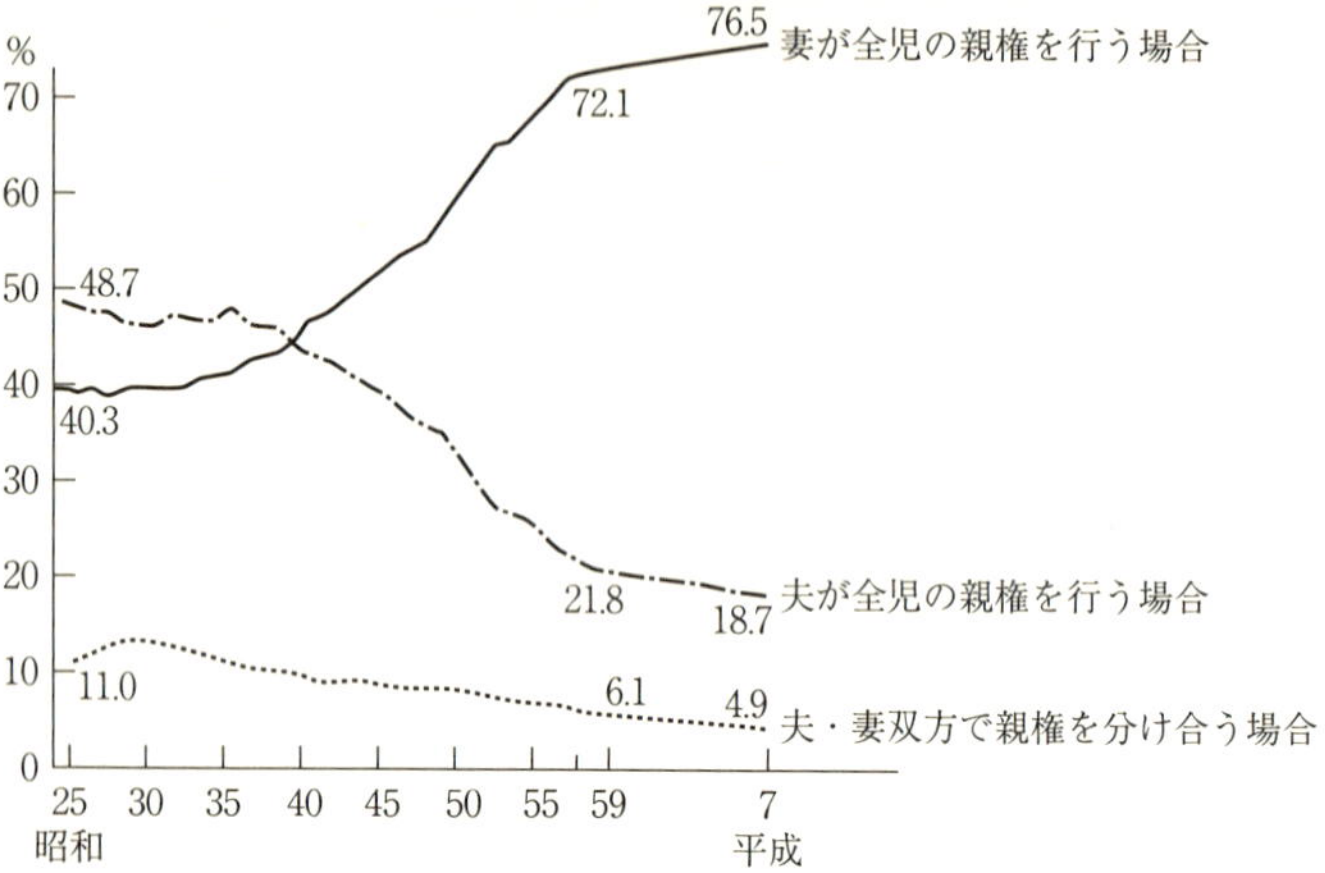

出所：厚生省（当時）『人口動態統計』による。

のグラフほど、戦後の妻の地位の向上を明示するものはないと思われる。

家事調停の効用

家庭裁判所が、悩んでいた家族員すべてに大きな福音をもたらしたかどうかについては簡単に言えない。家事事件の代表的存在といえる「離婚調停」について考えてみよう。審判事件と違って、必ず相手方があり、その相手方との調整がつかないからこそ事件になったので、一方の要求を認めれば他方に不満が残される。納得させる程度にもよるが、事件は最初から双方を満足させるものではない。不当に圧迫されている者と相手とを公平な席につかせ、法の条理にかなった適正妥当な合意を成立させて、紛争の解決をはかる制度なのである。

表2-1　家事調停感想アンケート　（%）

	満足である	不満である	その他
①全体としての進め方	55	18	27（どちらともいえない）
②職員の態度	60	4	36（ふつうである）

調停終了者の感想

昭和二六年度中に終了した家事調停事件二〇三件の当事者双方四〇四名に対して、終了事後にその感想をアンケートによって聞いた静岡家庭裁判所の報告がある。(10)

表2-1の内容は、満足者は「たいそう親切だった」「ねばり強く話し合ってよい感じを持てた」としている。しかし不満者は、「中立人の主張ばかりしか聞いてくれなかった」「調停委員は高圧的で官僚的な口のきき方だった」「毎回短すぎた。もっと時間をかけてほしい」「調停は一室一組だけにしてほしい」「待合室は、中立人と相手方を別々の部屋にしてほしい」「期日と期日の間をもっと短くしてほしい」などの理由をあげている。

また、調停終了後の様子については

精神的な面では、良くなった……五七％

悪くなった……一七％

で、良くなった者は、「これで気分がさっぱりした」「家庭が明るくなった」としている。

経済的な面では、良くなった……三二％

悪くなった……二九％

で、あまり変化はないようであった。

家事債務の履行当事者

私が昭和三三～三五年に東京家裁履行確保専門部に勤務していた時に面談した当事者（事件が成立して、金銭債務の履行問題を抱えていた者）約一〇〇組についてまとめたノートが残っている。調停委員についての感想はこうであった。

権利者（支払いを受ける立場になった者）の七〇％、義務者（支払いする立場になった者）の四三％が好感を持っていた。「よく話を聞いてくれた」「適切な案を考えてくれた」「相手を上手に説得してくれた」など。だが、義務者の三七％、権利者でも一九％のものは不満を示した。不満の中には、「高圧的である」「事務的で冷たい」といった態度に対する非難が少なくないが「あっちへよく言い、こっちでよく言い、結局カマをかけたしゃべり方をするという気がしてならなかった」（二七歳、女、権利者）といった批判は、担当者のカウンセリングの未熟さを指摘したものととれようし、「男性委員は弁護士で、相手方代理人の弁護士と同一弁護士会の所属員のためか、組んで私を圧迫し、裁判官が来ると態度を変えるので苦々しく思われた」（四四歳・男・権利者）、「女性委員はクリスチャンだったので、どうしてもクリスチャンである妻に同情して公平を欠いた」（四二歳、男、義務者）といった不満は、委員指定に当たっての注意が一層必要であることを指摘するものと受け取れよう。

裁判官に対する不満はあまりきかれない。面接する機会があまりなかったので批判のしようもない、という者の方が多いようである。

不満な義務者の中では、調停を決める（調停案に合意する）時の動機にも、非合理的な因子が介入することが少なくない。十分考慮しつくしたうえでの条件の完全な納得というのではなしに、「こんなに何度も店を閉めて調停に呼出されては仕事にならないので」（三〇歳、男、義務者）、「早く再スタートを切りたいのに、こう長引いては就職に差支えるので」（三一歳、男、義務者）といったように、いわば生活のために解決を急がざるを得なかったとする者が義務者の四分の一にも上り、「条件は何であれ、相手と一刻も早く絶縁したかったので」とするもの、および「委員会に威されるようにいわれるので、否まざるを得なかった」とする者でまた四分の一を占めていた(11)。

感謝する声

しかし、長年反省なく不貞行為を重ねる夫、理不尽な暴力を繰り返す夫などからようやく離婚をかちえた妻、技官や医療機関の適切な協力を得られて妻が長年のアルコール中毒から立ち直ることができた夫、などは、家庭裁判所の存在と努力に深く感謝している。たとえ不成立で終わったとしても、当事者双方にとって、現代の法律のもとで正しいとされる判断はどういうものかを教えられることはあったのである。

昭和四五年神戸家裁が行ったアンケート調査では、「今まで人ごとのように思っていた家庭裁判所の門をくぐり、はじめて私ごとを他人さまに安心して聞いていただき二〇年来の胸のつかえが下り帰途心がいきいきしたことを今でも忘れられません。調停委員の方の私情のない、誠意あるお言葉は人生の重大危機に立っていたものとして本当に安心出来ました」「スムーズに解決が出来て今まで迷ったり考えあぐんだことが無駄だったと思っています」「はじめ勇気がいりましたが大層親切にていねいにそして厳粛に調停して頂き、いたらぬ者にとりまして誠に有難いことでした」などの返事が寄せ

られている。(12)

4　均分相続と農家のとまどい

農業資産に特例を

明治民法が実質的には「長男単独相続」を規定していたのは誰でも知っていたが、これは新憲法の法の下の平等に反することなので、新民法は、配偶者を相続人にするとともに、子については「均分相続制」を規定した。これは大きな改善として都市民には歓迎されたが、単独相続に親しんできた農家の人々には、農地がこまぎれになって農業が破壊されると、大きなとまどいを生じていた。そのため、改正直後から、農業資産については均分相続の対象からはずすべきであるとの意見が二つの立場から出されていた。

その一つは、長子相続による「家」制度の伝統を守ろうとする民法再改正論者で、たとえば、昭和二九年の参議院予算会議で一議員は「……家督相続をなくした、また財産相続等も均分にしてしまった、このようなことが果たして私は適当であるか、こういうことを疑わざるを得ないのでありまして、とくに日本の農村等におきましては、いわゆる零細農地の関係におきまして各般の問題も起きているのでありまして、これらにつきましては私は日本の自主並びに再建のために民法を改正してある程度の家族制度の伝統のいいところをとり戻す必要がありませんか、かように思うのでありますが……」と質問している。このように、かなり早くから憲法改正論の焦点となっていただけでなく、憲法調査会の各地公聴会においても大きな議題となっていたのである。

他の一つは、日本農業の零細化を心配する農政関係者からのものである。農業の近代化を目指すためには、むしろ拡大化こそ必要なのであり、細分化はとんでもないという主張であった。

全国の大勢

そこで、日本私法学会は法学者の立場から昭和二六〜二八年に小規模な調査を行ったが、不十分なものであったので、農林省はのちの昭和三七年に川島武宜東大教授グループに依嘱して全国的な大規模実態調査を行った。私もその一員として参加し、長野県諏訪郡湖南地区の調査を担当したが、個々の例はこまかすぎるので、まず川島教授による全体のまとめの一部を紹介しておく。

①　被相続人（死亡者）が生前に分けてしまったので、死亡時には遺産を残さなかった例は三九件（六二三例中の六・三％）。うち五件は全財産を跡取り一人に与えている。

②　死亡時に、跡取り一人が単独相続した例＝　八六（一三・八％）

生前に非跡取りに農地を分与　＝　五〇　（八・〇％）

生前に非跡取りに不動産を分与　＝　二一　（三・四％）

生前に非跡取りに他の財産を分与　＝二一一　（三三・九％）

生前に非跡取りに生前分与なし　＝　八一　（一三・〇％）

結局、跡取り以外の子にも財産を分与する「共同相続」ないし「分割相続」が八六・二％と圧倒的多数であり、農地の分割は八・〇％にすぎないことが判明した。つまり、新民法下でも、農地の分割はあまり起こらなかったのである。[13]

湖南村農家の場合

全国の大勢は以上のようだが、もっとこまかく見るために、私が直接調査した長野県諏訪郡湖南村（現在は諏訪市）のようす[14]を紹介しよう。

経営をともなう農地分割というのは、湖南でも全国でもあまり起こらないものであり、起こる場合のそれは、ほとんど世帯主が生前、分家を出させたときに贈与されるものに限られるから、死亡を契機として開始されるところの民法が普通に予定する形での相続の際には、農地分割は起こっていなかった。

しかし、農地分割はまったく行われないのではなく世帯主の生前になされる。その起こる比率は、湖南で約二〇％、全国でも二三％とかなりの高さであり、死後分割がたまたまみられる地域にあっても、その比率はこの生前分割の方がずっと多い。そして、さらに注意すべきは、この生前分割はなにも新民法成立後の現象ではなく、家についての単独相続を規定していた旧民法時代から、同じように起こっていた現象であったということである。事実、湖南でも、明治三一年から保存されている「身分登記簿」により分家届の内容を検討すると、毎年三戸ないし七戸の村内農業分家があったことがわかり、この割合は現在とさして変わらないのである。

現代における分割の最大の原因は、いうまでもなく、兼業性の増大と労働力の不足である。その進行が特にはげしい湖南農家の世帯主に「ご兄弟が農地を分けてくれといったら、分けてやれると思いますか」と質問したところ、三五％の者は「分けてやる」「分けてやってよい」と明言し、二〇％の者も「言ってくることはなかろうが、分けることも考えてみる」と答えて、両者で過半数を超えたのである。そして「分けてやる」とするグループのなかには、「喜んで分けてやる。耕地は今でも少ないけれどもなんとかなるだろう」（二二歳、六反九畝、一種兼業）とか「前に二反二畝田畑を分けているのだが、山の畑などもっととってほしいくらいだ」（三七歳、二種兼業）といった農地分けについての積極意思が見られることであり、「もう少し畑をやろうといったら、弟に、もうご免だと断られた」という例さえ耳にするのである。

農地分割は法とは無関係

このように、農地を分ける側からいえば、有利な兼業ができたために労働力が不足気味となって、従来の広さの農地が必要でなくなり、一方、受ける側では兼業収入が十分でなくまた不安定でもあるので、飯米確保のために多少なりとも農地をとっておきたい、ということなのであるが、これはつまり、農業経営の生産性の低さと、雇用条件の不安定とに由来するものであるから、この条件が変化しないかぎり農地の細分化は防げないということになる。

要するに、農地の分割・非分割は、以上のような経済的＝社会的条件によって規定されるのであって、法律によるものではないことがはっきりされたのである。

注

（1）北村圭太郎「第90回帝国議会」議事録における発言、昭和二一年。
（2）佐藤隆夫編『日本の女』昭和四七年、東出版、一〇〇頁、二八二頁。
（3）毎日新聞社「新しい民法草案の焦点」（民法改正についての世論調査）毎日新聞、昭和二二年三月二五日。
（4）読売新聞社「法律相談」読売新聞、昭和二二年五月二二日～八月二〇日。
（5）市川四郎『家事審判法概説』昭和二八年、有斐閣、二二一～四五頁。
（6）東京家庭裁判所参調会『東京家庭裁判所参調会五〇年史』平成一四年、同会、二二二頁。
（7）大浜英子「離婚の原因」『ケース研究』第二号、昭和二四年、家庭事件研究会、二〇～二二頁。
（8）湯沢雍彦「家庭裁判所創設期の家事調停事件」湯沢雍彦・宇津木伸編『人の法と医の倫理』平成一六年、信山社、二三九～二六二頁。
（9）湯沢雍彦「各種家庭相談機関の機能と限界」家族問題研究会編『現代日本の家族――実態・動向・調整』昭和四九年、培風館。
（10）静岡家庭裁判所「家事調停事件の事後調査結果報告」『家庭裁判月報』四巻一一号、昭和二七年、八〇頁。
（11）湯沢雍彦『家庭事件の法社会学』昭和四三年、岩波書店、一七一～一七四頁。
（12）神戸家庭裁判所家事調停セミナー『追跡調査のまとめ』昭和四六年、同所、一七～一八頁。
（13）川島武宜編著『農家相続と農地』昭和四〇年、東京大学出版会、七二頁以下。
（14）湯沢雍彦「均分相続制度と農地分割」昭和三八年、『北方農業』昭和三八年、一〇月号、四～八頁。

第三章　家族関係の現実

1　揺れる農業家族

農家の変貌

戦前の日本では農業がもっとも基本的な産業で、昭和一〇（一九三五）年でも五六一万戸あって全就業人口の四二％を占め、農業家族こそが日本家族の原型だと考える人が多かった。全世帯の半分近くを占める農家の中に六人前後の家族員を抱え、五〇代になると父親が隠退して三〇近くなった長男夫婦が戸主のあとをついで両親と幼児を扶養し、次男・三男は分家したり婿養子に出るという形は明治初年以降変わることがなかった。

しかし、極度の重労働を重ねても、経営規模がきわめて小さく、労働を集約しても生産性が工業に比べて半分に達しないほど低く、小作制度と家族制度の重圧もあって、いつも生活に苦しむ農家が多かった。昭和二一年と二二年に農地改革が実施されて地主制度は消滅し、「家《いえ》」の制度も廃止されて個人の自由は増したが農業振興にはつながらず、近代産業の隆盛とともに都市産業への流出が始まって、農家は変わらざるを得なくなっていった。それは昭和二〇年代後半から三〇年代の初めにかけて激しくなった。

戦後の食糧統制が解除され始めても、昭和二七年までは農家の子どもたちは中学・高校卒業後も農家に残って農業を手伝っていた。家に残る子どもたちは、戦前と変わらず年間約四〇万人はいた。しかし二八年になると二九万人しか残らなくなった。三割近い子どもたちは、通いの就業も含めて農業以外の産業へ就くようになった(1)。この傾向は二九年からはさらに進み、とうとう大都市へ向かう集団就職列車が東でも西でも走るようになった。そして都市へ出ていった子どもたちは、何年経っても以前のように生家に戻ることをしなくなったのである。

それは、単に収入の違いだけではない。農家の生活は、①重くてきつい重労働の連続、②時間の切れめがない、③休日が少ない、④舅《しゅうと》姑の圧迫による家族関係の暗さ、⑤夫婦愛の乏しさ、⑥家計が自由にならない、⑦世間のきびしい目、⑧非合理な古いしきたり、⑨娯楽が乏しい、などが重なって、若い者から都会生活に比べると苦しい一方だとする不満がはき出されるようになってきたからだ。

あとつぎ問題の発生

戦後の新教育を受けて義務教育を卒業した子どもたちは、人権感覚が身について男も女も平気で親に反撥し、発言するようになった。それは反抗期とは別の問題であった。昭和二八年の投稿欄にはこういうものがみられる。

「高校生の息子は、ああいえば『こう』、こういえば『ああ』と、まるで親の私をからかっているみたいで、こっちがくたびれてしまう。……一方、親はただこわいもので、なんにも言えなかった私の頃に比べて、親をお友達扱いにしてなんでも言える今の子たちは幸福かもしれぬと思う」(2)。

「親が真赤になってすぐむきになって怒るのを見ると、つい滑稽になって、またもや親を怒らせる言葉が出てしまうものです。現在の社会はあまりにも暗すぎます。家へ帰ればまずほっとしてラジオもかけたくなります。静かなクラシックを望む時もありますが、なにもかも忘れさせるうるさい音楽を聴きたいときもあります。それをうるさいの一言で片付けられたら、私たちは息がつまります。積極的に子どもを理解しようとする心を持って下さい」(3)。

前者は東京のサラリーマン家庭の男性の、後者は長野県郡部の女子の発言だが、若者の気持ちは、場所も男女の区別もなくこのように変わってきていたのである。

二男、三男が早くから家を出て就職する慣習は戦前からあり、戦後はむしろ出る時期が遅くなった。中学三年まで義務教育がのびたほか、地元の高校までは進ませるようになったからだ。しかしその後は都市へ就職して家業を離れた。それは予定通りだとしても、三〇年代になると、長男までが農業をはなれて他出するか、近くに就業先があれば通いの兼業者になって農業の手を抜くようになった。農業のあとを継ぐ者が不安定になって、どこでも「あとつぎ問題（法学者は「跡取り」というが、農家の人は「あとつぎ」とよぶことが多い。内容は同じ）」が発生した。

何よりも、他産業についた方が収入が有利なことが第一だが、親との考えの違いもある。それ以外に機械の導入で農業の省略化が徐々に進んだことや、農業生活の後進性が喧伝されたことなどが大きい。

私は、昭和三〇年代に仲間とともに家族農業経営がどうなるかをテーマとして「あとつぎ問題」を知るために五つの集落を回って調査したことがある。

「父子協業協定」を結ぶかどうかで迷っている広島県諸田町の長男（二三歳）はこう語った。

「学校を出たてのときは、早く『おやじ』（経営主）をゆずってもらいたいとばかり思っていたが、いまとなってはつらい。……現在、百姓全般については責任をもっている。しかし百姓を任せられたといっても、おやじさんは目の上のタンコブである。おやじさんは経営においては自分の部下であるが、命令はできない。おやじさんが『今日何をしようか』と問いかけてくる場合もあるし、こちらから何となく『今日は何をしたほうがあ良いなあ』ということもある。山の木を売るときは、おやじさんがタッチする。何を植えるといってもおやじさんのことが気になる。だから任せられているといっても制限がある。……嫁さんをもらえば、父は『おやじ』をゆずるといっているが、自分はゆずってもらいたくない。いまは家計と経営がいっしょだから、ゆずってもらうと冒険ができなくなる。買おうと思うものも買えなくなる」[4]。

ここは、収益が上がっている大規模農家で、家族関係も円満である。それでもこれだけの悩みがある。また別の既婚の二六歳長男も、こういう親子の対立を語る。

「自分は高卒後、静岡、東京南多摩郡、諏訪の農場で働き、そこで勉強した粗放的農業をやろうと思って、昭和三〇年に帰ってきた。しかし父は、おじいさんの死後一七、八歳から一人で農業をやってきて、集約的農業に確信をもっている。そこで、ことごとに衝突した。中卒で、うちでこつこつやってきた人は、技術がすすんでいるのに反し、自分はできるだけ手を省いて他にまわすという考え方をもっていたから、技術は身についていない。そこに父が不安をもつのかもしれない。現在、父は山林（パルプ材と松茸）と畑作の特殊作物（特にタバコ）をやり、自分は田をやっている。山林の存在が経営の合理化を防げている面もある。これだけ収入があるのに、経営のほうに何も新しいものを入れる必要はないというわけだ(5)」。

これほど経営耕地が大きくない農家ではあとつぎを留めることができず、やがては、中年過ぎの夫婦だけの農業、さらには夫婦も勤めや出稼ぎに出て残った老母一人による「ばあちゃん農業」へと変わっていくことになるのである。

はげしい結婚難

農業家族の安定をおびやかしたのは、収入や意見の相違ばかりではなかった。あとつぎが結婚できなくて、将来の見通しがみえなくなってしまったのだ。

女性が農家へ嫁ぐことを敬遠する「男性の結婚難問題」は、すでに大正時代中期から起こっていたが、それは大都市の郊外農村などのことで、まだ小さなものだった。しかし、昭和三〇年頃僻地山村や離島で始まったこの問題は、三五年頃までには全国的に波及していった。

梅谷博貞は、昭和三一年に自ら行った兵庫県での講演内容の中で、「この頃、新聞や雑誌を見とりますと『農村を嫌う娘さん』とか『百姓家に嫁に行くのを嫌う娘たち』という記事がよう載っとります」(6)と言った。また、農業経済学者並木正吉は昭和三二～三三年頃の見聞として「最近学校を卒業してきた若い農村の娘たちは、出来れば町の勤め人に嫁したいと考え、農家の長男の嫁さがしの困難が訴えられることが多い」(7)と書いている。昭和三六年になると、山梨県の四七歳農家の主婦が、「こんにちの農業では息子の嫁さがしが、家族あげての悩みとなっています。これは農村生活を不安にしている社会問題ではないでしょうか。……このままでは農家のアスはないというほかありません」(8)と毎日新聞「女の気持」欄に投稿するほどになり、昭和四〇年には、「農家の嫁ききん」の嘆きと不安は全国的なものに広まって、町長や県知事が奨励金まで用意するようになったが、見通しはまったくないといわれるまでになった。

農家の嫁はツノのない牛

これは、未婚女子の学歴の上昇、テレビの見聞や修学旅行の普及などによって都市生活へのあこがれの向上もあるが、農家の母親が嫁としてのつらさを手記や投稿で訴え、それをマスコミが伝え出した影響も大きい。娘は農家の嫁にやりたくないとはっきり言うのである。

評論家丸岡秀子が集めた八〇通の手記をまとめた昭和二八年一月二八日の朝日新聞には、その一部が紹介されている。

「私たちは、小さいときから働くということだけを身につけ、嫁に行ったら〝カッパの川流れ〟のように、頭を上げるものではないと教えられてきました……」。（長野県）

「夜業がある。小麦十二束、まるき十二束をこきあげること。わらじ作りは一晩二足、ぼう打ち作業なら明け方、鶏の鳴くまでだ。われわれは追いまくられながらやってきた。これで一人前……」「農夫の公休日を十日に一度ぐらい欲しいと思います。ゆっくり足を洗って、ワラ仕事をやめ、子どもの勉強をみてやったり、裁縫をしたりする、のんびりした日が欲しいと思います」。（佐賀県）

「十年の間、着物の新調はほとんどせず、かえって、子どものに作りかえた」「実家や、夫、シュウトメから小遣いをもらえぬときは行商で貯めたお金を……」。（宮城県）

そして佐賀県の青年の一人は、はっきりとこう断言する。

「嫁をとることは、労働を買うことなのである。男に負けないように仕事をする女性が、農村では喜ばれる。〝嫁はツノのない牛〟と見られている。これは人間が労働そのものによって、押しつぶされた農村の縮図である。ここに、人間の生活がありえようわけがない。農業労働の機械化、近代化を進めると同時に、農村社会全体の近代化を考えなければ、到底救われる問題ではない」。

しかし、農家が日本女性を嫁に迎える方策は、各地で、テニス・盆踊り大会とか集団見合いパーティーとかが試みられたが、どの方法によっても成功せず、あとつぎ男性は独身のまま四〇を過ぎ、子は増えずに人口は減り高齢化が促進された。昭和二五年からの三〇年間で人口は半減したという村が多い。

そこで考えを改めた農村では、昭和四五年頃から、東南アジアの諸国から嫁を求める国際結婚に打開の道を求めるように変わってきた。これについては、第七章2で改めて取り上げる。

2　逆転した嫁と姑の立場

戦前には、老齢になった親は息子とくに長男夫婦と同居して、その扶養を受けて生活を送るが、戸主権を握り続けて家族を支配し、その代償として死亡したときは遺産を長男に相続させるという原則が、ほぼ確立されていた。これは、支配する男性にとっては具合がいいものだったが、終始支配される女性にとっては辛い不公平なものであった。とくに途中から入ってきた嫁の立場の女性は、家事役割の先代である姑（しゅうとめ、夫の母親）の支配を受けねばならず、二重の苦労があった。

姑が主で嫁はすべて従うもの、と決まっていたしきたりは、個人の人権を尊重する新しい民法の下では崩れざるを得なかった。しかし別居の自由がある都会はともかく、長男に嫁をとらなくては家族経営農業が成り立たない日本の農家では、同居が必須なので深刻な問題として長く尾をひいた。農家の嫁ききんの原因の半分以上は、この嫁姑関係の深刻さが深く絡んでいた。

嫁の訴え

昭和三三年から三七年にかけて、岩手県金ヶ崎地方で綴られた及川和浩編『嫁と姑』から、それぞれのナマの言い分を拾ってみよう。これは、昭和二〇年代のことではなく、都会で明るい風が吹き始めた三〇年代なかばのことであることに注意していただきたい。

「私の夫がきょう少しよごれたズボンをはいて働きに出た、『洗濯もしないで、こだれ（だらしない）嫁だ』と姑はかげで話している。私は、この頃四〇日ばかり実家に泊りに行かないため、せっけんもなくなったので、きたないと思いながら、金もないので洗うこともできない。いくら働いても、一年にお盆と年の暮に、千円や二千円でなんのやくにもたちません。お金は、貰わなくてもよいから、毎日使うせっけんの一つぐらいどうして貰えないのか。私はどのようにつとめたらよいのでしょう。このようなことを書くとお母さんたちは、姑のざんぞ（悪口）だとかいいますが、誰でも母さんからよくされたなら嫁だって心がわりしません。それでもお母さんたちは『嫁さえからまれば、こっちも可愛い』とすぐそんなことを言いますが、誰も嫁に来た日から、えばってこの家を自由にする人はありません。悪いことなら悪いとはっきり言って、だまってじろじろ見ないで下さい。お母さん」。(9)

（E子）

あとのことを懸念して直接に文を書けない嫁は、代わってその子ども（小学生）に書かせた。

「うちのかあさんは、一日一回はおばあさんに叱られます。私が聞いていると、さもないことで叱っています。かあさんは『この年になっても、いまだにおこられる』と言います。こんなことでおこっているんだもなあ、と思うと涙がでます[10]」。（T子）

姑の反論

一方、姑の立場からも不平・不満はたえない。嫁をもらったら楽で良いと思うのは他人の目で、この嫁をどうして早く家風にならしてゆくか、またどうして早く家になじめるようにしてやるか、ということで心配が絶えない。あんまり気にあわないからと言って注意すれば、ひどい姑と言われるでしょうし、だまってばかりいては、いつまでたっても嫁は気付いてくれないとこぼす。姑の方こそ大変なのだという。

「戦後、くつしたと女が強くなったと申されますが、しかし、女と言ってもいろいろございます。私は、強くなったのは現代の「よめ」であると申し上げたい。反対に弱くなったのは、うちのめされたとでもいいましょうか、姑の立場です。なぜなら、嫁を貰ってほんとうにしあわせになったという人はないのです。私が姑になったために話すのではありません。私の隣組は、一三軒です。そのうち、嫁が六人おります。私以上に泣いている姑があるのです。そのために、そう遠からず結婚しようとする息子をもつ中年婦人は、みな「嫁を貰うのはいやだ」「くる人ねえばいい」と言っていますが、全くそのとおりだ。このあたりの人で、姑がひと言いえば嫁は一〇言ぐらい返答をかえす。とても末が思いやられると泣いて話しています。そして別居生活をしたいがお金がなくてできないと言います。いずれご指導なさる方々には、考えもつかないようなことばかりです(11)」。（N子）

この感情を、まことに上手にまとめたある姑の詩がある。

あるお母さんが、
〈今は、嫁が姑で、姑が嫁さ〉と、
言っていました。
今の姑の立場は、
嫁に気がねしています。
なんだって、時代の
かわり目にあった私たちは、
運がわるいのでしょう(12)。

これらは、六割の農家が朝早くから夜遅くまで、ヤスリのように働いても自立経営ができないというきびしい労働環境の中で、大人数の複雑な人間関係とつきあい、すべてのことが近所の悪口のタネになるという社会の産物なのである。もちろんこの問題も、一気に逆転したわけではなく、昭和三五年になっても「勝気な姑に泣かされる」「家を出て女中にでも」といった嫁の言葉や、「長男の家を出たい」といった姑の言葉が新聞の人生相談欄に散見される。結局は、とぼしい所得の向上をえてそれぞれが自立することこそが解決の道と、期待するほかなかったのである。

東京の山村でも

嫁姑問題は、何も東北農村だけのことではなかった。私が昭和五二（一九七七）年の夏、女子学生を連れて東京都の西端にある檜原《ひのはら》村北谷へ調査に行ったときも、少なからず聞かされた。二人の話をあげてみる。

「そうそう、舅（しゅうと＝夫の父親）姑にも苦労しましたよ。戦争中は世話になったり、何かと頼りになりましたけど、気も使いましたね。舅はしょっぱいのが好きで、ちょっとでも甘いと感じると『意地で甘く作ったな』と言われました。そして怒って食べないものですから、腐るといけないと思って食べてしまうと今度は『わしに食べさせないな』と言ってまったくどっちからでも文句が出ました。姑もそうなんです。そんな訳で嫁に来たばかりの頃はしょっ中、実家に帰っていました。実家では気ままが言えましたしね。それでもここに帰らないわけにはいきませんから戻ってくるんですが、入口の戸の前で立ち止まって考えました。この中に一歩入ったらまた気を使う毎日が始まるのかなあって。本当に、盆・正月が待ち遠しかったものです(13)」。（昭和一二年結婚）

「新婚時代はお姑さんにいびられて苦労しました。気を安めることができないからね。お姑さんは戦争で夫を亡くしてから、女手一つで三人の子を育ててきた気強い人だし。畑仕事なんかよくやってくれるんだけど、いつも仕事をしていないと気のすまない人だから、私も内職でもしてなけりゃ、いっしょに畑に出なくちゃならないんですよ。はっきりしてるし。子どもがいないころ、二人でいるのは気づまりで大変でした。朝ちょっと遅くなると、お姑さんがカマドに火を入れて、遅いと文句を言うんだからね。畑仕事をしている時は、一〇時と三時きっかりにお茶を出さないと文句言われるしね。いつも気を張ってたわね。私の子どもは三人とも男なんだけど、一番上が生まれたときは、お姑さん大喜びでしたね。とてもよく子守してくれて、子どももおばあちゃん子で、小学校二年の今でも一緒に寝てるんですよ。下の二人の子にはもうぜんぜんかまわないのにね(14)」。

（昭和三〇年結婚）

では、この村でのその後の嫁―姑の力関係はどうか。昭和五二年現在の若夫婦と舅姑（一方のみの場合を含む）が同居している四二組の家族について一定の尺度を使って調査してみた。その尺度とは、「貯蓄の額」「祝いや香典の額」「嫁がどんな仕事に出るか」「夫の小づかい額」「金目の電化製品購入」を最終的に決定する権限を誰が持っているか、ということで、この五項目中三項目以上にしるしがついた者が優越しているとした。

その結果は、夫（息子）優位型＝三六％、妻（嫁）優位型＝三一％、夫婦一致型＝九％、舅優位型＝五％、姑優位型＝五％（残り一四％は決まっていない、皆でなど）で、老親が優位しているのは舅姑合わせても一割にしかすぎず、このような消費生活の側面では、圧倒的に若夫婦に権限があることがはっきりした。これにあらわれたような嫁姑関係の優位の逆転も、山仕事・畑仕事が衰え、勤め人になれた若夫婦の賃金が親の収入を上回り始めた昭和四〇年代前半に起こっていたのではないかと推測される。(15)

3　協議離婚に泣く女性

あきらめ追い出される嫁たち

自分の苦情を新聞・雑誌へ投稿できる女性は一応社会的地位がある夫を持ち、無職の主婦として暮らすことができ、自分自身が中等程度の教育を受けて文章を投稿できるだけの知力を持つ人なのである。

それに比べて、当時の農漁村にはもっとずっと気の毒な女性たちがいた。義務教育をやっと終え、訳もわからぬうちに農家や漁家に嫁に出され、朝から夜遅くまで牛馬のごとく働き、大した理由もないのに、「協議離婚」の名の下に簡単に放逐されて文句一つも言えない女性たちである。これらの女性が一番気の毒なのに、今まで学者も行政もマスコミもほとんど注目してこなかったのは遺憾なことである。日本の離婚の中では協議離婚が九割前後を占め、しかも（少なくとも昭和三〇年前後は）その中の七〜八割の女性が納得できない「追出し離婚」であったと推定されるものだから、実際には一番重要な問題だったのにである。本当は、判決よりも調停よりも、この問題に注目しなければいけなかったのである。

表3-1　家裁へ出さず協議離婚にした理由（妻の言い分，昭和31年，宮城県）

	市　部	郡　部
協議で十分納得がついた	19%	2%
家裁に出してもどうにもならない状況だった	34	36
子の将来のため裁判沙汰にしたくなかった	6	5
世間体が悪い	21	25
再婚に差支える	5	24
夫や姑に反対された	15	8
計	100	100

出所：小針通『地域社会における協議離婚と調停離婚の実態』（昭和33年）66～67頁。

協議離婚の実態調査は、性質上きわめて難しいので労働省の昭和三三年調査を除いてほとんど存在しないが、幸い小針通（仙台家庭裁判所調査官）による昭和二九～三一年の宮城県市部・郡部の未成年子を持って協議離婚した女性二一四名に対する訪問面接調査の報告があって貴重である。

子どもまでありながら離婚にふみきったのであるから、かなり長期間の苦悩と深刻な葛藤があったのであろうに、なぜ家庭裁判所の調停に頼らずに結局協議で離婚する道を選んだのであろうか。その理由を整理したのが表3-1である。

同調査官は、調査対象としたある農村の女性からは、「あの家の出戻り娘は裁判所に訴え出て、金をせびって別れたそうなという噂がたつものなら、もはやその娘には誰ももらい手がつかなくなる」と明言されたそうである。

離婚にあたっては、子の引き取り、養育費、財産の清算、慰謝料などさまざまな条件の納得が必要であるのに、舅姑や夫の一方的な主張のもとに何らの要求もできず、不満のままあきらめたものが大部分であって、双方納得したといえる例（これこそが本当の協議成立）は、市部一九%、郡部二%で大きくくくれば約一割にすぎないのである。

協議離婚の届出用紙には、本来本人自ら署名・捺印しなくてはならない。ところがそれは全体の二八％にとどまる。郡部では一二％で、一〇％は夫が妻の署名まで書いている。

支払いの契約をしたものは全体の約一五％であり、その中で妻に支払われた慰謝料はその額一件平均は市部において四万九五〇〇円、郡部において、二万五二〇〇円という涙金にすぎない。また子の養育費を支払ったものは全体の一〇％であり、子一人に対する最高額は市部において三五〇〇円、最低額七五〇円、その平均額は月額一八〇〇円にすぎない。

嫁ぎ先都合による事情

この調査に当たった小針は、「一体我が国の家庭経済がいかに貧困であるとはいえ、慰謝料にしろ、子の養育費にしろこのような無責任な無軌道な状態をもってしては、果たしてこれが文化国家における自由尊重の協議離婚といえるであろうか[16]」と憤慨している。なお、農林省「農家経済調査」によれば、昭和三〇年の平均年間農家所得は約三二万円であった。

具体的な事情を、小針調査の市部・郡部から一例ずつ紹介しておこう。

①　夫四〇歳洋服仕立業、妻二八歳の夫再婚妻初婚である。夫婦の間に二児あり、夫の両親と夫の妹三人と同居していた。夫は三男であり、長男、二男は妻を迎えたがいずれも嫁、姑との葛藤から両親の許を去って行った。また夫の先妻も姑からいびり出されたのであった。このような家庭のため、

妻も相変わらず姑の虐待にたえかね二児を連れて妻の実家に帰り夫と別居してから一年を経過していた。この間夫は妻の籍を無断で抜いたのであろうが、妻は本調査の訪問を受けてはじめて離婚されたことを知ったということであった[17]。

②　舅五六歳、姑五三歳、夫三〇歳、妻二五歳、長女四歳の五人家族の中農農家である。夫は一人息子の長男であつたため両親よりことのほか寵愛をうけていたのにひきかえ、姑は嫁に対ししつけや要求が厳格をきわめた。妻は嫁にきて以来五年間、姑より「気がきかない、しつけが悪い、お前のような頭の悪い嫁では息子が可哀そうだ」などと不平や小言をいわれながら、黙々として内外の重労働に堪えてきた。ところが妻は流産後の過労がもとで六カ月入院し退院してからは妻の実家で療養していたが、この間一回の見舞にくるのでもなし、遂には、嫁に対し「お前はもともと家風に合わないし役にも立たないから帰ってくる必要がない、息子からも離婚を頼まれてきた」と三くだり半式に無条件で追出されたという[18]。

この三年前のことだが、山形家庭裁判所調停委員松浦松太郎が「東北地方の離婚問題」と題して次のように語っているが、まさにその通りだったのである。

「年長夫婦が一家の生活圏を専行して権勢を振るい、他の家族は何の発言権もなければ自由も持たず、日夜牛馬のごとく酷使され、盆正月に僅かの小遣い銭と休日を与えられる有様で、嫁・婿に至っては奴隷にも等しい有様である。……個人の尊重とか両性の平等などは百年河清を待つ[19]類《たぐい》……」。

要するに、本来は対等の能力者を前提としている協議離婚が、社会的優者である夫が、劣勢にある妻を一方的に離別することに使われている。何らの原因も問われることなく、放逐に近い自由離婚が公然と行われ、子の監護、財産の清算、離婚後の生活保障のすべてについて放置されていることに国家はまったく関与していない。これは、近代国家としてまことに恥ずべきことではないだろうか。

当時、新民法の立案者の一人でその啓蒙活動の中心者であった中川善之助教授は、（私たちのような）若い研究者たちに向ってよく、「新民法は仙台まで。それより北の地方へはなかなか浸透しないね」となかば慨嘆し、なかば自慢しておられた。中川教授は東北大学教授として、仙台を中心として東北各県の啓蒙講演活動をされていたので、宮城県周辺への浸透ぶりには自信を持っておられたようである。しかしその実態は、お膝元の宮城県内においてすら、離婚をめぐる実態はこのとおりであったのである。

協議離婚の確認制度

協議離婚をどう改善するかは大切なことなので、ここで少し考えてみたい。

改善には、大きな問題がいろいろあるが、私はさし当たっては、公的機関による協議離婚の「確認制度」を設けるべきであろうと考えている。

日本の協議離婚は、所定の届け出用紙を役場に提出するだけで成立する（本人でなくてもよい）。公的機関による本人の意思確認すらないというのは、実は世界でもほとんどまれな制度である。

簡単で、費用もかからず、だれの制約もない。結婚も両者の合意のみで良いとする自由な原則があるのだから、協議離婚も「離婚自由の原則の実現」だと評価する声がないわけではない。だがそれは、男女が社会的に平等で、双方と子どもの将来の生活が保障されているという条件があればの話である。

現実にはまず、協議と言いながら、十分な話し合いがついていない場合が多い。財産の分け方、住宅ローンの責任、子の引き取り方、その養育費など、話が十分煮詰まっていないのに、片方が急いで記入を迫り、了解しないうちに届を出してしまうことがある。

昭和三三（一九五八）年の労働省の「協議離婚の実態調査」（古いものだが、以後実施されていない）によると、協議離婚した女性の一八％は、離婚をはっきりとは承諾しておらず、三八％は用紙に署名した覚えがないと答えていた。平成二〇年を過ぎた現在でも、納得していないのに、いつ相手が離婚届を出すか分からないと恐れている者（大部分は妻）は、それを防ぐために「離婚届不受理願」を本籍地の役場へ出している。その数は、年間数万件にも上る[20]（平成一六年には五万五九四〇件もあった）。これは民法にも戸籍法にもなかった制度なのに、これほど多くの件数があると言うことは、離婚の意思確認制度が求められていることの証《あかし》と言えるだろう。

さらに大きな弊害は、子どもの上に現れる。子の親権者をどちらにするかは、離婚届に欄があるので明記される。しかし、養育費をどちらから、いくら、どういう方法で支払うか、あるいは、子と会う方法や財産の分け方を記入する欄は離婚届の用紙に一切なかった（平成二三年まで）。

現実に、子を引き取った母親を一番困らせているのは、養育費のことである。母の収入は父の半分にもならない上に、成長を続ける子の費用は増大する。その養育費を一部なりとも支払う父は、現実には二〇％ほどしかいない（全国母子世帯等調査など）。

離婚して親権者にならなかった親も、養育費を負担する法的義務があることは民法上明白である。しかし多くの父親は、口実を作っては支払いを履行せず、せっぱつまった母親は「児童扶養手当」を受給してしのいでいる。その手当は、年間数千億円の巨額に達し、福祉制度全体を揺るがすまでになった。

能力がありながら、約束しなかった、金額を忘れたなどと言って支払わない父親の弁解を封ずるためにも、離婚届に子どもと面接する方法とともに養育費の欄を設け、責任感を喚起すべきではなかろうか。意味ある額を記入させるために、子一人につき月三〜六万円程度を標準額とし、支払い方法とともに、第三者の確認を得るものとしたい（私は離婚届書をこう改正する要望を、平成一〇年三月三日の朝日新聞「論壇」に投稿し掲載されたことがあるが、法務省はようやく平成二四年四月から、有無だけのチェックだけだが、改正に踏み切ったことは喜ばしい[21]）。

第三者をどこにするか。市区町村役場とするのが便利だろうが、不履行が起こった時に執行力を持つことができない。給料や不動産を差し押さえるには判決に相当するものが必要なので、やはり裁判所、ことの性質上家庭裁判所の職務とするのが妥当であろう。

つまり、しっかりとした養育費を決めるためにも、「家庭裁判所による協議離婚確認制度」を設けることが必要だということである。これを実現させるためには、他の債務との関係をどうするか、家裁の処理能力を超えるのではないかなど、幾多の難問を解決しなければならない。しかしこれに近い案は、実は現行民法を制定する昭和二二（一九四七）年の国会でも審議され、一〇二対七五で参議院を通過しながら、衆議院で時期尚早として否決されたという歴史がある。それからすでに六〇年以上を経て、養育費の不払いは大きな社会問題であることがはっきりしてきた。世界の大勢にならって、確認制度を取り入れる時代になってきているのではなかろうか。

4　親と子のいさかい

「身の上相談」にみる親子問題

親と子の間にも争いごとは発生し、昭和二〇～三〇年代にも多くの事件が家庭裁判所や地方裁判所にかかっていた。しかし、親子間の殺人事件のような刑事事件は別として、民事事件ではその大部分は、子の引き取りや親権をめぐっての両親間の争い、子の嫡出推定や非嫡出子の認知をめぐっての男と生母の争い、養育費を増やしてほしいとの母と元夫との争いなどであって、主題は確かに親子の間の問題ではあるが、大人同士の争いで、親と成熟した子どもとの直接の紛争ではない。

しかしいま我々が知りたいのは、親と子が直接対決する争いごとなので、それは「人生相談」欄の方によくあらわれる。そこで前節に引き続いて朝日新聞「身の上相談」欄にあたることにするが、夫婦問題に比べると数が少ないので、対象を昭和四一年分まで拡げることとする。

①「私たち夫婦は五〇歳を超え、三男一女があります。生活は中流です。……わが家の老舗（しにせ）も捨てがたく……長男に継いでほしいと願っていました。しかし長男は性悪な商売女と世帯を

もち『弟妹の世話はせぬ。親とは将来も一緒に生活しない。わが家のすべての物は、弟妹さえなければわが物』といい……金のみとることに終始する息子を捨てようと思うまでになりました。ずいぶんいろいろと苦しみましたが、……心を鬼にし、下の子たちのため、非情な長男を見捨てようとする私どもは間違っているでしょうか」。（大阪府、N子、三九・一一・一九）

これについて回答者は、事実がはっきりしないが、息子も格別悪いともいえない。親が無理に老舗を継がせようとした反発ではないか。とにかく、子を捨てることには賛成できない、と答えている。(22)

②「長兄は三〇歳で……まだ独身。その上、酒が好きで、酔ってあばれて他人にまで迷惑をかけ、警察にもいくどか世話になりました。こんな兄でも私たち一家には大切な存在なのです。下に弟二人と四人の妹がおり、父母は早く嫁をもらって落着いて農業をやってくれることを望んでおりますが、兄は農業にも反発を感じていて、『いまの時代は、何も長男だからといって家に残らなくてはならないということはないんだ』といいはるのです。今兄は家を出るといいはっております。……なんとか私たちの気持ちを兄に分からせる方法はないものでしょうか」。（山形県、T子、四一・七・一五）

これに対し回答者は、今は長男も何もないのだから、それぞれの生き方を決めるようにと、次のように回答する。

▼「家業をきらって家を出たいという三〇男を、無理に引止めようとしても出来もしないし意味もないと思います。好きな道を歩ませ、農業は他の弟妹で継いだらいいと思います。長男だから

などと古いことを言わず、出しておやりなさい。働きもせず、酒によっては警察の世話にまでなる兄さんが、なぜ『こんな兄でも私たち一家には大切な存在なのです』か。長男だからですか。そうだとしたら、つまらない考えだと思います。……

あなた方みんなで兄さんを甘やかし過ぎているのではないでしょうか。だから兄さん自身、今どき長男などと古臭いことをいうといってあなた方を非難されているようですが、そういいながらも兄さんは心の中で、オレは長男だ、家督だといばっているのではありませんか。……」[23]

子の養育もせず働きもせず一六年も道楽していた父に手切金を与えるべきか、という菊池寛の『父帰る』そっくりのケースが質問されている。

③「私の家は旧家で昔は名の通った家でした。父は道楽者で、一六年前、私が生まれるとすぐ畑と山林の一部を持って、二度と家へもどれない契約のもとに家を出て行きました。母はその後、残った五アールの田畑を耕作しながら婚家に残って三人の子どもを育ててきました。最近、本人も改心しているし世間の口もあるから元のさやに納めてほしいと伯父がわびを入れてきました。……今度は、家へ入れるのがいやなら手切れ金を三〇万円出せと請求してきました。……母が『家では離婚した人にお金をやる筋がありません』とはっきり断ったところ、それからは口もきいてくれません。……伯父は、この辺の習慣からも三〇万円位出すのは当然だと考えているようですが、出さなければいけないでしょうか」。

（長野県、S子、四一・一二・八）

これに対し回答者は、『父帰る』のような底に情が流れている話ではないからとして、きつい言葉で金を出す必要はないと答えている。

▼「伯父さんが口をきかなくなったなどというのはバカげた話、何のために三〇万円もの金を出す要がありますか。子にとっては父ですから、生活できなくなったら、子どもたちが最小限度の生活費を出し合って送ってやる義務は出て来ますが、その前に三〇万円などという義務はありません。三十万円渡しても、食えなくなれば扶養しなければなりません。あなた方はあなた方でしっかり手をつないで、自分たちの幸福を守りなさい[24]」。

成人の養子縁組が多かったためか、養親と養子との争いごとの投書が多く見られる。

「この春、養子が従姉の父名義で借金していることがわかり従姉が怒り、とうとう養子を追出してしまいました。……養子から『一四年間も同居して生活を助けてきたから』と慰謝料を請求してきました。従姉の方は、『養子は勤めに出ていたが、その給料はほとんど自分で使ってしまって、生活の援助は受けていない。かえって家名を傷つけられた』と言って、慰謝料は払えないと言っています。……」（熊本県、K生、三九・一〇・二八）

▼「事実上の養子も、正当の理由がなければ追出せないということです。ですからこの事件でも、養母の方に正当の事由があったとみられるかどうかで問題は決まるのです。正当事由がないのに追出したとしたら損害賠償をしなければなりませんし、正当事由があればその必要もありません。

……それを聞いた上でないと断定はできないのですが、養母の側に格別のマイナスがなければ、養子の借財行為は重大な非行といえるから、その養子が慰謝料を請求するということはできないといえましょう(25)」。

5　荒れる年長少年たち

生存型から遊び型への問題行動

荒廃している世相のなかで、少年少女達も安泰でいられるわけはない。むしろ、親が権威を失ない、生活力も弱くなった家庭の中から、積極的に世間へ飛び出す子が多くなり、とくに一六〜一九歳の年長少年に問題行動を起こす者が増えてきた。

警察庁の「犯罪統計」によると、少年刑法犯（二〇歳未満）の検挙件数は、昭和一一年から一六年にかけては全国で各年五万件前後であった。物不足になった昭和一七〜一九年には「窃盗」が増えたために六万件以上になったが、最多の一九年でも七万五〇〇〇件程度であった。それが戦後の昭和二五年には一五万八〇〇〇件、三五年には一九万七〇〇〇件になったのであるから、少年人口の増加を考えに入れたとしても、二倍ないし三倍近くも増えたことはまちがいないといえる。

昭和二〇年代の特色をみるために、とくに昭和二五年の警視庁「犯罪統計」に着目すると、少年刑法犯検挙人員で終戦前と比べて目立つのは、「強盗」「詐欺」「賭博」の増加で、いずれもその後の時代と比べても最高であり、少年人口比から見るとこの三種のほかに「殺人」と「窃盗」の非行も多かった[26]。

刑法学者沢登俊雄の説明によると、昭和二〇年代は、

「経済的貧困が社会生活の全体を覆っていた時代であり、それを反映して、少年非行の主役は〈生存型〉非行であったと考えられます。つまり、生活物資を獲得するための窃盗などを中心とする犯罪が、この時代の非行の主役として、昭和二六年をピークとする非行の第一の波を形成したものと推測されます。続く昭和三〇年代は、経済の回復と急成長の時代であり、物質的な豊かさへの渇望が人々の心を支配しました。それを反映して少年非行の主役交代が生じ、〈遊び型〉非行の全盛時代を迎えることになります。これが昭和三九年をピークとする第二の波を形成しました[27]」。

と区別している。

それ以外に、二〇年代は年長少年の非行率が高く、貧困家庭が七割以上を占め、女子が戦前より多い、との指摘もできる。

たしかに、統計的にはこのように整理できるが、当時の家庭裁判所関係者には、女子の性的非行の方により関心が寄せられたようである。

ある少女の性非行

戦後新しく発足した家庭裁判所の関係者（裁判官・調査官・調停委員ら）たちは、昭和二四年から家庭事件研究会を組織し、職員相互の研鑽をはかるために、代表的な事例を討議して、その成果を会の機関誌『ケース研究』に掲載していた。各号の中心を占めるケースとしては、

創刊号（二四年一〇月刊）にはT・S（女）一八歳のケース
第三号（二五年三月刊）にはY・T（女）一七歳のケース
第四号（二五年四月刊）にはM・S（男）一七歳のケース

といったように、昭和二五年前後には少女・少年の性関係非行のケースが集中的にとりあげられている。それだけ解放されたセックスの未成年者への影響に関心が強くあったということであろう。

右の二番目Y・Tのケースを、少し具体的に紹介してみよう。

表面的には、昭和二四年に警察から東京家裁少年審判部に送られた「窃盗」事件の一つにすぎない。しかしその少女の背景には、冷たい養母による精神的虐待と激しい性的遍歴の歴史が隠されていた。

①　問題の少女は、兄三人姉一人の末子。二歳で実父に死別。実母は他の子を連れて再婚。少女のみ養女として出された。その家は江戸川区の四畳半のアパート。養父は元暴力団員の人夫だが少女とは気が合う。養母は貧家の出身で、少女に口やかましく冷たく当たった。

②　少女は国民学校をおえる頃までは、養父母を実父母と思い込んでいた。少女は女学校に進んだが、一カ月たらずで中退してしまった。

③　少女はアンプル工場の女工になった。養母は度々アンプル工場を訪れた。それは少女と面談するためではなく、少女の給料を前借りするために雇主を訪ねるのである。養母に対する反感はいよいよ強いものになっていった。

④　家事の手伝いも労を惜しむことなくした。だのに養母はずけずけ叱言をいう。つい同僚を誘い合って寄り道することが多くなった。

⑤　ある日のこと、養母から「お前さんは、お前さんのお母さんにそっくりだよ」と捨て口上をいわれ、平素の疑惑が解けたような気がして、やっぱりそうだったのかと思った。疑いもなく養女であることを確かめた少女は二、三日家に帰らなかった。実母にも会ったが、ひどい生活でがっかりした。

⑥　その頃同僚の紹介で二二歳くらいの青年と知合い、工場の帰途誘われるまま安宿に泊まり、強要されて肉体関係まで結ぶにいたった。初めてのことである。養母はアンプル工場に勤めたときと同じように芸妓置屋の主人を訪ねては前借りを申し込んだ。それがもとでその工場も断られてしまう。

⑦　母の前借り強要は次の喫茶店でも同じことであった。少女は肉体の切売りにいつしか性病にもかかっていた。治療のかたわらの従業は決して楽なものではない。ダンス、喫煙、飲酒、宵闇の眠気覚ましのヒロポン注射等々、一かどの売春婦に落ちていった。当座の生活費にと雇主から借用中の衣類数点を窃取したというのが本件である。(28)

多かった凶悪犯罪

家裁のケース研究会には現れなかったが、実はこの昭和二〇年代・三〇年代は、少年非行の中で「凶悪犯罪」が戦前・戦後を通して最も多く起こっていた事実も重要である。

凶悪犯とは、便宜上裁判実務家だけが使っている分類用語で、殺人・放火・強姦・強盗の四種犯罪の合計をいう。

たとえば「殺人」をみると、昭和二五年＝三六九件、三五年＝四三八件であって、最近の平成一七年＝七三件よりもはるかに多い。少年人口（一〇～一九歳）一〇万人当たりでみると四倍近くになる。「強姦」「強盗」をみても同様であって、当時の少年（この犯人は大部分が男子）は、現代以上に乱暴で凶悪な少年が多かったと言わざるを得ない。のちの第五章で触れるように、ともすると昭和三〇年代は、気軽で楽しいという明るいイメージで語られることが多いが、社会の裏側の一部には厳しい側面が残されていたのである。

さらに戦後の細かいことは、昭和二七年から始まった最高裁判所『司法統計年報・少年編』から見ることができる。これは、全国の家庭裁判所少年審判部が扱った少年事件の内訳で、警察が補導しても家裁へ送致しなかった事件もあるので、警察統計とは数値がやや異なっている。

表3－2で明らかなように、平成一七年と比べると、昭和二七年は殺人・強盗・強姦・傷害・暴行・傷害致死など凶悪な事件が多かったことがよく分かるほか、詐欺・賭博などの金銭的犯罪、そして統制経済、銃砲刀剣、売春、覚せい剤など時代を反映した悪質な事件も多かったのである。

例えば、昭和二四年一月から五月までの「朝日新聞」を見ると、殺人・暴行の記事が毎月一〇件ないし二〇件も載っており、加害者の一～二割は少年である。

「一八歳の少年が遊興費を得るために青酸カリをお茶に混入して雇主家族を毒殺しようとしたがこわくなって自首」（一月三一日）

「一九歳少年が不良仲間五人と共謀、洋服地を盗もうとして少年や家族と格闘して逮捕」（二月五日）

「一七歳と二〇歳の少年が、華道師範六〇歳女性を刺し身包丁で殺し、衣類二〇点を強奪したとこ

表3－2　非行種別少年保護事件（既済）の推移

		昭和27年	昭和31年	平成17年
少年保護事件総数		183,713	348,716	233,356
道路交通を除く総数		145,181	128,850	182,778
A. 凶悪犯	殺　人	248	256	55
	尊属殺	22	21	—
	強盗傷人	243	449	904
	強盗殺人	48	43	14
	強盗強姦	67	32	17
	放　火	232	154	113
	強　盗	1,228	1,283	448
	強　姦	1,603	2,194	128
	計	3,691	4,432	1,679
B. 粗暴犯	傷　害	8,245	11,271	6,955
	傷害致死	118	93	34
	暴　行	3,200	4,801	1,412
	脅　迫	450	585	120
	恐　喝	3,223	5,330	3,436
	計	15,245	22,080	11,957
C. 財産犯	窃　盗	86,332	65,897	79,256
	横　領	3,014	2,374	32,895
	賍　物	1,949	908	1,765
	詐　欺	4,833	3,582	1,488
	計	96,128	72,761	115,404
D. その他	わいせつ	359	511	416
	賭　博	795	193	22
	住居侵入	1,263	807	3,658
	失　火	842	806	13
	過失致死傷	500	805	53
	業務上過失致死傷	1,256	6,973	37,282
	往来妨害	176	74	41
	堕　胎	16	—	—
	統制経済	5,391	349	—
	銃砲刀剣	1,815	2,768	377
	軽犯罪	545	309	1,396
	売春関係	1,516	497	21
	覚せい剤	2,923	547	623
	その他	6,573	6,157	8,590
	計	30,117	29,577	53,738
E. 交通犯	道路交通	38,532	219,866	50,578
F. ぐ　犯	ぐ犯総数	6,370	8,631	1,225

出所：最高裁判所『司法統計年報・少年編』より算出。

ろを逮捕」（三月二五日）

「二〇歳の女子少年が、自分だけで産んだ嬰児をビル二階から投げて殺す」（五月二六日）

などを容易にみることができる。少年の犯行が、粗雑で乱暴なことが分かるであろう。その原因は、大きくは混乱した社会の歪みにあるが、小さくは少年を保護育成すべき家族の親が、その権威も経済力も失い自信をなくして、子をコントロールできなくなっていたことも大きい。のちの横浜家庭裁判所でのケース研究会のタイトルに見られたように「（家庭に）安定感を求める少年」も数多くいたのである。(29)

6 『山びこ学校』と農家の暮らし

無着先生の教え

『山びこ学校』という小さな本が、昭和二六年一月に青銅社という無名の出版社から発行されたとき、教育界は大きな衝撃を受け、世間一般にも大変な評判をよび起こした。五年たらずのうちに一八刷一〇万部近くが発行されたといわれる。

これは、戦前からあった生活綴方運動の延長であったが、それ以上に戦後の新学制で発足した中学校社会科の実践的教育記録の一つとして有名になった。

舞台は、山形市の西南約一五キロ、上《かみ》の山町まで一一キロもある所で、昭和二七年まではバスも通らない山間部の村である。約三〇〇戸のうち飯米が充足できる家は一〇〇戸たらず、三分の二は食糧が自給できず、平均四反（約四〇アール）弱の農地しかない。全国的に終戦直後の食糧難が続いている時ではあったが、山元村はその前から、食べる物にこと欠く家庭の方が多く、旅に出ると布団で寝たことがないので、布団を避けて寝る子もいるような村だった。稲刈りの時も、炭運びのときも児童が休んで手伝わなくては家庭が成り立たないので、学校を休む子がいつも二割以上もいる所だった。

そこの中学校へ昭和二三年春、山形師範学校を出たばかりの無着成恭《むちゃくせいきょう》が二年生担任として赴任してきた。彼は一年間教科書通りに授業してみたが現実とかけ離れていることを悟り、現実の生活について考え、討議し、行動にまで進めるために「綴方」を書かせ、本物の生活態度を発見させる方法をとることにした。無着先生が一番言った言葉は、「なんでも何故？　と考えろ」「いつでも、もっといい方法はないか探せ」「かげでこそこそしないでいこう」「働くことが一番好きになろう」「自分の脳味噌を信じて判断しよう」「いつも力を合わせていこう」であった。

すると、それまで先生を小馬鹿にするのに慣れて、「勝手だべ、勝手だべ」とくり返すのが得意だった生徒たちが二年間で大きく変わってきたのだ。その一人、佐藤藤三郎が答辞の中でまとめたように、「私達が中学校で習ったことは、人間の生命《いのち》というものは、すばらしく大事なものだということでした。そしてそのすばらしく大事な生命も、生きて行く態度をまちがえれば、さっぱりねうちのないものだということをならったのです(30)」と子どもたちに語らせるまでになった。

『山びこ学校』の中には、二三年生四三名全員の作文が収められている。優等生の文ばかりでなく、詩や日記も含めて全員の文集であることが珍しくて貴重だ。詩の中には、

雪がコンコン降る

人間は
その下で暮らしているのです　石井敏雄

私は　学校よりも　山がすきです
それでも　字が読めないと困ります　佐藤清之助

といった素朴なものがあって、短いながらも訴えるものがある。

江口江一の作文

なかでも、巻頭におかれた江口江一「母の死とその後」は、読む人の胸を強烈に打つものだ。『山びこ学校』全体を代表する作品とも思われるので、やや詳しく紹介してみよう。

江一の家では、一〇年前に父が死に先月母も亡くなったので、弟は母の実家へ、妹は叔父の家へ行くよう親族会議で決められた。江一の家は、七四歳の祖母と中学二年の僕だけになってしまったという事情の紹介で文が始まる。江一は家族がバラバラになった原因を、「お母さんが死んだことと、家が貧乏だということ」の二つに求める。

家には三段（注、三反歩すなわち約三〇アール）の桑畑と家屋敷があるだけで、母はいつも、「どう生活をたてていくか」「どう税金を払うか」「どう米の配給を貰うか」という苦労を重ねていた。母は毎日「今日よりは明日、今年よりは来年」と望みをかけ、一生懸命努力して働いてばかりいたのに、それでも借金はたまるばかりだった。初めは望まなかった生活扶助（生活保護手当の一部）をとうとう受け、医療扶助も受けてやっと入院できたが、一〇日ほどで亡くなってしまった。

そこで、江一はどうしても考える。

「あんなに死にものぐるいで働いたお母さんでも借金をくいとめることができなかったものを、僕が同じように、いや、その倍も働けば生活はらくになるのか」。

そのため、自分で分かる限りの計算をしてみる。収入は、葉煙草の売上がりが年に一万円と手間どり仕事で少々なのに、支出の方は、配給米、調味料、炭マキ代、電気代、それに税金など、いくら少なく見積もっても月平均二万五〇〇〇円か二万六〇〇〇円かかる。収入は生活扶助料を加えてもやっと二万五〇〇〇位。二人で何とか暮らせるとしても、残された三五〇〇〇円の借金を返せるめどはいつまでたっても立たない。

「このことを考えてくると、貧乏なのは、お母さんの働きがなかったのではなくて、畑三段歩というところに原因があるのではないかと思えてくるのです。三段歩ばかりの畑では、五人家族が生きてゆくにはどうにもならなかったのではないでしょうか。

だから今日のひるま、先生に書いてやったようなことはただのゆめで、ほんとは、どんなに働いても、お母さんと同じように苦しんで死んでゆかねばならないのではないか、貧乏からぬけだすことができないのでないか、などと思われてきてならなくなるのです」。

先生が来た時にそう話したら、すぐに部落分団の人と級友たちがやって来て、バイタ運びと葉煙草のしの仕事を終わらしてくれ、やっと学校へ通うことができるようになった。そして最後は、

「明日はお母さんの三十五日です。お母さんにこのことを報告します。そして、お母さんのよう

に貧乏のために苦しんで生きていかなければならないのはなぜか、お母さんのように働いてもなぜゼニがたまらなかったのか、しんけんに勉強することを約束したいと思っています[31]」。との言葉で結ばれている。

農家の苦しみは絶対的貧困

この作文は、文の運び方もすぐれているが、経費の計算も的確で説明に無駄がない。家族の苦しい原因は、どのような誠意や努力を以てしても報いられることがない「絶対的な貧困」にあることを綿密に説明した名文になっている。

のちにこの文は、全国作文コンクールで一位となり、文部大臣賞を受賞するものとなった。

ところでこの文章は、昭和二四年当時の山形県山元村の窮状を訴えたものだが、実は全国の農村の過半数に近い農家は、この姿に近い苦しさを抱えていた。この家計の苦しさは終戦直後だからではない。江一の父は、昭和一五年に、貧乏のどん底の中で胃かいようで死に、佐藤藤三郎の姉は、昭和一〇年に小学校卒業ですぐ、むりやり工場へ出されてまもなく肺病で亡くなったことでも分かるように、昭和の戦前から、いや明治・大正の昔からずっと農村の多くの家族は困窮していたのだ。その姿は、ごく一部が新聞への投稿や雑誌の記事などで伝えられていたが、時局にそむくものとして目立たないようにされてきた。それが、『山びこ学校』が刊行されることによって一挙に社会の表面に躍り出た。嘘偽りがない子どもの文章なので、いっそう迫力があったものだが、ここには戦後社会科教育の大きな成果が見られたわけである。

注

(1) 並木正吉『農村は変わる』昭和三五年、岩波書店、一～五〇頁。
(2) 朝日新聞、昭和二八年一二月二日。
(3) 朝日新聞、昭和二八年一二月一三日。
(4) 利谷信義ほか編『あとつぎ問題』昭和三九年、農政調査委員会、一一〇頁。
(5) 利谷信義ほか編、前掲書、一一〇頁。
(6) 光岡浩二『農村家族の結婚難と高齢者問題』平成八年、ミネルヴァ書房、二六頁。
(7) 並木正吉、前掲書、九三頁。
(8) 毎日新聞、昭和三六年十月三日。
(9) 及川和浩編『嫁と姑』昭和三八年、未来社、三六頁。
(10) 及川和浩編、前掲書、一二一頁。
(11) 及川和浩編、前掲書、二一頁。
(12) 及川和浩編、前掲書、一八頁。
(13) 湯沢雍彦編『山村女性の生活変動』昭和五三年、地域社会研究所、六二頁。
(14) 湯沢雍彦編、前掲書、六三頁。
(15) 湯沢雍彦編、前掲書、七四～七七頁。
(16) 小針通『地域社会における協議離婚と調停離婚の実態』昭和三一年、最高裁判所事務総局、七〇頁。
(17) 小針通、前掲書、六四頁。
(18) 小針通、前掲書、六三頁。
(19) 松浦松太郎「東北地方の離婚問題」家庭事件研究会『ケース研究』二号、昭和二七年、三四頁。

(20) 高橋朋子・床谷文雄・棚村政行『民法7親族・相続』第三版、平成二三年、有斐閣、七七頁。
(21) 新しい離婚届用紙には、面会交流や養育費分担についての欄がついた。ただ、その「ある」「なし」をチェックする欄だけで内容は一切記入されない。またこれは受理要件ではないので、未記入でも提出できる。不十分なものだが、将来を見守りたい。
(22) 中川善之助・中川綾子『家族のゆがみ』昭和四二年、雷鳥社、一六二頁。
(23) 中川善之助・中川綾子、前掲書、一六三～一六四頁。
(24) 中川善之助・中川綾子、前掲書、一五八頁。
(25) 中川善之助・中川綾子、前掲書、一四五頁。
(26) 法務省『犯罪白書』各年度版による。
(27) 澤登俊雄『少年法』平成一一年、中央公論新社、三七～三八頁。
(28) 斉藤正人ほか「養女の転落」家庭事件研究会『ケース研究』三号、昭和二五年、一五～一八頁。
(29) 横浜家庭裁判所「安定感を求める少年の非行」家庭事件研究会『ケース研究』二五号、昭和二九年、一二頁。
(30) 佐藤藤三郎「答辞」無着成恭編『山びこ学校』増補改訂版、昭和三一年、百合出版、二五七～二六〇頁。
(31) 江口江一「母の死とその後」無着成恭編、前掲書、一四～二九頁。

第Ⅱ部　生活向上と新生のとき

——一九五一～六五年——

第四章　戦後からの脱出

1　暮らしは低く、思いは高く

新しい歌声

昭和二〇年代の後半（一九五〇年代前半）は、大混乱と大改革があいついだ「二〇年代前半」と経済成長の波に乗って騒ぎ立った「三〇年代」に比べて、目立つような面白い話題に乏しく、どちらかといえば地味な時代であったと思われている。

しかしよく調べてみるとそんなことはない。特需があって日本経済にようやく火がついたことはもとより重要だが、家族員にとっても精神的にも社会的にもなかなか重要なことがあいついでいた。学制の大改革で男女共に新制の高校や大学まで進学することが容易になったほか、出産の調節がかなり容易になって少子化が徹底し、戦前から苦しめられてきた結核や腸炎・気管支炎などの疫病を絶ちきり、家族問題の一番の大敵であった売春問題の禁止直前まで迫る新しい対策などが、この時期に行われていたのだ。

市民の中には、「将来は大国になるよりも、スイスのような平和な小国になりたい」という声が高まり、「暮らしは低く思いは高く」というワーズワースの言葉も愛唱された。ラジオからは、「青い山脈」「テネシーワルツ」「高原列車は行く」などの明るいメロディーが流れてきた。都会の歌声喫茶の中で、小楽団の伴奏で若者によく歌われたのは、

「おお　仕事はゆかい　山のように積み上げろ
おお　仕事はゆかい　みな冬のためだ」（「おお牧場はみどり」スロバキア民謡、中田羽後訳詞）

「仕事はとっても苦しいが、流れる汗に未来をこめて　明るい社会をつくること
皆で歌おう　しあわせの歌を　響くこだまを追って行こう」
（「しあわせの歌」石原建治作詞、木下航作曲）

などの合唱であった。これは、重くて暗く、やりきれないほど辛かった戦前の労働歌とは大違いのメロディーの出現である。ある意味で、精神が一番純粋で高揚した時代でもあったといえそうである。

文庫の貢献

昭和二〇年代前半に不足していたのは食糧・医療・住宅ばかりではなかった。文学・美術・演劇・スポーツなどあらゆる文化活動も戦争のために抑圧を強いられていたので、その惨状もひどいものだった。

戦後いち早く発行された印刷物は、新聞を除けば、内容・外観ともお粗末きわまりない男女もの、セックスもののカストリ雑誌の氾濫だったが、これは長年閉じ込められていた両性の性的欲望の解放表現といったもので、文化にはほど遠かった。知的なインテリは、生きる意味の再考を求めて、哲学

や思想書の刊行があると聞くと、徹夜の行列をしてまでその書物を求めた。
その代表の一つが、厚さ五ミリ、重さ五〇グラム程度のまことに小さな本のシリーズ『アテネ文庫』にみられた。中規模の出版社弘文堂が昭和二二年から刊行を始め、各八〇頁以内にまとめた本当に小さな文庫だが、編集部はその意気込みを美しい言葉で巻末にこう述べていた。

「昔、アテネは方一里にみたない小国であった。しかも、その中にプラトン、アリストテレスの哲学を生み、フィヂアス、プラクシテレスの芸術を、またソフォクレス、ユウリピデスの悲劇を生んで、人類文化永遠の礎石を置いた。明日の日本もまた、たといちいさく且つ貧しくとも、高き芸術と深き学問とをもつて世界に誇る国たらしめねばならぬ。『暮らしは低く思いは高く』のワーズワースの詩句のごとく、最低の生活の中にも最高の精神が宿されていなければならぬ。本文庫もまたかかる日本に相応しく、最も簡素なる小冊の中に最も豊かなる声明を充溢せしめんことを念願するものである。切り取られて花瓶にさされた一輪の花が樹上に群る花よりも美しいごとく、また彫刻におけるトルソーが全身において見出されない肢節のみのもつ部分美を顕現するごとく(1)」。

この文庫には、『哲学人名事典』『生物用語辞典』『新約聖書辞典』『文芸用語辞典』といったユニークな豆辞典が二〇余点含まれていたほか、津田穰訳編『パスカルの言葉』、仁科芳雄・鈴木大拙ほか『科学と宗教』、唐木順三『自殺について』など百余点が刊行された。昭和二九年時点でも三〇円の定価を保っていた。

もう一つ、昭和二四年三月から一般教養を得たいと願った市民に応えたシリーズとして、再出発した『岩波新書』（岩波書店）の名を挙げたい。その意気込みもまた盛んなものだった。

「……世界は大いなる転換の時期を歩んでおり、歴史の車輪は対立と闘争とを孕みながら地響きをたてて進行しつつある。平和にして自律的な民主主義日本建設の道はまことにけわしい。現実の状況を恐るることなく直視し、革新と希望と勇気とをもってこれに処する自主的な態度の必要は、今日われわれにとって一層切実である。ここに岩波新書を続刊し、新たなる装いのもとに読者諸君に贈ろうとするのも、この必要に答えて国民大衆に精神的自立の糧を提供せんとする念願にもとづく。したがって、この叢書の果たすべき課題は次のごとくであろう。

世界の民主的文化の伝統を継承し、科学的にしてかつ批判的な精神を鍛えあげること。

封建的文化のくびきを投げすてるとともに、日本の進歩的文化遺産を蘇らせて国民的誇りを取り戻すこと。

在来の独善的装飾的教養を洗いおとし、民衆の生活と結びついた新鮮な文化を建設すること。(2)

……」

岩波新書は、各二〇〇頁前後あるので、小さな書物としての完結性は高い。昭和三五年頃まで一〇〇円であったので、若者でも気軽に購入できるものであった。私はこの時期、大学の学部学生であったが、あとから数えると五〇冊近くも岩波新書を買いこんでいた。指定された教科書よりもよほど読みやすく、身についていたくさんのおかげを蒙っていたといえる。

2　ラジオと映画の楽しみ

『君の名は』の大ブーム

インテリなどではない一般庶民にとって、昭和二〇年代の最大の娯楽はラジオと映画であった。ただ映画は、映画館へ行かなくてはならないので年に数回の楽しみだったが、戦時中五〇％の家庭に入っていたラジオ放送（ＮＨＫのみ）は、昭和二七年には一〇〇〇万台。全家庭の七〇％を超え、職場にも普及し、毎日耳にできたから貴重だった。

この時代の最大の話題は、昭和二七年四月一〇日から二九年四月八日まで一〇〇回も続いたラジオドラマ「君の名は」だった。

時は戦争末期の昭和二〇年五月二四日、前日から続いた東京大空襲の夜、東京銀座・数寄屋橋の上で互いに命を助けあった男女が、もし生きていたら半年後の夜、この橋の上で再会しようと約束する。別れぎわ「君の名は……」と尋ねた男に、女は「必ず来る」と言うだけで名を告げずに立ち去った。

半年の後の約束の夜、彼は数寄屋橋で待つが彼女はあらわれない。頑固な伯父に強制されて、縁談のために佐渡へ渡っていたのである。その後彼女は上京して彼の勤務先を訪ねたが、彼はその直前勤め先を辞めていた。彼女は三重県鳥羽まで行って彼の姉を訪ねるが、彼の行方は分からない。といった調子で二人はなかなか出合えない。やっと初めから一年半の後、一一月二四日の霧の深い夜、二人は数寄屋橋で再会、はじめて後宮春樹《あとみやはるき》と氏家眞知子《うじいえまちこ》と名乗り合うが、眞知子は明日に迫った別の男との結婚を告げて立ち去る。しかしその結婚は不幸で、春樹の方にも結婚を迫る女性ができるが、二人の心は数寄屋橋の相手にとらわれていて話は回って行く。結局二人は結ばれることなく一〇〇回で完結してしまった。

徹底的なスレ違いドラマで、何もかもチグハグな成り行きが続く。この不合理なジレッタさが、理屈抜きに美しくも悲しい物語となって一般大衆をラジオの前にくぎづけにした。

ＮＨＫが昭和二七年九月末に調べたところでは、推定聴取者数は一八六二万人、聴取率四九％であった。この率は「三つの歌」六三％、「上方演芸会」五四％より下回っていたが、夜七時の「ニュース」四〇％よりも上回っていた。聴取者では女性が男性の三倍以上あるとされた。当時の人口は約八〇〇〇万人であったから、子どもの数を除く女性の三人に一人以上はこの放送を聴いていたことになる。午後八時からの放送時間には、足袋製造の行田市では女工が操業する機械が止まり、全国の風呂屋はカラになるといわれた（私の妻の一家は少々ヘソ曲がりで、この時間を選んで行くと確かにすいた風呂に入れたそうである）。

もちろん宝文館から単行本にもなって、第一部から第三部までの発行部数は五〇万部以上、ふだん図書など買ったことがない女子工員などからの注文が多かったという。松竹によって映画にもなり、プリントを普通の二倍七六本も作った興行収入は二億五〇〇〇万円といわれ、それまで最高だった『ひめゆりの塔』（昭和二八年、今井正監督）の一億八〇〇〇万円をはるかに抜き去った(3)。

ドラマでこれほど多くの大衆を引きつけたものすごい大ブームはその後もない。戦前をたどれば明治三一（一八九八）年から三二年にかけて「国民新聞」に連載された徳富蘆花の『不如帰《ほととぎす》』以来ではなかったかと思われる。

『不如帰《ほととぎす》』の家制度と比べて

『不如帰』では、嫁の浪子が肺病にかかったため、姑が息子の武男に離婚するよう迫るが、武男は「母さんを大事にして、私にもよくしてくれる、実に罪も何もないあれを病気したからって離別するなんぞ、どうしても私はできない」と拒絶する。姑はさらにきびしく「家」を守るために親の言うことをきけと迫って、とうとう武男の出征中に浪子を実家へ追い返してしまった。

ここでの母は、夫亡きあと、「家」を守ってきた立場を何よりも強調する。明治民法の家父長制では「戸主」であるはずの武男の考えが一家を支配し皆を服従させてよいはずなのに、母の勢いの方がはるかに強い。「親不孝」という言葉を表に使ってはいるが、母は上級士族として爵位を持ち財産もある「家」を存続・発展させることに至上の価値があり、大義名分があることに少しも疑いをもたないから強いのである。そこでは夫婦の情など問題ではない。「家」を守るためには、不治の病にかかった嫁は離婚するのが当然であり、母の言うことをきかない息子は「不孝者」になるのである。「夫を天として仕える」ことが妻の役割で、従順、温和、忍耐が女性の美徳とされるのが上級士族の徳目であった。(4)

単行本になった『不如帰』は、一〇年の間に一〇〇版を重ねる大ベストセラーになった。明治民法が施行されてすぐの時であったが、「家」のためには平気で病気の嫁を離婚する不条理は、当時でも女性たちの大きな憤激をかっていたのである。

それに比べて『君の名は』の時代は、表むきは「家制度」などはなくなっていて、好きな相手と自由に恋愛し、自分だけの気持ちで離婚できる時代になっていた。しかしこの当時でも、実際には簡単に実現できるものではなかった。伯父による強引なおしつけ結婚や姑の嫌がらせ、精神的不貞ともいうべき妊娠妻の男への思い、夫の強い嫉妬心など、女性のいちずな純愛をさまたげる姿が、広く共感をよんだのであろう。

なお作者の菊田一夫は、大変不幸な生い立ちの人である。実父母に虐待され、六歳のとき養子に出されたが、二年後に養父は死亡、養母の連れ合いの三人目の男は、小学六年の一夫を一〇〇円の前借りで大阪市の薬屋に売りとばした。男の子の身売りである。その後も、大阪や神戸で年期奉公をしながら夜間学校へ通い、上京してサトウハチローの門下生となり、浅草劇団の劇作家になっていった。三歳の時から、すさまじい生活体験をくり返し、貧乏の底をくぐり抜けてきたことが台本作りに役立った。笑いと涙が入りまじった上に誠実さもあり、商品性の高い職人作家であった。

なお、昭和二二年七月から二五年一二月まで七九〇回も続いた戦災孤児の子ども向けのラジオドラマ『鐘の鳴る丘』も菊田一夫の原作になるものだった。

映画も全盛

物資不足ものともせず、日本映画は昭和二一年に「ニューフェース」を募集して新スターを生み、現代劇・時代劇合わせて八〇本も製作していた。その中には黒沢明の『わが青春に悔いなし』、木下恵介の『大曽根家の朝』といった映画史に残る名作もあった。二三年には一二三本、二四年には一六〇本と製作本数を増やした。国中が飢餓状態の中で、生産性がこれほど高かった分野は他になかったのではないかと思われるほどである。

それだけ、都市の労働者も一般市民も娯楽に飢え、比較的安く手軽に楽しめる映画館に殺到したのだ。たいていが、ニュースや漫画映画をはさんでの二本立て（三本立てもあった）で、会場に定員などはなく、通路にすわり、座席の横とうしろ側に何列もの人の顔が重なり、ろくに画面が見えない人がいても平気だった。映画が終了した後で入場したのでは絶対着席できなかったから、途中で入場して席の脇に立ち、どうやら着席しても二度見はしないから、見始めの画面になると立上って帰宅した。途中入場、途中退席が当り前だった。学校は、子どもだけで行かせない配慮のためか、中学生や高校生を学校ぐるみで連れていって鑑賞させた。私もそれで初めて洋画を見たことを思い出す。

外国映画は、映画法の壁にはばまれて戦時中は見られなかったので、昭和二一年二月、『キューリー夫人』『春の序曲』が公開された時には、長蛇の列が映画館をとりまいた。知的な若者たちが長年の渇望をいやしたのである。

日本女子大学児童学科の第二期生になった松島あや子は、昭和二四〜二六年の休日の思い出をこう語っている。

「講義が早く終わった日やお休みの日は、親友と一緒に、映画や音楽会や、歌舞伎に行きました。『嵐が丘』『風と共に去りぬ』『黒水仙』『望郷』『別れの曲』『哀愁』『欲望という名の電車』『赤い靴』『ジェニーの肖像』などを池袋の人生座や新宿の帝都座、有楽町の有楽座でみました。一週間に八本みた時もあります。音楽会は日比谷公会堂や共立講堂でレヴィ、コルトー、ギーゼキング、巌本真理、井口基成、安川加寿子、諏訪根自子などなど数多くの演奏を聴きました(5)」。

松島は、他に歌舞伎座へもよく行ったと言うが、静岡で成功している製紙問屋の親から十分な送金を得ていたからこのようなことが出来たのである。それにしても、記憶に残っている映画のタイトルがすべて洋画であることが注目される。都市のインテリ男女は、欧米文化の方によりひかれていたのであろう。

同じ二〇年代の後半には、日本映画の方にも、『また逢う日まで』『羅生門』『源氏物語』『雪夫人絵図』『風にそよぐ葦』『自由学校』『生きる』などの話題作・問題作が続々と作られて上映された。テレビがまだない昭和二〇年代は、「映画全盛時代」であったのである。この勢いは昭和三〇年代前半まで続き、三五年には日本映画公開本数五四七本でピークに達したが、その後はテレビの普及によって落ちていった。

3　病気への挑戦

乳児死亡率の改善

戦後の全国的困窮は長く続いて、昭和二〇年代の前半には病気になっても医者にかかれず、売薬で

図4－1　100年間の乳児死亡率と新生児死亡率の推移（出生数1000あたり）

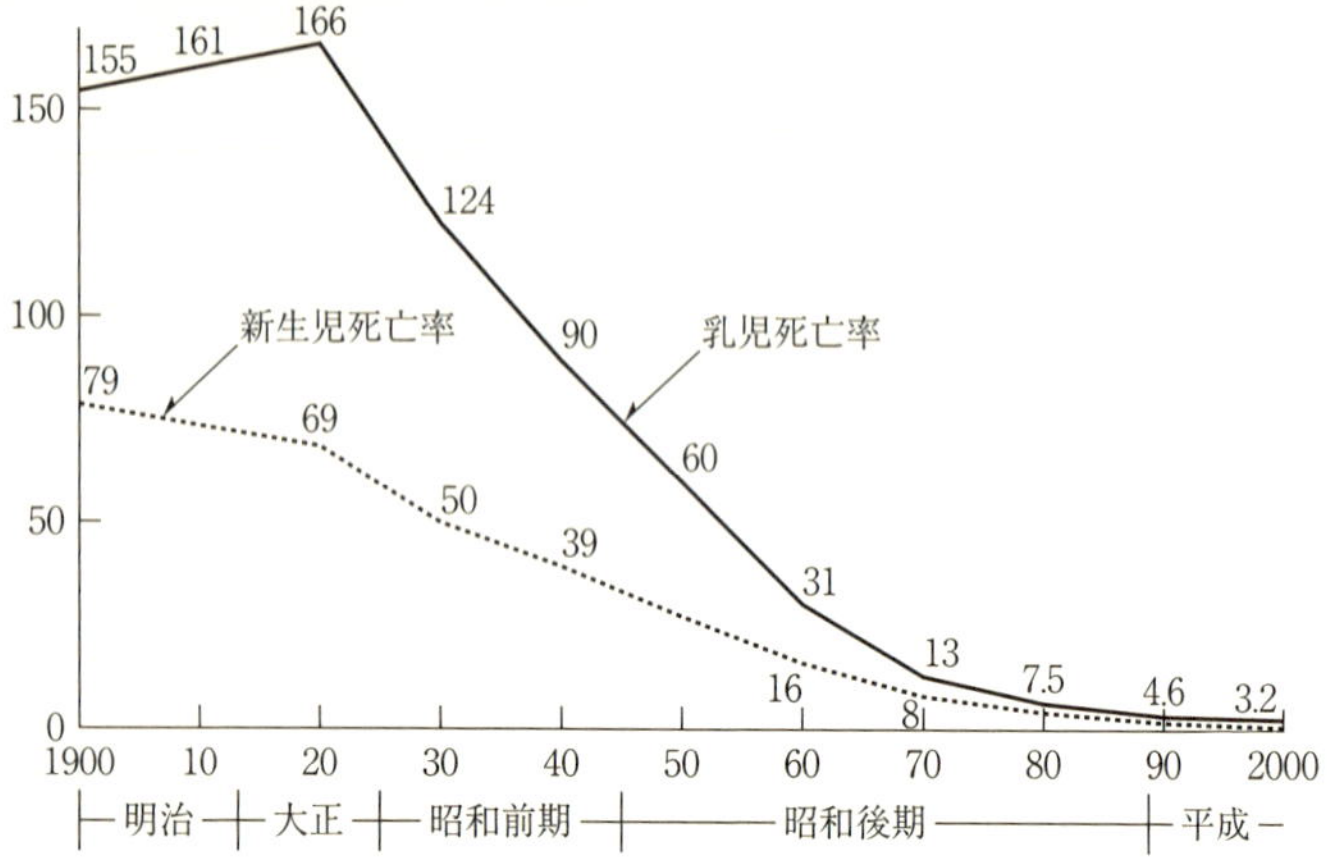

注：新生児とは生後１カ月未満，乳児とは１年未満。
出所：厚生労働省『人口動態統計』による。

すませる人が多かった。保健所はまだなく、医院の数も少なく、またそこへ行く交通の手段も乏しく、そして国民健康保険（農民や自営業者などを対象とする健康保険、昭和一三年制定）もまだなかったからである。

昭和五（一九三〇）年では、死亡者の三五・四％は〇～四歳児の乳幼児が占めており、その大半は乳児（一歳未満児）の死亡が占めていた。この高い乳児死亡率（人口一〇〇〇人あたり昭和五年＝一二四・一）は昭和二二年には七六・七まで下がっていったが、家族全員が飢え死に状態の中で、赤ちゃんを死なせずに守ることは実に大変なことだった（図4－1）。

昭和二二年に乳児が死亡した原因を、乳児死亡率の高さからみると（人口一〇万当たり）

肺炎・気管支炎　＝一七四七・四
下痢、腸炎　＝一三三六・五
先天異常　＝一四六・七

髄膜炎　　　　　　　＝　一二五・四
不慮の事故・有害作用　＝　六八・九

などが高い。これらの要因は、昭和四〇年までの間に大幅に減少して、平成二〇年代の現在では、先天異常がやや増えたほか、他の原因はほとんど見当たらないほど低率になっている。

なお、昭和二二年の乳児死亡率は府県による違いが大きく（青森、岩手、秋田、富山、佐賀、山形が九〇以上、神奈川、東京、長野、山梨、静岡、広島、京都が七〇以下）あったが、医療制度の改善のため、昭和四〇年にはこの差異がかなり小さいものになっている。(6)

結核治療の改善

戦前の昭和一〇年代には死亡原因の第一位を占め続けていた「全結核」は、戦後の昭和二五年になっても、数値は低下したもののなお第一位を続けており、恐ろしい病気のトップにあった。登録されている患者だけでも一〇〇万人に上り、昭和二四年の罹患率は一〇万人当たり五六八で世界の第三位、アフリカのボツワナよりも高かった。親類や知人の中に必ず一人は患者がいるほどだった。

しかし、ストレプトマイシンが発見されて昭和二四年には日本にも入り、またパス（結核用の粉末薬）も二六年から輸入され、さらにBCG検査も安全になった。そして、レントゲン検査も容易となったのを受けて、昭和二六年「新結核予防法」も成立施行されて施策が一元化された。

これらによって、結核死亡率は二七年には一〇万人当たり八二まで低下したが、実態調査によると患者総数は予想の三倍以上もあったので、二九年には対策をさらに強化して、全国民を無料診断の対象とし、病床を増加するように努めた。

その結果、とくに昭和三七年以降、新登録患者数の年間減少率は一〇・六％、新発生患者数が六年ごとに半減するという、世界でもまれな成果をあげるようになった。その理由として結核予防会会長の青木正利は、次の三点を挙げる。

「まず第一にすべての結核対策が強力に実施されたことであり、第二には結核化学療法が目覚ましく発展し、確実に治療を行えばほとんどすべての患者を治せるようになった。そして第三には、戦後の混乱から抜けきり、目覚ましい経済発展を続け、生活が安定したことも大きな要因となったと考えられる(7)」。

これは、確かに昭和三〇年代においてはオリンピック開催にもまさる国民的成果の大きな一つといってよいだろう。

ポリオの撲滅

昭和三〇年代なかばには、乳幼児を抱える家庭では「ポリオ」対策が大きな課題となっていた。ポリオとは医学用語では「脊髄性小児麻痺」で、多くは子どもがかかる経口的感染症をいう。脊髄を犯して手足の麻痺を起こし、普通は「小児麻痺」とよばれる。昭和三五年五月、東北をはじめ全国に集団発生した。とくに七月には富山県内で四二人と急増したので一二月東京に中央協議会が結成された。

東京都杉並区でポリオの撲滅運動に活躍した児島勢能子はこう語っている。

「ポリオが北海道や東北で発生したと聞いたときはあまり気にもかけなかったんですが、だんだん関東一円から東京各地に発生するようになって、これは大変と、婦民（婦人民主クラブ）の仲間と『子どもを小児麻痺から守る杉並協議会』を結成しました。一九六一年四月です。会長を西荻窪診療所長にお願いして、事務局長は私が引受けました。私たちは新日本医師会長の久保全雄先生のご指導で、ポリオに関する知識や情報をとことん勉強して、飲むだけで効果抜群の生ワクチン、それはソ連にしかないということがわかったんです。一刻も早く生ワクを輸入してほしいと厚生省に日参しました。でも、ソ連とは平和条約を結んでいないから輸入できないっていうんです。流行期の夏を目前にして私たちの運動は、文字通り寝食を忘れたものでした。

　運動がどんどん盛り上がって広がって、一九六一年六月、各地から千人を超える人たちが厚生省に結集しました。その時私は交渉の場に薬務局長がいないと聞いて探しに出ました。ちょうど昼時で、たくさんの職員が階段をかけおりてきたんです。そのなかに局長を見つけて『みんな会議室で待っています。すぐ来てください』といったら黙ってトイレに行こうとするの。瞬間ためらって、でも逃がしちゃ大変、私は亭主も子どももいるオバさんだからいいかって、局長のズボンのベルトをしっかりつかんでトイレの中までついていったの。用を済ませて手を洗っているときに『局長申し訳ない。来てください』ベルトを持ったまま会議室へ押しやって。やっと交渉が成立しました。そして六月二一日厚生省から『六歳以下の子全てに生ワク投与』の正式回答があって、早速ソ連の生ワクとカナダのシロップが輸入され、七月二〇日から全国一斉に投与が始まったんです。それで患者数が激減しましたね。一度にすーっと潮が引くように[8]」。

昭和三〇年前後には、医療衛生問題の改善がかなり進んだ時代だったが、その中でもこれは、まことに見事な成功例だった。「子どもの命を守る」という母親の強い熱意が厚生大臣を動かして、一六〇〇万人分の生ワクチンを緊急輸入させ、恐ろしい伝染病の蔓延を防いだのである。女性を中心とした市民運動の中でも、指折りの大成果といえるだろう。

4　ベビーブームと中絶の横行

結婚と出産は大ブーム

ともあれ、昭和二〇年代の前半は、正式に届け出をした結婚（法律上これを「婚姻」とよぶ）だけでも、二二年九三万、二三年九五万、二四年八四万組もあり、これは昭和一五年に比べても少しあとの二八年に比べても四割も多いという数値であった。これ以外に、届け出をしないで内縁になる夫婦も数％いたことは確実だから、合わせて一〇〇万組もの夫婦が毎年生まれていたことになる。これは空前の「結婚ブーム時代」の到来である。

たくさんの結婚からはたくさんの子どもが生まれる。戦前と異なり、妊娠調節の手段は少し知られてきたが、昭和二五年の毎日新聞社調査では六四％の女性は避妊を「一度も実行したことがなく」、していている者も「コンドーム」と「洗浄法」に限られていた。だから多産になるのが当たり前で、四～五人の子を産むのが普通だった。当然のように、昭和二二年＝二六八万、二三年＝二六八万、二四年＝二七〇万人の出生があって、前後一四〇年間にわたる人口統計史上最高の数値をきざんだ。これに二一年と二五年生まれを加えて「ベビーブーム時代」を作り、これがいわゆる「団塊の世代」となって数十年のあとまでも、結婚・離婚・就職・年金などさまざまな社会的大影響を生むことになる。日本は一五年にわたる日支・太平洋戦争で三〇〇万人以上の同胞を失ったが、数の上からだけ言えば、数年で取り返して人口増加の体制となった。

しかし、この当時の出産は大変だった。

お産は、病気などの特別な事情がある場合を除いて、自宅でお産婆さんと呼ばれる助産婦（現、助産師）の介助を得て行われるのが普通だった。病院（診療所を含む）出産の方が多くなったのは、昭和三七（一九六二）年以降からである。

中絶の横行

しかし、妊娠した者がすべて安産するのではなく、年に一〇万ないし二〇万件つまり妊娠数の一割以上が死産となる。死産には「自然死産」（流産）があるが、「人工妊娠中絶」の方がはるかに多い。昭和二三年九月から「優生保護法」（のち母体保護法）が施行されて合法的な人工妊娠中絶が可能になったが、それまでは、違法な「堕胎」（粗雑な手段による中絶）、もしくは「間引き」（出生直後の子を窒息させたりして殺すこと）がかなり行われていた。

優生保護法第一四条の合法中絶の理由に、「母体健康の保護」のほかに「経済的理由」が追加されて二五年から急増し、二八年以降は毎年一〇〇万件を超えるほどになった。中絶には無届のものが別に三〇～四〇万件くらいあると噂され、これを加えると出生実数に近いほどの妊娠中絶があることに

図4-2　昭和後期の出生数と人工妊娠中絶数の年次比較

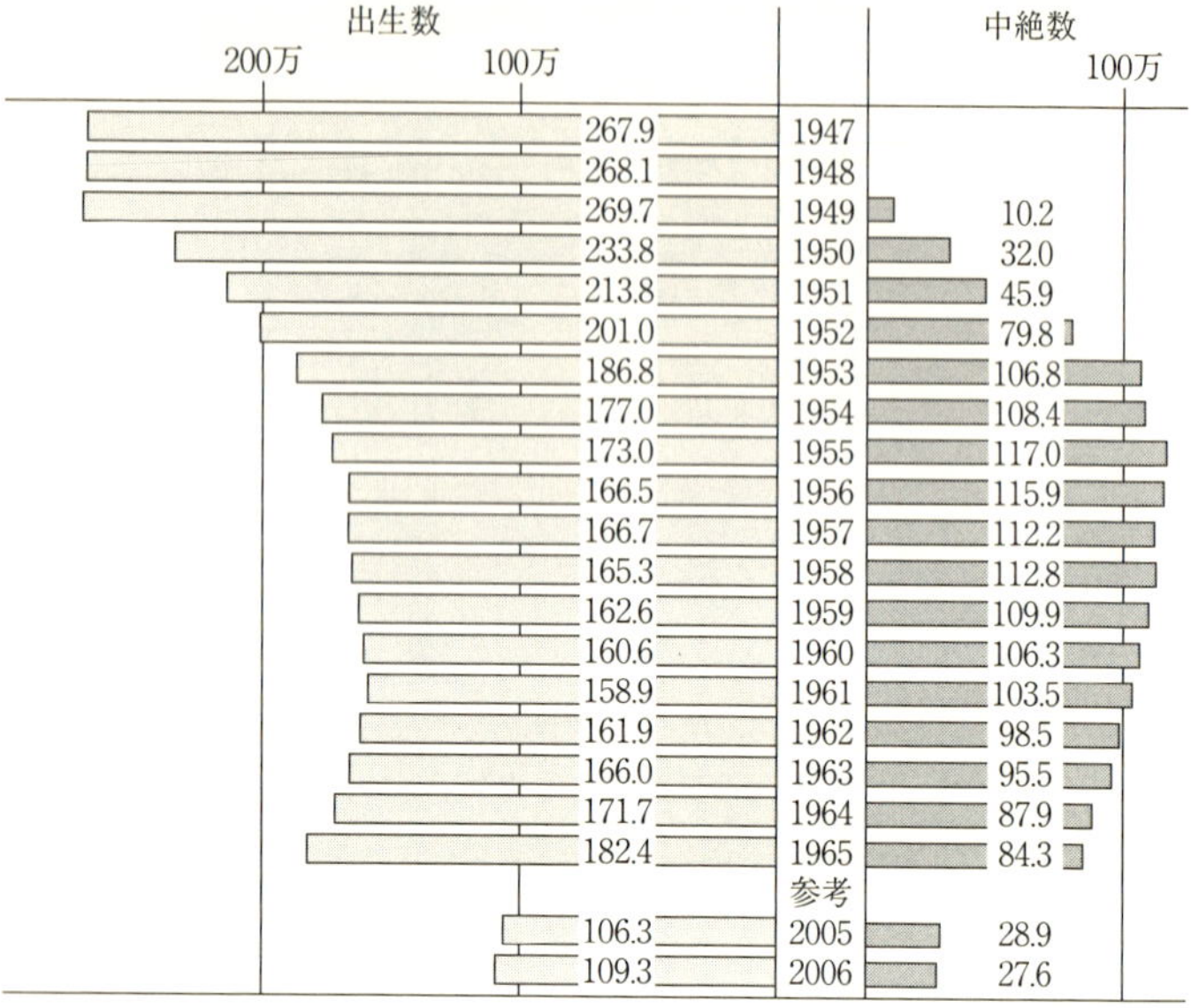

出所：厚生労働省『人口動態統計』，同『衛生年報』による。

なる。厚生省児童局は昭和三八年の『児童福祉白書』の中で、「無届けの中絶の割合を大正九年の妊娠率三八・九％で推計してみると、毎年、少なく見積っても届出中絶件数一〇〇に対し、四〇％、大きく見積ると八〇％に達することになる(9)」と推測している。これは、決して小さな数ではなく、批判の声は絶えず上がっていた。中絶届出数だけで出生数を上回っているロシアやルーマニアほどではないとしても、日本は「中絶天国」だとの呼び声もあったのである。東大産院での初回妊娠中絶率は、二〇代後半は三二％、二〇代前半は五二％、二〇歳未満女性では一〇〇％弱であったという。

　妊娠四カ月以上で届け出られた合

法的な中絶は、人口動態統計に「人口死産」として記録される。これを「自然死産」と比較すると、昭和二五年から急に増加してきた。優生保護法に基づいて報告される中絶件数をみると、昭和二八〜三六年までの九年間は毎年一〇〇万件を上回り、ことに三〇年は一一七万件にも達した。避妊の普及定着とともに年々減少を見せているが、昭和四〇年代になってもなお、年間八〇万台を記録し、無届のものを含めると一〇〇万件近くはあろうと推測されている（図4-2）。四四年の人口動態統計による人口死産の母の年齢別内訳をみると、出産一〇〇〇に対する件数は母の年齢が低い一五〜一九歳、また高い四〇〜四五歳がきわだって高い。この世代にとって妊娠は計画外のことで、高率に中絶処置されたことがうかがえる。

同じく四四年の厚生省による優生保護実態調査は中絶を希望して来院した者二万九八八〇人全員を対象としたものである。九二・六％まで既婚者で、「二〇歳代」「家庭婦人」「高校卒」、夫婦一カ月収入「五万円以上」、住居「自宅」、子ども数「二人」、過去の中絶数「〇回」、受胎調節「時々実施している」とする者がもっとも多かった。これは人工中絶のほとんどが一般主婦による家族計画の余儀ない一環として行われていることを示している。にぎやかだが経済的に苦しくなる多子家族よりも、少子によって生活水準を高める道が好まれてきたのである。

死産率が高い割合をみると、母の年齢が低い一〇歳代と四〇歳以上がとび抜けて高いが、実数としては二五歳から三九歳までの女性（おそらく主婦）が一番多く利用している。結局、すべての年齢層に利用されていることになる。

ひのえうまで出生数激減

昭和四一（一九六六）年は干支《えと》に基づく「ひのえうま（丙午）」の年に当たっていた。この年生まれの女性は「亭主食うか、子食うか、財産食うか」と言われる俗信にたたられて子を産まないようにする夫婦がいるために、出生数は前年より四六万も減って一三六万人となり、出生率も一三・八（前年一八・七）に激減した。これは根強い迷信を信じる人の多さとともに、妊娠調節の徹底ぶりをよく示している現象となった。前回の一九〇六（明治三九）年の時にも、前年比六万人ほど減ったが、これほど大きな減少ぶりはなかったからである。

5　売春防止法の成立

売春天国

戦前の日本は、売春問題についても事実上野放しで、この面でもまた「天国」と呼ばれるにふさわしい国であった。

男性に性を提供する代償として金銭を得ることを業《なりわい》とする女性すなわち「売春婦」は、古来どこの国にも存在したが、一八七七（明治一〇）年の万国廃娼同盟会議で、「公娼制度は自由の原則に背反する」と決議されて以降、公娼の廃止が先進国の公約になっていた。公娼とは、売春婦の営業を国家が認めた娼婦をいう。日本では売春婦の存在を、否認も放任も、黙認もせず、昭和二〇年まで国が公的に認めて監視し課税する制度をとってきた。これは世界的にみても前近代的な姿で、非常に屈辱的な制度であったが、国内的にもさまざまな悪事の根元になっていた。

①　まず、遊廓に入れられた女性の人格はまったく無視され、金をとるだけの道具とされた。遊廓業者と娼妓（廓に囲われた売春婦）との間は、表面的には契約の形をとっていたが、実態は、前借り金で作られた身代金で心身の自由を奪われ、業者の奴隷となって売春行為を強要されるものであった。江戸時代初期からの約三〇〇年間に、吉原のおいらんなど一万五〇〇〇人あまりもの娼妓が、苦界の身を浄閑寺の池に投げ込まれて葬られている。

②　公娼以外にも、ほかに食べる手段のない女性は「私娼」とよばれる売春婦となって町中に多数存在した。大正五年東京警視庁の調べでは、浅草十二階下界隈が中心で、料理屋手伝い人などの名目で私娼を置く張店《はりみせ》は約七〇〇店、私娼数は四〇〇〇人以上で、新吉原の公娼数二四〇〇人よりもずっと多かった。

③　既婚・未婚を問わず一般市民の男性にとって、こういう女性を買うことは最大の享楽の対象で、日常茶飯事のことであったから罪悪感などは少しも感じなかった。大正一三年に流行したストトン節の中にも、「芸者買ほうか女郎買ほか、嬶《かかあ》に相談してどやされた」とあるように、家庭内でも平気で話題にされた。仲間うちで娼妓買いすることを誘われた時に断ったりすれば、つきあいを断たれ、出世の道からも見放される大切な交際手段にもなっていた。娼妓を買う男の八〇％は妻子持ちといわれ、一夫一婦制にとっては大きな強敵であった。

夫の貞操

昭和六年の朝日新聞「女性相談」欄に、その具体例が見られる。

「長男が三歳の暮れに、良人《おっと》は又さうした所（遊里）へ宿ったことを私にあやまりました。そして、又、後を誓ひました。にも拘らず良人はその時申しました。『世間の男を見よ。家内にかくして又は公然と遊里に足をいれるのが十中八九までだ。交際上これは必要なことで、此點家内なるものは大目に見なければならない』と。……（私は）今年の九月また九カ月の女児を早産いたし、生後五十餘日で亡くなりました。醫者は『遺傳梅毒の症状が二、三現はれてる』と申しました。過日私自身の血液検査をしてもらひましたら、確かに反應が現はれました。所が先日良人は苦しくて仕方がないからザンゲすると申しまして、私に誓った翌年も、翌々年も、又、今年死んだ子どもが出来る前にも、悪友に誘はれて行つたことを話し『どうぞこの通りあやまるから許せ』と申します。世間一般の男性は結婚後でも貞操観念なく遊里に足をいれることなど当然のことと思って居ります。……さうした行為を許せない以上夫が処世上都合が悪く、私も又常に不安な不満な心で暮すのはお互ひに不幸なことと存じます。……お互ひに身の立つようにして別れるより外はないと思ひます」[10]。

この五年前の大正一五年七月二〇日に、大審院は「夫にも貞操義務あり」という画期的な判決を下していたが、一般社会にはほとんど効果がなかった。

また、売春行為は、花柳病とも呼ばれた性行為感染症をひき起こす原点ともなった。梅毒・淋病・

軟性下疳・尿道炎などを起こす伝染病で、妻や子どもにも遺伝していくので、この点からみても家族の敵であった。秘密にされるので、明確な統計はないが、「性病予防法」による届出が始まった昭和二四年には約六〇万人を記録している。

公娼制度の廃止

三〇〇年以上も続いてきたこの強固な売春制度も、戦後大きく変わることになる。戦後すぐの昭和二一年一月に出されたGHQからの覚書を受けて、幣原内閣は「公娼制度廃止に関する通牒」を発し、娼妓関係の法規は同年二月二〇日に一切廃止された。明治初年以来、救世軍などの流血を伴って各地でくり返されてきた廃娼運動は、やっと実を結んだかのように思われた。

しかし、実際はそうはならなかったのである。

廃止の年の一一月に開かれた吉田内閣の次官会議は、「性風俗の紊乱《びんらん》に対処する」という口実で、「私娼に限定して集団的に認める」として新宿や吉原などの遊廓地区にある特殊飲食店等を「赤線地区」、それ以外私娼が多かった所を「青線地区」と指定して、公認の売春行為を復活してしまった。法律の改正にも拘わらず依然として経済的地位が低かった女性のかなりの者は、戦後の失業と飢餓の中で、再開した売春活動に身を投じた。昭和二二年には、「パンパン」とよばれた米兵向け街娼だけでも一五万人といわれ、三〇年には、売春婦総数は五〇万人ともいわれた(11)。

昭和二〇年代後半には、重工業が発展する中で、中小企業の倒産、企業整備、中小炭鉱の休止廃山、賃金の欠配などがあいつぎ、売春関係へ流入する女性が激増していた。

売春防止法はやっと成立

一貫して売春追放に努力してきた女性議員たちは、昭和二八年一一月、衆参婦人議員団を結成して超党派で法の制定に向かった。二九年「売春等処罰法案」を第一九回国会に提出するが、審議未了をくり返し、三〇年七月にはいったん否決された。

その日の婦人団体や特飲業者たちで超満員になった国会の法務委員会のようすを、新聞はこう伝えている。

「……夕方五時四五分再開、討論採決前の最後の質疑に入った。……

○午後一〇時半から討論に入った。椎名委員（民）が「この法案は生まれても育てることが出来ぬ。順法精神を破壊し人権上も面白くない。私のところへ陳情にきた婦人たちがあなたの選挙区はどこかと追及したが婦人会の行過ぎた活動は是正して欲しい」との反対討論に傍聴席から婦人たちの非難の声が起こる。

○賛成討論に立った神近委員（左社）は「この法案は不幸な扱いをうけ政治的陰謀によりツブされかけている。遠い理想郷のような話よりも現実に婦人たちの人権がじゅうりんされている問題をどうするか。法案は否決されても通るまで何度でも出す。委員会を傍聴にきた業者たちがあの議員には二〇万、三〇万、というウワサをたてている」と述べたところ、保守党議員から「侮辱するな」との叫び声が起こり、保守対革新のドナリ合いとなった。

○このあと福井委員（自）が「法律執行の効果が上るか、現況では疑問だ」と反対、戸叶委員

（右社）が「保守党はこの法案の趣旨には賛成だといいながら、何故修正して通そうと努力しないのか。全国婦人、青年から今度ほど圧倒的な法案支持をうけたことはない」と賛成討論があった。
○同一一時一三分採決に入り、起立少数で法案は否決された。続いて山本委員（民）が動議を提出、「次期国会に立法、成立せしめる」と主旨の弁明があった。
○連日委員会の傍聴に、あるいは反対議員への陳情説得にあらん限りの力を尽くし、この日も一○時間立ち続けの婦人たちは、閉会が宣せられたとたん委員長のもとにドッと駆け寄った。売春禁止法制定促進委員会と売春問題対策協議会の二つの声明書を読みあげ、世耕委員長に手交〝限りなき闘い〟の決意のほどを見せた(12)」。

しかし世論は高揚し、三一年五月二一日の第二四国会でついに「売春防止法」が成立し公布された。売春行為は禁止され、懲役・罰金の刑事処分が明記された。婦人参政権が実現して女性議員がいなかったら、絶対実現することはなかったであろう。

成立後の状況

だが施行までに二カ年あったので、業者はまちまちの反応を示した。

東京都亀戸では全面的に協力的で、職種の転業を始めた。新宿の青線地帯では日掛貯金制度を始め、今後二年間に稼いだ上で転業しようとする。静岡県下ではぎりぎりまで居すわり、その後は素人売春などを考えている。大阪では業者幹部が集って売春立法粉砕を決議したりしている。

しかし全体的な動向としては、売春廃止はやむをえないとして、多額の更生資金の融資を考えるほかないとの考えを取ったようである。業者たちは既得生活権擁護会を作って各方面へ陳情書を提出し、事態の回復を願っていた。その理由は、関係してきた業者の家族一〇〇万人が生きていけないという主張である。(13)

施行は三二年四月、取締規則は三三年四月からと余裕がおかれたが、更生の具体的対策はなかったために、非合法な風俗営業に戻る女性が多かった。トルコ風呂（現ソープランド）とかアジアへの買春ツアー(14)に姿は変わったが、社会の表の世界からは売春はやっと排除されたのである。

6　特需景気と家計

朝鮮戦争と日本

昭和二六年九月、アメリカはじめ連合国との「対日講和条約」が調印され、平和条約も発効して日本はやっと占領状態から解放されたが、その少し前お隣りの半島では、昭和二五年六月二五日、アメリカとソ連・中国の代理戦争のような「朝鮮戦争」が勃発して、再び血生臭い匂いが立ちこめた。たしかに昭和二〇年代なかば（一九五〇年前後）に起こったこの二つの出来ごとは、当時のみならず、のちの日本社会に大きな影響を与えるものだった。

前者は、日本国の自立のために必要であったが、同時に「日米安全保障条約」いわゆる「安保条約」も調印されて、日本国内にアメリカ軍が駐留することを認めることになり、これは警察予備隊、保安隊、自衛隊の設置にもつながって、安保闘争などの市民活動を起こし、のちに幾度もの激しいデモを引き起こす原因となった。

朝鮮戦争の方は、日本人に直接何らの危険ももたらさなかったばかりか、反対に、不況に落ち込んでいた日本経済が息をふきかえすきっかけとなった。アメリカの空軍や軍艦は、日本の飛行場や港湾から出撃したばかりか、軍隊のあらゆる中継補給の基地となった。日本の全産業はアメリカのために動員され、多くの日本人が武器修理と補給でアメリカ軍に雇われた。この「特需」は、国際的な輸出増加をともなって、繊維、金属・造船を中心とした大ブームを起し、鉱工業生産も昭和二六年のうちに戦前の水準に回復してしまった。ある資本家は、この戦争を「天佑神助《てんゆうしんじょ》」と言って喜んだが、これは第一次世界大戦のとき、強引に参戦し、ヌレ手でアワの「成金ブーム」を生んだときと同じ現象であった。

いわば国全体がアメリカ国益の下請軍需産業化したわけである。その後も政府は電力・造船・鉄鋼などの基本産業に国家資金を積極的に投入して成功したので、これが昭和二九年から始まる「神武景気」を呼び起こすことになった。

家計のうるおい

こうした景気の波は、当然工業に縁の近い市民の家庭に及んでいった。総理府統計局の「家計調査」によれば、都市勤労者家庭の年平均一カ月間の実収入は、昭和二六年一万六五三二円であったものが三〇年には二万九一六九円と一・八倍にも伸びている[15]（農家の収入も伸びていったが、その伸びしろはわずかであったので、後述のように次男・三男や女子の都市への大量移動につながった）。

そして常用労働者の職種別の平均現金給与月額をみると、常に賃金水準の高いのは、電気ガス水道業、次いで金融保険業、運輸通信業である。昭和三〇年の金額を示すと、それぞれが二万七二七七円、二万五一三三円、二万一八一一円である。低い方では昭和三五年以前までずっと、建設業が著しく低く（三〇年で一万四六〇九円）、次いで製造業（一万六七一七円）、卸小売業（一万七九六三円）の順であったが、昭和四二年頃から卸小売業、製造業、建設業という順に入れ替った。公務員の現金月収は、おそらくこの中間程度のものであったろう。

戦後、昭和二四年頃まで、絶対量の不足していた食糧は、社会不安を防止するためにアメリカ政府が支出した「占領地域救済資金（ガリオア資金）」などによる緊急の輸入によってかろうじて確保され、国民はようやく大量餓死を免れた。また、昭和三〇年以降は、米の大豊作が続いたため食糧難からはっきり逃れることができた。住宅については、政府を中心に公営住宅の供給がはかられて、大都市の内外にあったバラック、防空壕や倉庫跡の集団暮らしなどの非住居暮らしからは何とか抜け出すことができるようになった（だが他方、二〇年代末期には安定した収入から排除された人々もかなりいて、とくに若い女性は売春稼業を続ける者が少なくなかった）。

そして昭和三〇年を過ぎたころから日本の経済成長の進展、所得の増大、家庭電化製品の出現と普及、さらに教養、レジャーなど物的生活の充足から順次精神的生活の充実が求められ、それへの支出が増大してきたのである。

外食の初体験

このようにして全体としては、昭和二〇年代後半の家庭生活は、前半に比べればかなりましになってきた。二五年の五月頃から戦時中にとられた米を除く経済統制が解除されて、食糧品も出回りはじめ、飲食店も開き始めた。しかし現在のように簡単に外食ができるようになったわけではない。

私個人の体験を思い出してみよう。父親が敗戦で失業したままであったので、私は霞が関にあった文部省でアルバイトしながら大学へ通っていた。昭和二五年のことだったと思うが、係長がはたち前後の我々若者三名を連れて、機嫌よく「今日はうまいものを食べさせてやる」と言って新橋のはずれへ連れていってくれたことがある。文部省にも食堂だった場所があることはあったが、閉店したままだった。サマータイムが実施されていた時代（昭和二三年から二六年まで）なので、閉業後まだ明るい夏には誰もそのまま帰宅する気は起こらなかった。明るい夕方だったと思う。我々はこういう店へ入るのは初めてのことなので、内心ウキウキとしてついていった。

ソバ屋だったと思うが店内に入ると品名と値段の表が出ていた。「きつねウドン」「天プラソバ」「かきあげウドン」などの品名が並んでいる。年配の係長は威勢よく「さあ何でもいいぞ。好きなものを頼め」と言ってくれたが、誰も何とも言えなかった。実のところ我々は、品物の中身がどういうものか分からないので注文のしようがなかった。戦前の少年時代から一〇年近く、こういうものを外食する経験がなかったからである。一番年長の者がオズオズと「じゃー、僕はキツネうどん」と言ったので、ほかの者も「それと一緒」と言ってしまった。

半年後、別の上司が「うまい甘い物屋を見つけた。そこへ連れていってやる」というのでまたお供したことがある。虎ノ門に近い、一〇人も入れば一杯になる小さな店だった。のれんをくぐって奥に座ると、何やらアンを包んだ小さなパンのようなものが出て来た。今からみれば人形焼の一種だったろうが、何しろ甘い物には飢えていたから、とても満足して平らげた。勘定は上司にまかせて出口から外に出ようとするところで腕をつかまれた。私服の刑事二人が客の席にすわっていて、「あなたは今統制品を食べたね。食糧管理法違反に当たるよ。もう食べないと約束すれば許してやる」と言われて、住所氏名を書かされた上お説教された。私達はブツブツ言いながらもそれに応ずるほかなかった。外へ出てから、「入る前に警告すればいいのに、なんて卑劣なやり方だ」と大いに憤慨したことだった。

注

(1) 津田穣訳編『パスカルの言葉』昭和二二年、弘文堂、巻末頁。
(2) 岩波書店「岩波新書の再出発に際して」昭和二四年、岩波新書の巻末頁。
(3) 角田芳雄ほか「君の名は菊田一夫」朝日新聞社編『週刊朝日の昭和史』二巻、昭和六四年、同社、四〇五頁。
(4) 湯沢雍彦『明治の結婚・明治の離婚』平成一七年、角川書店、一六六頁。
(5) 佐藤宏子「紙問屋の次女としての豊かなくらし」湯沢雍彦編『祖母・母たちの娘時代』平成一一年、クレス出版、二三一頁。
(6) 国立社会保障・人口問題研究所編『人口の動向・二〇〇八』平成二〇年、厚生統計協会、九一頁。

（7）青木正和『結核の歴史』平成一五年、講談社、三四頁。
（8）児島勢能子「ポリオ撲滅運動に燃えた日々」杉並区女性史編さんの会編著『杉並の女性史』平成一四年、ぎょうせい、二二二〜二二三頁。
（9）厚生省児童局『児童福祉白書』昭和三八年、厚生問題研究会、二七頁。
（10）湯沢雍彦『昭和前期の家庭問題』平成二三年、ミネルヴァ書房、八一〜八二頁。
（11）竹村民郎『廃娼運動』昭和五七年、中公新書。
（12）朝日新聞、昭和三〇年七月二日。
（13）既得生活権擁護会「売春防止法施行に併う陳情書」昭和三二年、市川房枝編『日本婦人問題資料集成』一巻、ドメス出版、七二五頁。
（14）藤目ゆき『性の歴史学』平成九年、不二出版。
（15）総理府統計局『家計調査年報』各年版。

第五章　昭和三〇年代の明るさとうしろ側

1　「ひととき」欄にみる暮らしの明るさ

変わってきた生活観

次の二編は、昭和三〇年と三一年、あとの一編は昭和三三年の朝日新聞「ひととき」欄から拾った投稿である。

朝日新聞は昭和二六年一〇月から「家庭欄」を復活した。戦前の家庭欄には読者の投稿に対して主に山田わかが回答する「女性相談」というコーナーがあったが、戦後はその形をとらず、時の担当デスクとなった影山三郎は家庭主婦の投書欄を企画して「ひととき」というタイトルをつけ、原稿用紙一〜二枚程度の随筆をつのった。昭和二七年一月七日が投稿第一号となり、以来三〇年近くも続いた。

「若いころは、『お正月なんか、一体だれがはじめた行事だろう?』などと夫を訪れる酔客の醜態に涙ぐんで抗議をした私も、初老ともなればすっかり落ちついてしまった。小さな自分の机の上に活けた一本のスイセンに初春の喜びを感じ、その机上に積まれた賀状をくりかえしくりかえし読みながら、一人一人の追憶にふけって、過去をなつかしむ。一年間のすべてを犠牲にしたお金で買った晴れ着にそれぞれ着かざって、すっかり大人になりきった子ども達の姿に何かジーンとした喜びに酔うのも新年の楽しみの一つになった……

夫の客、娘の客、息子の客とおりかえし来る客に、一日を普通の日の何倍も働かされながら、何か自分自身が一番幸福な女のような気がする。夜ともなれば身体の疲れもよそに火おけの埋み火をかきたてながら、近い将来あらわれるであろう嫁を、婿を、姿に描いて独りで次々と果てしない空想に微笑する。完全なる〝凡庸親バカ〟になってしまった(1)」。（福岡県若松市、四三歳、主婦）

「久しぶりに秋晴れの日曜日、私は娘の勤めている銀行の運動会を見に行きました。女子高等学校のグラウンドをかりると、それはグラウンドの広さとは対照的にささやかな運動会ではありましたが、空はどこまでもの青い色。みかんのなる山々を背景に鮮やかで、それだけでも心の洗われるような快さに包まれるのでした。そしてその日私は初めてフォーク・ダンスというものを見たのです。……互いが一人ひとりの人間として手をつなぎ、高く連結器のようにさし上げて、首はかわいくかしげて一組の男女がかわすやさしいあいさつ。輪をかいて離れ、また次のパートナーと微笑して手をつなぐ親しさ。……平等であり自由であることからかもし出される楽しさ、なごやかさ、そして人間同士の親愛の情。私はその光景を感動して見入っていました(2)」。（静岡市、五一歳）

「……子どもの目とは何とこわくもあり、楽しいものでしょう。教えさせられ反省させられることばかりです。テレビの欲しい三年生の末っ子は、『お勉強のじゃまになるからね』という私に『それは大人のいいわけやな』と苦笑させたり、大人の人たちが、会社から帰って奥さんの内職に手伝いをするあるご主人を見て、ややこしい表情で話し合っているのに、五年の中の子は『あそこのおじさんは親切な人やね。おばさんがえらいで手伝いなさる人やな』と話してくれます。

私はいつも思うのですが、子どもって、このままの素直さで大人になることはできないものでしょうか、おしいことだと思います。いつかもこの欄に子どものしつけについて〝きびしくすべきか自然にまかすべきか〟と、お若いお母さんの悩みが出ていましたけど、私にはどちらともいい切ることはできませんが、どちらにしても子どもは、どこまでも母の分身ではなく、そのもの一つであること、愛情が過剰にならぬよう心がけたいもの、とつくづく思います(3)」。

（岐阜県大垣市、四〇歳）

女性に響いた「ひととき」欄

「ひととき」欄は、それまでの個人的悩みごとを訴える身の上相談とは異なって、時代の動きに敏感に対応して自分と社会との関係を問いただす投稿が多く、母親のあり方、女性の幸福の考え方、教育問題から民主政治のあり方、再軍備論から平和の要求まであって、多くの反響をよんだ。のちに投稿者が中心となって、グループ「草の実会」（東京）、「ひととき会」（大阪）、「いずみ会」（名古屋）などができ、主婦の実践的地域活動を支える源泉ともなった。

少なくとも初期の頃は社会運動めいた投書は少なく、地味ながらも新しい発想を訴える発言が多かった。読者の一人からも、「まだ見ぬ遠い土地からのたよりもまざって、いろいろな環境のなかから寄せられた、ひとしずくの筆のうるおい。そのなかに、なにか、共通のあたたかい〝ゆとり〟を感じてホッと心ゆたかな思いをするのは、私だけではないと思います。ほんとうに、〝ひととき〟の名にふさわしく、短いながらも優しく、ふっとなでられたような、この〝ひととき〟の性格が、あくまでも人間の善意の、ほんの片鱗にとどまっているからではないかと考えました(4)」といった趣旨の手紙が届いていたという。

女性の世界にも新しい時代が来たことを告げる明るい文章が多かったのは、投稿欄としてまことに珍しい現象であった。発足一年後に「日本新聞協会報」は次のように評価した。

「主婦層に響く〝ひととき〟欄は新しい時代に、何とかモノを考え、しかも背のびをしないで、じっくり生きてゆこうとする家庭婦人の声をとらえ、心あたたまる企画を続けて、ホーム・ジャーナリズム流行の中に、ひときわ異色を示している(5)」。

2　家庭をとりまく明るい変化

楽しみの増加

そういえば、「ひととき」欄ばかりでなく、昭和三〇年前後から家庭をとりまく空気が少しずつ変わってきた。それも明るい方への変化である。

終戦後一〇年近くたって、飢えの恐れもなくなり、インフレも収まり、品物もそれぞれの店先を飾るようになって、人々は落ち着きを取り戻した。急に金が入って豊かになったわけではないが、何かが少しずつ上向くことを感じ出したのだ。「貧しいけれども幸せじゃないの」という言葉も聞かれるようになった。

作家の南伸坊は、三五年ぶりに小学校時代の旧友の母親からかかってきた電話を忘れられないという。書物の中にその級友のことを書いたのがきっかけだった。

「あの頃は、貧乏だったけど楽しかったわねえ、貧乏だったから幸せだったのかしらねえ」と言ったという。その母親は、二人の子どもとともに、東京北池袋の六畳一間のアパートに住み、ラーメン食堂で働いていた。昭和三〇年代はじめの頃を懐かしむ言葉だった(6)。

生活用品の充実

まずは、二〇年代の後半から、生活物資がかなり復活してきた。

戦後、焼野原に急増したバラック住宅が小さいながらも普通住宅に変わり、そこに新しい衣服がぶら下り、ちゃぶ台（折り畳みできる脚がついた食卓）の上には珍しい食材が並ぶようになった。米も豊作が続いた。

小学校では、昭和二九年の「学校給食法」公布から給食が全校に適用され、家庭の負担が少し助かるとともに、パン・ミルク（脱脂粉乳）・ポテトなどが中心となった献立は、洋食へのなじみを作っていった。

家庭の中での楽しみはやはりラジオで、『赤銅鈴之助』などのラジオドラマ、大相撲、プロ野球などのスポーツ中継、「お富さん」や「月がとっても青いから」「ここに幸あり」などの流行歌など一台のラジオに皆が耳を傾けた。

部屋数が少ないこともあって、台所とつながった「お茶の間」が家の中心となり、そこにラジオ・扇風機・ストーブなどが置かれ、ちゃぶ台を中心に団らんが持たれた。

外での楽しみはパチンコも始まっていたが、何といっても安くてみられる娯楽の王座は映画であった。

テレビの普及

映画の中でもとくに欧州の映画は、ヨーロッパ文化の重厚な品々の素晴らしさを伝えたが、当時は現実に現地へ行けるものではなく、溜め息の中で呆然とすることしかできなかった。それに比べると、進駐軍の兵士に接してなじんでいたこともあり、アメリカ文化の方が身近に感じられた。『風と共に去りぬ』や『エデンの東』など映画の中でみる、大きくて豊かな住宅の暮らしは驚くばかりだったが、それをもっと具体的に見せてくれたのがテレビの画面だった。

日本のテレビ放送は、ＮＨＫ・民放とも昭和二八年から始められたが、テレビ受像機の値段は当時は白黒なのに一〇〇万円に近かったから個人はとても手が出ず（勤め人の平均月収は二万六〇〇〇円）、大きな駅前広場に設置された大型テレビを黒山の人だかりに混じって見るだけだった。三〇年代に入ると、中型のものを喫茶店やそば屋が店内に置いて客寄せをした。三三年の家庭へのテレビ普及率はまだ一〇％だったが、皇太子殿下のご成婚の三四年にぐっと増えて五〇％に近づき、東京オリンピック開催の三九年には九〇％にまで届いて、テレビが家庭にあることが当たり前になってきた。テレビは実にいろいろな情報を伝えてくれたが、中でも他の家庭にある品物が映ると、わが家でもという欲望がそそられる効果が大きかった。

昭和四〇年代に入ると、『女と味噌汁』『肝っ玉かあさん』（原作はいずれも平岩弓枝）などの連続ホームドラマが始まって、妻＝母親の力が家庭を支えるものであることを教えるようになった。映画に代わって、家庭で安く見られるテレビの方が娯楽の王座にのし上がった。

電化元年

「それを手に入れれば、うちでも便利で楽になる」というものに目が行くのは当然で、購入者の希望はとくに新しい電化製品に集中した。昭和二七年の調査では全家庭の半分以上に普及しているのはラジオ（六八％）だけで、電気アイロンが二八％、電気冷蔵庫に至っては一％にすぎなかった。そこへ戦後乱立した電気関連の会社が競って電化製品を発売し始めた。はじめはまだ高すぎて庶民には高嶺の花だったが、噴流式洗濯機、電気冷蔵庫などが初めて店頭を飾った昭和二八年は、のちに「電化元年」とよばれる歴史的な年となった。翌年には、これに電気掃除機を加えて「三種の神器」という言葉が生まれ、新時代の花嫁道具ともてはやされたため、爆発的に売れ出した。すると価格も急降下する。三五年前後には、これに電気釜（自動炊飯器）、テレビ（まだ白黒）、電気こたつ、トースター、ステレオ、トランジスタラジオなどの生活用品が加わった。郊外へ遊びに出る機会も多くなり、カメラ、八ミリカメラ、魔法瓶（ジャー）なども購入されるようになった。

しかし、一方において地方では、まだ戦前からのカマドや、七輪を使う台所も多く、井戸端での洗濯風景も残っていたが、台所の改善とともに、寝ているうちにご飯が炊ける炊飯器、保存がきく冷蔵庫や力がいらない掃除機の普及、そして、ほころびをつぎはぎしなくて済む衣服の簡便化は、主婦の労働を大幅に軽減し、家族の人間関係を変えて家事労働の負担者であった妻や娘の表情を変えることにも貢献していった。

家計所得の急上昇

昭和二〇年代後半から三〇年代初めにかけて、世の中が急に平穏無事になったわけではない。血のメーデーにつながる「安保闘争」から「基地反対闘争」、「石炭不況」から「炭鉱争議」による労資の激突などがあって社会の一部には揺れる側面をかなり残していたが、都市の普通の一般家庭をめぐる生活状況はかなり好転していた。

まず、食べる心配がなくなった。選ばなければ簡単に仕事につけた。統計局の「労働力調査」によれば、昭和三〇年に二・五％だった「失業率」は、四〇年には一・二％にまで低下している。昭和二九年から中卒者・高卒者を乗せた「集団就職列車」が走り出して、地方の次・三男と娘たちを大都市へ運び、大学の卒業者採用には、企業側が交通費や土産物まで用意して勧誘した。都市の働き手にとっては、完全な売り手市場になってきた。

ただ昭和二七年までは、世帯で合計二万円の月収があっても物価が高く、収入の八割までは消費支

図5-1　都市勤労者世帯の実収入と消費支出（各年1カ月平均）

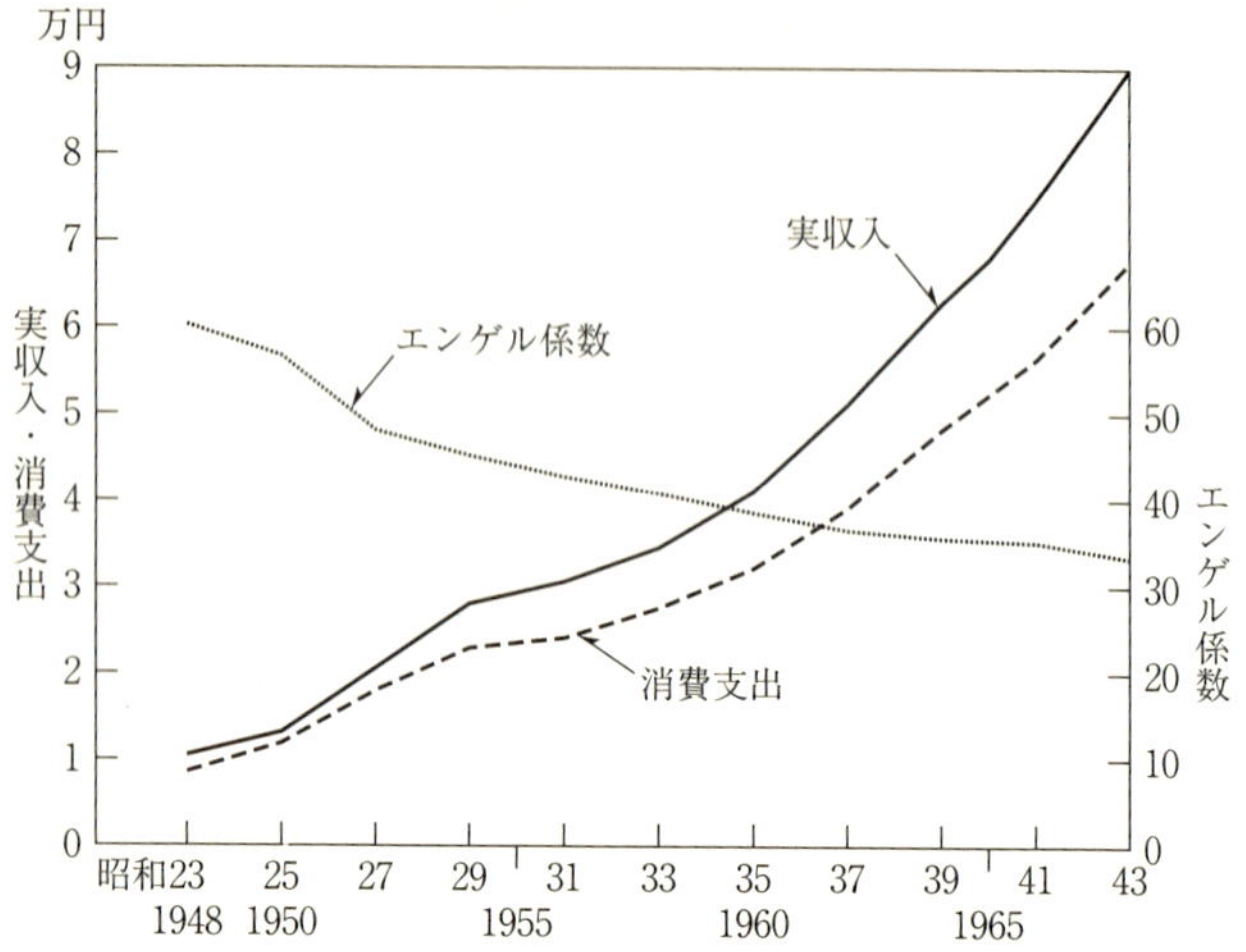

出所：総理府統計局『家計調査年報』より。

出に向けられていたので、エンゲル係数は四八にもなって衣食住がやっと、その他のことへ金を回す余力がなかった。しかし二九年になると平均月平均収入が二万八〇〇〇円に上ったのに消費はその七割ですむようになり、わずかながら余裕が出てきた。この余裕が年々広まっていったから、文化的な生活雑費（教育費や図書費や旅行など）をだんだん買えるように変わった。

昭和三一年の『経済白書』は「もはや戦後ではない」と宣言し、三五年九月の池田首相は「国民所得倍増計画」を発表した。昭和三四年にエンゲル係数はついに四〇を割るようになり、都会では暮らしの気分が毎日明るいものになってきた。昭和三六年頃から産業界は「安定した経済成長」から「高度経済成長の時代」に入っていった。昭和三七年版の経済企画庁『国民生活白書』は、「この一年間も国民の消費生活水準は順調に伸びている。消費者物価が大きく上ったことは事実だが、所得の方がもっと大幅に伸びているので結局、国民の消費水準は前年度から七％も上り、〈生活革新〉した」ことを強調している。各家庭の家計もその恩恵を受けることがはっきりしてきたのである（図５‐１）。

3　レジャーの拡大

慰安旅行と鉄道

家計所得の向上はレジャーの向上につながり、それとあいまって、社会資本の充実もはかられていった。

レジャーというと、日本人はまず「旅行」を代表のように考える。戦前に、「一生に一度のお伊勢参り」が人生最大の理想のように考えていた国民にとって、「観光旅行」は戦後の昭和二〇年代になっても夢のような出来事だった。

それが、昭和三〇年代に入ると、給料の一部を積み立てての「職場の慰安旅行」が集団ながら一泊で出来るようになり、都市の恵まれたサラリーマンは、国内に限られたが「新婚旅行」をすることが当たり前になってきた。また若者は、満員の夜行列車を使っての山登りやスキー旅行を始めた。公務員になりたてだった私個人の体験を思い出してみると、男女の仲間で夏には山へ、冬にはスキーへ少なくとも毎年一度は行っていた。超満員の夜行列車の椅子席の下で寝て行くのである。上高地でキャンプして清涼の大気の中で飯ごう炊さんをしている時、誰かが思わず「楽しいなあ、おれたち」と言い出した。すると同行の女性の一人が「私たち若いから楽しいんじゃない」と言葉を返したので皆は一瞬つまってしまった。確かに、いろいろな意味で正しい指摘だった。まだ中高年者はもとより、誰もができる楽しみではなかったのである。

旅先には、まだホテルも少なく（昭和三一年で全国で一一五軒、三七年で一七七軒）、その倍もある国民宿舎や勤務先の契約旅館などを利用することが多かった。

運輸省の月報によれば、国内運輸機関（鉄道、バス、客船、航空機など）の旅客輸送量は、昭和一〇年には四八億人であったが、昭和三〇年には一四一億人と三倍以上に伸び、その後も年々一〇億人以上の増加をみせている。これは、明らかにレジャー志向の増大の反映とみることができる。

これを支えた最大の貢献は鉄道の発達にあった。運輸省の統計によると鉄道旅客輸送量は一キロにつき、昭和三〇年＝一三六一億人、四〇年＝二五五四億人と一・九倍にも伸びた。一〇年間でこれほど増えた期間は前後に例がない。とくに鉄道の新設・増設と汽車から電気機関車への事業化が目ざましかったということで、一部の例をひくだけでも表5－1にみるようなことがあった。

通勤や通学が促進されただけではなく、買物圏や通婚圏も広まり、都会への出稼ぎや就職も促進された。集団就職列車が東北から上野へ、西日本から京阪神へ、若い労働力を運んだのは昭和二九年四月からであり、以降二一年間もそれが続いた。鉄道が日本経済を、家庭経済を向上させた功績はきわめて大きい。

表5-1　主要鉄道発展史（昭和27〜40年）

	国　　鉄	私鉄・その他
昭和27	高崎線電化	西武新宿線開業
28	東海道本線一部電化	新京成一部開業
29	大阪環状線複線化 集団就職列車開始	東京メトロ丸の内線一部開業
30	赤穂線・三江南線開業	
31	白新線全通 東海道本線全線電化	
32	大糸線全通	名古屋地下鉄開業 小田急ロマンスカー開始 上野動物園にモノレール
33	羽幌線全通 修学旅行電車開始	
34	紀勢本線全通	
35	能登線・岩白線開通 １等廃止し２・３等を格上げ	近鉄，宇治山田まで直通 都営地下鉄開業
36	大阪環状線全通 山陽本線電化	伊豆急行開業
37	北陸トンネル開通 赤穂線全通	東京メトロ丸の内線全通
38	日南線全通 中村線全通	東急，田園都市線と改称
39	根岸線開業 東海道新幹線開業	東京モノレール開業 海外観光旅行自由化
40	名古屋臨海鉄道開業	大阪市地下鉄３号線開業

出所：三宅俊彦監修『図説日本の鉄道クロニクル』５巻，74〜79頁，６巻，74〜77頁，いずれも講談社（平成22年）。

一般道路の舗装

しかし、街や村の道路の舗装は、まことにおそまつなものであった。
昭和三〇年までは、基幹的な道路もなかった。乗用車が全国で一六万台しかなかったのでそれで済んでいた。昭和二〇年代のなかばまでは、私の後輩は東京都心の一〇メートル巾の道路を使って野球ができていたのである。昭和三一年に高速道路建設のために来日した世界銀行のワトキンス調査団から「工業国でこれほど完全に道路網を無視してきた国は、日本のほかにない」と警告され、急いで道路法を作り、揮発油税を道路目的財源として導入した。もちろん、自動車産業を中心とした全産業の強い要求があり、世界最高といわれた割合、すなわち公共投資の四分の一近くが道路投資に集中された。

その結果、高速道路が作られ、国道の舗装率は、昭和三五年の三二%から四五年の八四%へ急増した。しかし、これは大きな国道の話であって、小さな道路を含めた全体の舗装率は、昭和三五年で三%、四五年で一八%にすぎなかった。

ついでに言えば、昭和三〇年代に東京の山の手線代々木駅付近に住んでいた私は、雨が降ると長靴をはかなくては出勤できなかった。道路がすぐ泥沼になって、車が通るとそのはね水をよくあびたものである。だが、都心にある勤め先では短い革靴でなくてはならないので、妻が駅まで革靴を持って送ってきてそこで履き替えて通勤したことを思い出す。荷物をリヤカーや大八車で運搬する人はいっそう大変であった。そこの道路に舗装ができたのは、やっと昭和三九年オリンピックの年からである。

全国の舗装は昭和四八年にようやく二九%になったが、その年にイギリスとスイスは一〇〇%、西ドイツ八〇％、アメリカ四六％で、日本は先進国の中ではいぜん最低であった。

その間に、自動車・バス・トラックは増え続けてマイカー時代が到来したが、子どもの遊び場がなくなったほか、交通事故（昭和三八年に五三万件、四五年には七二万件、死亡者は二万人に近く戦争に匹敵した）・排気ガス・騒音公害をはじめ、多くのマイナスを地域に家庭に与えるようにもなったのである。

4　『三丁目の夕日』の評判と作為性

時代の空気を映した映画

時代の先頭を切っていた大都市の家族は、伝統的な「家」の制度にまつわる古い因習と、捉われていた貧しさからの圧迫を、昭和二〇年代の後半に何とか振り払うことができた。衣・食のほか住むところもとにかく確保できる時代を迎えたのである。

これには、農地解放、労働者の学歴向上、「家」制度や特権階級の解体といった民主主義体制が浸透したという社会構造変革の背景が大きい。誰もが好きなことを好きなように言ってよく、行動もできる時代になったことは、お互いの交流を気軽なものにした。

白黒でスタートとした初期のテレビ界で人気をさらったのは、『ジェスチャー』『私は誰でしょう』といった簡単なゲームや、『バス通り裏』といったたわいない会話が続くドラマであった。悲惨さや深刻さがみじんもない日常茶飯事のシーンに庶民は長いこと飢えていたから、単純な笑いでも共感をそそったのであろう。「働くばかりが人生ではない」ことにようやく気づいたのである。

ずっとのちに昭和三〇年代の明るさを描いて大評判を呼んだ映画『ALWAYS 三丁目の夕日』(7)（山崎貴監督、平成一七年）とその続編は、東京下町の人々の心暖まる物語だが、そこでは何げない小さな話題の積み重ねが軸になっている。子育てに困った家の子を気軽に引き取って育て上げる、芥川賞の候補になった小説家を助けるために近所の人々がなけなしの金を出し合うなど、ざっくばらんの話し合いが続く。一つ一つはなにげない話ばかりなのに、明るい気分をよく伝えるものだった。

「昭和のくらしと家事」という小論で昭和三〇〜四〇年代くらいの生活水準が日本人には合っているとする生活研究家の小泉和子（東京都大田区居住）は、さらに人間関係の温存が大きかったと次のように言う。

「もっとも大きく残っていたのは人間関係です。昔風に言えば義理人情でしょうか。人のつながりです。家族も、親戚も、職場も、近所も互いに助け合ってくらしていました。電話は呼び出し、風呂も銭湯でしたから、否応なく人と密接にならざるを得なかったこともあります。家も狭いし布団も足りないので、一つの布団に二人で寝るのはあたりまえでした。親戚や友人が来るとよく泊まっていきましたが、そんな時でも一緒に寝たものです。ものの貸し借りも頻繁にしていました。私の家にはミシンがなかったので、ミシンのある家に借りに行ってました。……出かけるとき、子どもを預けるということもよくありました。きょうだい二人とか三人だったりすると、急に食卓が賑やかになったものです(8)」。

家族問題の中心をしめる結婚はどうだったのだろうか。

結婚数はどんどん増えて、三〇年には七二万組であったものが三九年には九六万組を超え、他方、離婚率はずっと低下の一途をたどるという結構な状態にあった。

社会的に盛んになっていた新生活運動が結婚式にも取り入れられ、「会費制結婚式」「人前結婚式」（神前でも仏前でもなく、参列者に誓いの言葉を言う）「おしゃもじ結婚式」など、新しい試みが一番多く見られた。ホテルはまだ乏しかったために、公民館や生活館、共済会館などが愛用され、地方では自宅の披露宴がまだまだ普通であった。

たしかに、以上のような面からみると、昭和三〇年代は戦後の中ではもっともよくバランスがとれた良い時代であったといえそうである。

アメリカでも、一九六〇（昭和三五）年代の一〇年間を「シクスティーズ」と呼んで、発展と安定の時代だと高く評価する声がある。政府顧問のワッテンバーグやスキャモンの論文をもとに考察した国保徳丸によると、この一〇年間で、所得は白人で六〇％、黒人家庭は九九％も増加し、とくに黒人の教育程度と就職内容が向上した。白人社会では車が二台、テレビも二台が普通となり、「進歩の一〇年」という言葉も生まれた。大統領にジョン・ケネディが就任したこともその象徴とみられた。ただしベトナム戦争に介入して税金とインフレも向上し、「豊かだが、ゆううつだ」とも言われたという。(9)

『三丁目の夕日』のフィクション

ところで、映画『ALWAYS 三丁目の夕日』（続編も同じ）は、長所を極端にデフォルメして作られた世界観なのでよくないと批判する経済学者飯田泰之がいる。

そもそも昭和三〇年代は、「殺人や強姦などの凶悪犯は現在よりはるかに多く、国民の所得は低い。環境破壊もひどく、各地で公害病が問題になった。しかし、こういった負の側面は（『三丁目の夕日』のような）娯楽映画では取り上げられません」という。ではなぜこの映画が大きく受けたのか。それは、観客の主役をなしている「団塊の世代」への配慮があるからだとする。現在でも団塊の世代は、人数も多く大量消費社会育ちで消費意欲もある。このような退職まじかな段階となっている世代へのマーケティングが重視されている。

「その団塊世代にとって『三丁目の夕日』は素晴らしい時代なんです。人の記憶は都合よく修正される。これをセレクティブメモリーと言います。子どもの頃や青春時代の記憶はたいてい楽しいでしょう。昭和三〇年代はこの世代にすればまさにそういう時代。それを真正面から取り扱った『三丁目の夕日』の人気が高いのはある意味当然です[10]」と言う。

昭和三〇年代の実像

私に言わせれば映画『三丁目の夕日』の一番の問題点は、昭和三三（一九五八）年と続編が三五年・三九年を舞台としているがその実写ではなく、ずっとのちの平成一七（二〇〇五）年と平成一九年、そして三本目が平成二四年に作られたという点にある。その間に五〇年近い隔たりがあるので、いろいろのことがきれいに変えられている。映画と実際の時代とを比べてみよう。

では、昭和三〇年代の実際はどうだったのか。幸い、記録映画社・桜映画社・日本映画新社が共同企画して製作した『昭和三〇年代の日本・家族の生活』シリーズの三部作がＤＶＤになってまとめられている。三〇年代に撮影された短編ドキュメント映画やニュース映画計二六本を集めたものである。たとえば「都会のくらし」編の「百人の陽気な女房たち」は、昭和三〇年に横浜市南区で撮られたものだが、川沿いにバラック住宅が並ぶ様子は東京の下町の感じに近い。市電が動くのは時々見えるが、自動車はほとんど走っていないので、道路でもガレキ置場でも子どもたちの遊び場にはこと欠かない。だがそこも、方々の水溜まりもカ（蚊）やハエ（蠅）がいっぱい。道路でアイスキャンデーをなめても手を洗わない。売りにきた魚屋にもハエがいっぱいたかっている。熱を出して病院へ連れて行かれた少年は「伝染病かもしれないよ」と忠告される。

家庭のゴミは、区の回収車がこないので自分たちで木の箱に入れて運ぶ。それらを集めて運ぶのは大八車。区役所にはトラックがないのだ。その車もすぐ道にはまり込んでしまう。舗装などしてないので道路が悪く、雨が降ると水たまりになってしまう。いやでも皆で後押しする。やはり、カやハエを退除しなければ駄目だという話し合いが進んで、役所も川のゴミをさらい、町民もゴミ捨て場をまとめて花壇などを置き、町民もよく掃除をするようになった、という内容である。

これは夏のことだが、男の子・女の子の服装は今と変わりない。大人はほとんど下駄ばき、女は和服姿が多い。これは『三丁目の夕日』とだいぶ違う。今でも映画は匂いを出せないのが欠点だが、その頃は暗渠《あんきょ》がなく、むき出しだった下水路からはいつも悪臭が漂っていたはずである。昭和三五年の

（国道を除く）道路の舗装率は三％、下水道普及率は一〇％、どちらも先進国では最低だった。子どもが平気で買い食いをする紙芝居屋や駄菓子の菓子もそうだが、町の中には、不衛生なことがいっぱいあったのだ。

昭和三七（一九六二）年版の『国民生活白書』を見た評論家の中野好夫も、取材の記者にこう語っている。

「……たしかに結構な面もありますが、他方その内容についていえば衣類こそだいぶ余裕ができたが、まだまだ食べるものさえ栄養十分とはいえず、住宅は足らぬがちのお粗末なもの。それでテレビ、電化製品などだけは一流国並み、レジャーの享楽もさかんになるばかり。だが、一歩外へ出て社会生活になると、道路は一世紀遅れのドブドロ道、天気がつづけばたちまち断水。下水、塵芥、糞尿は、流しっぱなしの垂れ流し。子どもは遊び場もなく、毎日車にはねられているといった光景でしょう。「貸間に住んで二台のテレビ」、「家もないのにマイ・カー族」という言葉があるそうです。……これが〈生活革新〉などと申せたものでしょうか(11)」。

農村の現実

「農村のくらし」編の「おふくろのバス旅行」はこうである。昭和三二年、宮城県瀬峰村を舞台にとり、当時の東北農家の家族の話を聞いて記録映画社が製作した。

形のように、姑と同居する五〇近い夫婦。青年になった二〇代の長男の話が中心。父ちゃんはよそへ出ると人が変わったように愛想がいいが、家の中では黙って酒を飲むばかり。姑に気を使って母ちゃんは何十年間も笑ったこともなく、朝三時半から夜遅くまで働くばかり。高額の借金の中であきらめきって働く毎日。家族の中で誰も話し合いができない。

青年団の話し合いの中で、親たちをバス旅行に出したらどうかという話が出た。反対論も多かったが青年たちの先生から励まされて話し合いを重ね、ようやく村の両親たちのバス旅行が実現した。仙台の祭りと重なって、帰宅後の父ちゃんは賑やかに見物話をし、母ちゃんも初めて笑った。これまでにないいい日だったと結ばれる。

見ていた私は、当然温泉に一泊する旅行かと思ったら、とんでもない。日帰りの旅行だった。農村の家構えは大きいが、中は貧しい物ばかり。何度も会合を開く青年たちのシャツも洋服も無地なものばかりで、しゃれっ気はまったくない。昭和三二年の普通の農家は、これがやっとの暮らしだったのである。

南千住の子どもの楽しみ

もちろん、場所によっては楽しいこともいろいろあった。私の妻は小学五・六年の時、東京の東部にある南千住（現荒川区）の学校に通っていたのだが、一番の楽しみは隅田川の昼の花火だったという。今でも夕方から盛大に打ち上げる花火大会はあるが、昭和二八年から数年は昼の花火もあった。昼間なので大きな花が開くというのではなく、上空で玉が破裂すると、小さなおもちゃや飴玉がたくさん飛び出し、それぞれが小さな落下傘に吊るされて方々へ舞い降りるのだ。子どもたちは夢中になって知らない家の中までも追いかけていく。自動車もなく、塀などというヤボな物もどの家にもなかったからそれが可能だったのである。

隅田川はまたタダで遊べる楽天地だった。澄み切っていたわけではないが、プールが少なかった時代、夏の水遊びには絶好だった。だが、危険とは隣り合わせ。夏休みの中におかれた登校日に学校へ行くと、校長先生から「先日A君が溺れて亡くなりました。皆はよく気をつけるように」と聞かされるが、生徒たちは平気でまた川へ行き、翌週また同じ話を聞かされる。ひと夏に二〜三人の水死者が出たようだったが、誰も騒ぐ人はいなかった。そういう時代だったのである。

5　小津映画の家族表現

親と子の静かな絆

昭和二〇年代から三〇年代にかけて、日本映画界では、溝口健二、成瀬巳喜男、黒沢明、今井正、木下恵介、稲垣浩などの名監督がめじろ押しだったが、家族問題の立場からは、親子を主なテーマとしてホームドラマの話題作を続々生み出し、晩年には映画人として最初の芸術院賞や紫綬褒章を受章した小津安二郎の名を逸するわけにはいかない。この時代に、なぜ彼の作品が注目されたかを振り返ってみたい(12)。

小津は明治三六年東京市深川区（現江東区）に生まれたが、一〇歳の時三重県松坂町へ転居して宇治山田中学を卒業、叔父のつてで松竹蒲田撮影所へ助手として入社、二四歳で監督に昇進。翌年から四年の間に二四本を撮影するという早撮り専門の監督だった。この頃はサイレント（無声）映画の時代で短編がほとんどのため、個性はあまり出ていない。

終戦を経てかなり作風が変わった。昭和二四年の『晩春』から、ようやく小津映画の本領が発揮されるようになる。四五歳を過ぎて円熟し、脚本家の野田高梧や作家里見弴の意見も取り入れるようになった。父離れしようとしない娘の縁談をようやくまとめ父は孤独のままに残されるといった筋で、以後の小津作品の基調となるものだった。つまり、争いの少ない親子を軸にすえた家族関係が中心で、この路線は、昭和二六年の『麦秋』、二八年の『東京物語』など世間の評価を高めた作品に続いている。舞台も洋風のアパートから、大きな座敷がある日本家屋に変わった。これらには、殺し、殴り合い、ののしり合いなどの野卑な場面はまったくなく、男女の恋も戦いの影も労働問題も貧乏暮らしもからんでいない。平和でごくふつうな中上流家庭のさりげない日常会話が続けられる。

たとえば『晩春』では、親友のアヤが紀子に結婚をすすめる。「いつ行くのよ、あんた」「行かないわよ」「行っちゃいなさいよ早く」……「そんなこと言う資格ないわよ」。『東京物語』では遠い郷里から上京してきた老夫婦周吉ととみの会話。「ひどう賑やかですのう」「ウーム」「もう何時ごろでしょうかのう」「ウーム……そろそろ帰ろうか」「お父さん、もう帰りたいんじゃないですか？」「いやア、お前じゃよ……もう帰るか」といった調子である。

騒がしい現代（平成二四年頃）の映画とは大違いである。しかし、『晩春』の姉妹編にあたる『麦秋』（昭和二六年）が芸術祭文部大臣賞を受け、『東京物語』がロンドン映画祭でサザランド杯を受け、昭和三六年にはアジア映画祭で『秋日和』が最優秀監督賞を受けたのである。

小津作品への高い評価

評論家ドナルド・リチーが語るように、小津の五三本の映画の主題は、はっきりと主張もせず、明確な断言もない。それでいて大きな枠からはずれることなく、善意の気持ちが伝わっていく。文字通りの「以心伝心」である。それこそが日本人の特性であり、良いところなのだと言うのだ。この作風が、ベネチア国際映画賞で金獅子賞を受けた『羅生門』(昭和二六年、黒沢明)、昭和二七年から連続して入賞した溝口健二監督作品などの時代劇がもてはやされていた昭和三〇年前後の時代に、現代小市民の良風を見直したいとする有識者層の気持ちに訴えたのであろう。

昭和二二年には、「人間が出てこなければダメだ。これはあらゆる芸術の宿命だと思うんだ」というメモを残し、二八年の『東京物語』の撮影台本には、ただ一行「親と子の関係を描きたい」とだけ簡潔に書かれていたそうである。それだけで、親と子の集大成といわれる映画を作っていったのである。

『東京物語』にみる冷たい実子と健気な嫁

小津の代表作と言われる『東京物語』の家族関係には興味深い問題がある。広島県尾道に住む七〇歳と六七歳の老夫婦には、戦死した次男の他に二人の息子と長女と次女がいて、未婚の末子(次女)とだけ同居している。映画が撮影された昭和二八年当時、六〇歳以上高齢者の九割以上は子や孫の誰かと同居していた。直系家族制という慣習もあったが、それ以上に、収入がない老夫婦だけでは暮らせない現実があったからである。映画の老夫婦はシナリオで確かめたところ、市役所勤めの恩給暮らしのようだ。息子や娘が職業を生かすために東京や名古屋に住んでいるので、二人がそこへ逢いに行くという設定である。しかし、子どもたちは親を世話する気がなく、変わってしまったと二人は嘆き、優しく相手してくれる戦争未亡人である次男の嫁の気持ちだけが愛らしく描かれる。その後、老妻の急死と葬儀ののち、残された老父が嫁（原節子）に向かって「あんたは正直じゃのう。自分が育てた子どもより、他人のあんたの方がよっぽどわしらに良くしてくれた……イヤアありがとう」と嫁の将来を案ずることで映画は結ばれる。実子である子ども達には老親は「お荷物」でしかなく、もはや犠牲的な孝行心などはない。一番縁が薄いはずの嫁にだけ救われる構造は、よく考えられている。嫁という立場の女に強《し》いてきた国のしきたりが、ここでも生かされることで、観客は救われるのだ。小津は後に、「私の作品の中では一番のメロドラマ」と言い、「家族制度をこわしてみたのだ」とも言っている。

　ただ家族ものといっても、小津映画には乳児や幼児はあまり登場しない。小さい子や孫への心情が見られないのは、家族映画としては不充分であろうと私には思われる。生涯独身を貫いた小津としては、幼児を描くことは苦手であったのかもしれない。実は原節子は昭和二四年の『晩春』以来、小津が監督した主要な六作品全部に出演している。とくに小津が賞を受けた三作品の主役はすべて原節子である。当時最も日本人離れした美貌と均整がとれたスタイル、それでいて伝統的日本女性らしい慎ましく控えた演技（従順・温和・忍耐が哀愁を漂わしてにじみ出る）が日本の有識男性の心をとらえたのだ。私には小津映画の授賞は、実は半分、原への授賞だったのであるまいかと思えるのである。

6　うしろ側の生活問題

あいつぐ社会問題

昭和三〇年代の前半には前節までにみたようにかなり明るい空気も生まれていたが、反対のうしろ側では暗い問題もかなり起こっていた。統計上はっきり確認できる殺人・強姦など凶悪犯罪の増加、青年と老人の自殺率の高まりのほか、売春婦が全国に五〇万人（労働省『売春白書』）、東京での完全失業者五〇万人との発表もある。昭和三〇年には森永粉ミルクによる砒素中毒で、人工栄養奇病児が多数（一万二〇〇〇人）発生して補償要求が起こっていた。

昭和三五～三六年には小児マヒが流行したが、ワクチンがたりずに主婦たちは厚生省をとりまいた。四歳以下の乳幼児にみられる急性熱性疾患が発見され発見者の名をとって「川崎病」と命名された問題も、この頃から起こっていた。

石炭不況で三池などの炭鉱争議が続き、主婦の身売りも出た（昭和三四～三五年）。母子家庭は相変わらず苦しく、増加した女性労働者は保育所の不足に悩む（昭和三一～三六年）、など社会病理問題は絶えることなく続いていた。しかも、同時に進んでいた激しい工業化（とくに重化学）は、さまざまな公害を発生して、各地で生活をおびやかすようになっていたが、昭和三〇年代初めの明るさは、それらが騒がれるまでの表側の出来事だったのである。

大阪市のスモッグは、昭和二五年前には年平均六日しかなかったが、三一年に入ると平均一二五日も発生して車はライトをつけなくては走れなくなった。三五年からは工場の燃料を石油に変えたのでスモッグは減ってきたが、こんどは亜硫酸ガスの濃度が基準の数倍になった。この頃大都市や工業都市では、重金属汚染や化学汚染、排出ガスや騒音などで急性で深刻な健康被害を発生していたのである。水俣病、イタイ・イタイ病、四日市公害など、大公害事件として騒がれる問題はこの頃から始まっていた(13)。

しかし、これらの裏側の暗い側面は、表側でスピードを速めてきた「高度経済成長」の大きな波にのみこまれていって、大衆の耳にはなかなか聞こえない声になっていたのである。

女性が語る足もとの貧しさ

東京タワーが着工され、映画『三丁目の夕日』（前編）の背景とされた昭和三三年にも、実は苦しい問題はいくつも残っていた。あの「ひととき」欄にも、明るい声ばかりでなく、苦しい訴えも載っていたのである。

その大きな側面の一つは社会保障の不備で、具体的には保育行政の拡大を求める声が第一だった。一月一五日の「ひととき」に、政府が保育所関係予算から六億を超える大幅削除を行うとの予告から、夜汽車に乗って東京の「予算復活運動」にかけつける保母たちの一行を見つめた仙台市の山形澄子（二六歳）はこう嘆く。

「他の子にうつっては大変と思いながらも、あの母親が休んだらとついに断りきれない保母さん。

朝早くあずけられ、夜は六時、時には七時近くまで迎えに来ぬ母を保母室に待つ子ども。これらのどれを見ても、そこにはさし迫った問題をどっさり背負わされた保育所の切実な現実の断面がうかがわれるのだ。……明日こそは、明日こそは、と来るべき社会福祉国家の夢が、ともかくも、これまでの私を支えてきた。そして、その明日が、私にはもはや次第に信じがたいものとなって行くような気がするのだ。これは単に私ひとりだけの悲観にすぎないのだろうか。戦後の日本に期待を抱きすぎた者への罰なのであろうか。私は暗い夜の窓に向かってつぶやくのである(14)」。

都会生活の中では、マンションはまだ先のことだったが、アパート暮らしが一般的なものになってきたので、子どものためにも新しい共同意識を育てましょうという記事が新聞（一月九日夕刊）に載ると、たちまち一月一三日付の「ひととき」欄には、「アパート以前」の問題があると、庶民住宅の悲しさが訴えられる。

「私のいま住んでいるこの部屋も、やはりその〝アパート〟の一室なのですが、実はお隣の方の寝息が薄い腰板を通してもれてくるあんばいです。そういえば大会社やお役所のアパートはあまりに〝アパート式〟が多いのではないかと思います。四角なうす手の建物をベニヤ板と紙でこまかに仕切って、電灯をぶらさげたのが近ごろのアパートです。もちろん、台所や便所や押し入れの設備の粗悪なことは例外なく、採光や通風の衛生設備のわるいこと格別です。台風や火事によって被害のでるのは、これらのアパートなのです。……ぜいたくをいっているのでないのです。せめてお隣りの部屋の寝息の聞こえない、火事や風に心配のない、本当に現代生活を楽しめるアパートを、政府も、公団も、都府県も、民営の建設業者も、建てて下さい。日本のアパートはじつは〝アパート以前〟で、貸間と変わりがありません。平井さんの記事を読んで急にこの国の貧弱な住居政策がかなしくなった次第です(15)」。

（埼玉県蕨町、二七歳）

昭和三二年にソ連が犬を乗せた「人工衛星」スプートニク一号の打ち上げに成功、いずれ普通の人も宇宙旅行ができるようになると騒がれ始めた。そんな時にも、もっと足元を見つめろとの冷静な声があった。

「オヤツに、せめて一個ずつのリンゴを与えたい、これは託児所の保母さんの願いでした。外へ出れば、せっかく仕上がった道路が、いくらもたたないうちにまた掘りかえされています。ガス会社も水道局も、なぜお互いに話し合って一緒に仕事ができないのでしょう。私の家の前に大きなドブ川があります。これが大雨が降るとすぐはんらんし床下浸水となります。六年も前に申込んだ電話が、新局のできた現在でも、線がないとやらでいまだに架設されません。毎年きまって来る台風の対策だって、満足にたてられてはいないのではないでしょうか。療養者が安心して療養でき、赤紙一枚でかり出され死んで行った方の遺家族が心配なく生活して行けるよう、また寄辺《よるべ》ない老人が生きてきたことを感謝して死んで行けるような、地味な政治の出現を望んで止みません。そしてこれはすべて憲法に示されていることなのです。足元がしっかり固められた上で、宇宙旅行の夢を見て下さい(16)」。

（東京都目黒区）

またこの時代にも、農村と都市の住民には非常に大きな生活格差があり、これでいいのか、みんなで考えてほしいとの投書もあり、のほほんと暮らしている都市民への警告となっている。

「……生い茂った雑木の枝を切り払い、松やクリの太い木はすべる坂道をつなで引っ張り出して、長い道を幾往復となくすべってはころび、県道まで運び出し、整地した伐木の枝は焼いて炭にして、私にとっては難行苦行のつらい重労働であった。

私は先日、上京して都会の主婦の生活を見て何と違いのはなはだしいことだろうかと考えながら歩いた。電気ガマ、電気せんたく機、電気掃除機、ガスぶろ、テレビと、もちろんこれは中流以上の生活ではあるが、今なお農村では朝に霜をふみ、夕に月を仰いで帰るといった生活が続けられているのである。農村と都会とは労力においても、こうまではなはだしい違いなのだろうか。人工衛星だの、オートメーション時代に、原始的な薪をたき、水道もない、文化とあまりにもかけはなれた生活、これでいいのだろうか。

私は先日上京の折、泊まっていた家の主婦が、朝、掃除をすませたのちひとり朝から新聞を呼んでいる姿を思いうかべ、夕食後でなければ自分の時間の持てぬ農村の自分の生活と思いくらべていた(17)」。

（長野県茅野市）

生活水準は最低の国

以上の四人の女性からの投稿は、昭和三三年の一月というたった一カ月の中にあらわれたものだった。所得の向上といい、電化製品の普及ありといっても、実生活の中味はまだまだとても苦しいものだったのだ。そして昭和三〇年代の後半になると、国の生産力と家庭生活水準は大きくかけ離れて重大な社会問題になってきた。

三節でみた昭和三七年版から五年たった昭和四二年版『経済白書』でも、日・米・英・仏・独・伊という主要先進六カ国を比較して、「日本は鉄鋼生産量では第二位だが、一人当たり穀物・肉・牛乳消費量はいずれも最下位。テレビ普及率は二位だが、自動車事故率、水洗便所比率、住宅水準では最下位。……生活環境に関するものはすべて下位……」との指摘があり、同年度の『国民所得白書』も次のように述べている。

「狭小な住宅につぎこまれた耐久消費財や未整備の道路にあふれる多数の自動車など私的消費と社会的消費の不均衡、事故、公害、物価高などがもたらした所得と福祉の不均衡、豊かな衣生活と貧しい食生活、住生活が同居する消費内容の不均衡など、種々のひずみが国民生活を圧迫し、消費水準の上昇にもかかわらず、国民の不満感には根強いものがある。とくに社会的消費の遅れは……国民の健康と生命に重大な脅威となっている」。

要するに昭和三〇年代は最後まで、国の生産量は非常に発展したが、家庭の生活水準は全体としてみればとても貧しいものだったのである。

注

（1）朝日新聞、昭和三〇年一月五日。
（2）朝日新聞、昭和三一年一一月四日。
（3）朝日新聞、昭和三三年三月二〇日。
（4）影山三郎「ひととき誕生のころ」朝日新聞学芸部編『家族の風景』昭和六〇年、朝日文庫、四頁。
（5）日本新聞協会『日本新聞協会報』昭和二八年、一月二二日。
（6）南伸坊「昭和三〇年からの電話」コロナブックス編集部編『貧乏だけど幸せ』平成一一年、平凡社、二頁。
（7）西岸良平の原作マンガを映画化したもの。小説化は小木田十。なお、『三丁目の夕日』はさらに第三部が作られ、平成二四年二月に上映された。昭和三九年の東京オリンピックと普及してきたカラーテレビを背景に、東京裏町の庶民の日常生活を第二話を受けた形で描かれている。その限りでは無難だが、やはりうしろ側には触れられていない。あまり評判を呼ばなかったようである。
（8）小泉和子「昭和のくらしと家事（上）」岩波書店『図書』平成二二年一二月号、二〇～二二頁。
（9）国保徳丸『アメリカの権力集団』昭和五四年、恒友出版、三八四頁。
（10）飯田泰之「三丁目の夕日ばかり振り返っても」朝日新聞、平成二三年二月一八日。
（11）中野好夫「生活白書にみる日本の生活水準」『婦人公論』昭和三八年二月号、六五～六六頁。
（12）以下の資料はすべて、松竹映像版権室『小津安二郎映画読本―東京そして家族』平成五年、同室。ならびに、井上理恵「東京物語と戦争の影」岩本憲児編『家族の肖像―ホームドラマとメロドラマ』平成一九年、森話社、一六四頁以下による。
（13）宮本憲一『経済大国』昭和五八年、小学館、一三六～一六四頁。

(14) 朝日新聞、昭和三三年一月一五日。
(15) 朝日新聞、昭和三三年一月一五日。
(16) 朝日新聞、昭和三三年一月一八日。
(17) 朝日新聞、昭和三三年一月一二日。

第六章　近代家族は生まれたか

1　三種の家族調査

「わたしとあなた」調査

昭和三七（一九六二）年一月一日、読売新聞は社会面に「わたしとあなた――日本の社会」と題する連載を始め、三七回も続いた。内容は、東京と大阪の一〇カ所の公団住宅居住者一〇〇〇世帯の主婦を対象に前年一二月に行ったアンケート調査の回答を中心に、主婦からみた家庭の考え方と関連問題九五問をまとめたものである[1]。

連載は、一組だけの夫婦を中心とする「核家族」（単婚家族）が昭和三五年の国勢調査で急増し、これが「現代家族」の象徴になるのではないかと考え、核家族が大部分を占める大都市団地族を対象にした。そして連載二回目には、主な項目について肯定的回答が多いことに着目して、その数字を評論家加藤秀俊（当時京都大学人文科学研究所員）に見せたところ、「驚きましたね。これは日本女性史上最初の〝まあ満足夫人〟の誕生ですなあ」との返事を得たので、第二回のタイトルが「まあ満足婦人」となって一躍読者の注目を集めた。

日本にも、戦後一六年にしてやっと古い形を脱した新しい家族すなわち「現代家族」（ここでは「近代家族」と同じ意味）が生まれたのか、という大きな驚きをさそったのだ。

今よく検討しなおして見ると、いろいろな条件の検討が足りなかったところもあるが、昭和三〇年代なかばにして、このような家族の前進のつち音を響かせる報道が表れてきたことには注目してよい。

現代家族とは何か

ところで「現代家族」とは何か、を考えておく必要がある。区別は難しいが、ここでは近代以前の拘束を脱した「近代家族」に近いものとして考えてみる。

日本でも明治以降、封建社会を捨てて個人を重視する産業型社会へ移って一応「近代社会」になっていたが、家族の分野については、法が「家」の制度を中心とし、長男夫婦は親と同居する生活が多かったために、親の支配力が強くて子は弱く、女性を極端に無力化して、個人の人格や自由を認めなかったので「前近代社会型の家族」であったことは明瞭であった。

そこで戦後ただちに、法制度から「家」を廃止し、個人を拘束するものを削除したのだから、すぐに「近代（的）家族」に変わってよいはずだった。ところが何年たってもそうはならない。抜けきれないしきたりや貧しさがひどくきびしくて、とても個の伸長をはかることができない人々が多かったからである。

しかしようやく戦後一五年を経て、大都市には団地住宅のような新しい生活様式が生まれ、新しい家族が生まれる条件が備わってきた。でもそれまでも、分家あるいは新家と呼ばれる小住宅や、一間きりの木賃アパートなどで暮らす単婚夫婦の住宅はあることはあった。それらと何が違うのだろうか。私に言わせれば、その決定的な違いは、「親からの明確な分離」と「夫婦の強い主体性」の有無にある。

まず、親の住居から物理的に別居することが第一だが、それだけではない。経済的にもはっきり分離すること。親から金銭的な援助を受けないことはもちろん、親の方へも（たとえ困窮していたとしても）援助しないこと。そして心理的にも頼ったり頼られたりしないで、精神的に自立する。独身時代はともかく、結婚後は自分の夫婦こそが第一の家族として、親（夫婦）家族からすぱっと独立することができるかである。

そして第二には、自己の夫婦に「一体性」ができたかが重要である。それには、行為の決定権を持つことはもちろん、対等（平等）性、共同性、情緒性が伴わなくてはならない。これら二つの大きな要因が備わったときに、はじめて「近代家族」といえるのである。

後に見るように、「わたしとあなた」調査の対象者の回答は、大部分これに近いものといえたのである。この調査の回答は、2節で改めて検討する。

昭和三一年の内閣審議室調査

昭和三〇年代は、家族のあるべき姿すなわち「期待する家族像」ないし「家族の全体意識」が大きく変わった時期として重要な意義を持つ一〇年間となった。しかし、まだ三〇年代の初めはそうではなかった。それが徐々に動いてきたのである。

ほかの二種の大きな家族調査を引いてみよう。

全国家族の実態と意識について、戦後初めて信頼できる方法による調査が内閣審議室によって昭和三一年九月に行われて昭和三二年二月に発表された（「家族制度についての世論調査」）。全国から無作為に抽出された二〇歳以上男女二五五七名が対象で八五％という高い回収率を得た。直接面接調査して得られた結果だけに、昭和三一年当時の日本家族の姿を映すものとしてきわめて重要である。(2)

同居の実態としては、親が生存している者は五一％で、その半数の親は子の誰かと同居している。親と別居している対象者の場合は、親が他の兄弟と同居している。親からみると、子があるものは実に九八％が子と同居している（その半数は長男と）。子がありながら、どの子とも別居している親はよくよくの事情がある者だけである。もっとも同居の子の半数は未婚で、既婚の子が半分である。

同居と扶養についての意見は次のとおりであった。

① 意見として、「子どものうち誰か一人は両親と一緒に暮らして親の面倒をみた方がよい」というものが七二％で、「一緒に暮らす必要はない」というものは二四％にすぎない。「一緒に暮らす必要はない」というものの大部分（全体の二〇％）は、親の生活費の負担は「兄弟が収入に応じて」出す方がよいと言っており、「長男が一人で」というものはわずか二％である。

② ただし、「よそへ嫁に行った娘でも、男の兄弟と同じように実家の親の生活費を出すのが当然だ」と思うものはその一五％で全体から見ればわずか三％である。

相続についての意見は、「長男優先」の考え方は扶養においてよりもさらに強く、又、扶養と相続は関連して考えているのが普通である。したがって、嫁に行った娘は親の扶養の義務においてと同様に、親の財産相続の権利においても無視されることが多い。

家長に対する考え方は次のとおりである。

①「一軒の家には中心となる人がいて、ある程度家族みんなの行き方を決めて行った方がよい」というものが八一％いるが、「家の中心になる人を法律できめた方がよい」と考えているものは二一％にとどまる。

②「男なら三〇歳、女なら二五歳までは結婚するのに親の同意が必要」な昔の制度の方がよいというものが三三％いる。つまり家には昔の戸主のようなものが必要だという考え方のものが、国民の二～三割はいる。

また、「家」の継承ということについての意見もみられた。

①「先祖から受け継いだ「家」というものは大事に守って子孫に伝えなくてはならない」というものは七一％で、これを否定するものは二三％にすぎない。

②「子どもが一人もいない場合は養子をした方がよい」というものは七〇％いる。

③「家に何か商売をしているとか農業をやっている場合、多少は子どもが嫌がってもできることならその仕事を子どもに継がせる方がよい」と思うものは四四％で、その必要はないというものが五〇％ある。

つまり「家」の職業や財産を昔のような形で継承させたいと思うものは少なくなっているが、「家」が絶えることを惜しみ家の継承を大切にする気風は強く残っている。

家族制度に関するあらゆる項目について、年齢の違いが最も著しい差を示し、たいていの問題について二〇歳代の人々と六〇歳以上の人々とでは賛否の数字が逆になる。そして昔の制度を支持する階層は、地域的には郡部、年齢的には高齢者、学歴的には低学歴、政党別では自民党支持者、子と同居して扶養されている者に多いことが判明した。

一言で要約すれば、民法改正から八年たった昭和三一（一九五六）年という時点においても、昔の家族制度を支持する人々はかなりいて、新民法の家族のあり方を支持する人は未だ少ない、ということである。

昭和三一・三二年の家族問題研究会調査

三一年の内閣審議室調査とかなり重なる内容を持ち、同じ時期に地域と職種の違いを検討する大規模調査が東京の研究者グループ、家族問題研究会（会長は小山隆教授）によって行われた。

この調査は、地域や職種によって新制度実施後の家族の適応の程度が異なるのではないかと予想して、東京都のアパート団地（新宿区戸山）、近郊村（北多摩郡狛江町《こまえ》）、山村（西多摩郡大丹波《おおたば》）を選び、計約五二〇人を対象とし、留置と面接による調査を実施したものである(3)。

この三地区四区分について家族意識を調査したところ、はっきりした大きな違いが出た。

質問のうち、次の五つが新旧の対象を明白に示す項目と見られたので、まず伝統的な意識の比率を表6－1のように示してみる。

これを、多少表現を変えながら、サーストン法（サーストンが提唱した態度尺度の作成法）による新旧

表6-1　伝統的家族意識の支持率

(%)

	大丹波	狛江農	狛江非農	戸　山
1　結婚後親子同居を可とする者	72	71	28	19
2　親の扶養を専ら長男の責任とする者	82	74	37	20
3　長男遺産相続を主とする者	74	84	49	40
4　子のない場合養子を必要とする者	93	89	53	36
5　郷里の家屋敷の存続を主張する者	70	37	21	18

出所：小山隆編『現代家族の研究』(昭和35年) 第3章による。

家族意識の尺度構成を作った。伝統的意識から近代的意識に連なる一の段階に振りわけられたが、当該五項目については比較的一致度の高い次のような尺度値が与えられた。

① 子どもは結婚後両親と別に生活することが望ましい　九・二
② 両親の生活は主として長男が見るべきだ　二・五
③ 財産はすべて長男が相続すべきだ　〇・八
④ 子どもがない場合は養子を迎えるべきだ　三・九
⑤ あととりでも町に出たければ田舎の家をたたんでよい　八・三

図6-1にみられるように、②、③、④はそれぞれ伝統型(T=Traditional)を、①、⑤はそれぞれ近代型(M=Modern)を示す項目であるが、①及び⑤はその表現を裏返せば明らかに伝統型を示す態度となるのであり、したがって前記五問に対する肯定、否定の回答をもって、家族の伝統的態度と近代的態度とみなすことは妥当といえる。これで分かるように大丹波及び狛江農は伝統型の得点が高く、狛江非農家及び戸山アパートは近代型の得点が多い。試みに各グループごとにその平均を求めてみるならば、四グループの間に十分大きな有意差が

図6-1　TM尺度による5項目の尺度値

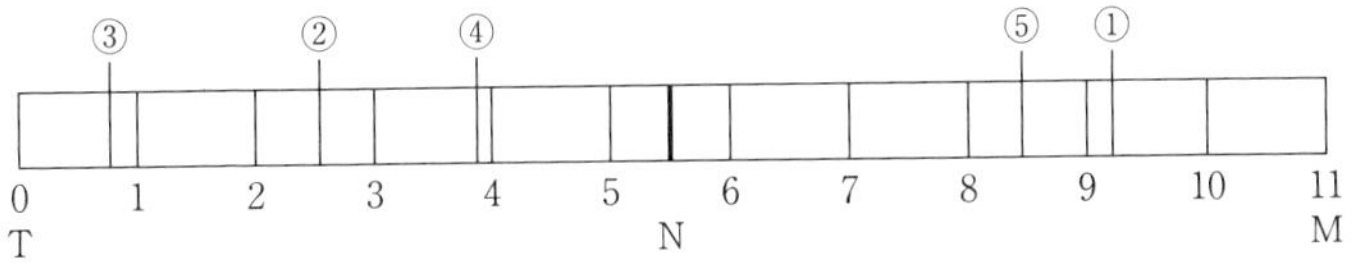

出所：表6-1と同じ。

表6-2　地域別得点分布

	大丹波	狛江農	狛江非農	戸　山
男	−3.28	−2.43	0.33	1.15
女	−3.33	−3.06	−0.11	1.13

出所：表6-1と同じ。

表6-3　家族意識の類型別分布　(%)

	大丹波	狛江農	狛江非農	戸　山
近代型	0.4	0.8	21.7	32.3
中間型	26.9	34.1	59.1	59.6
伝統型	72.7	65.1	19.2	8.1
総　数	100.0	100.0	100.0	100.0

出所：表6-1と同じ。

ある。ただしいずれのグループについても、男女の間にはほとんど有意の差は認められない。

　このような目的のもとに表6-2における意識評価を基礎として、プラス3点からプラス5点までを近代型、マイナス3点からマイナス5点までを伝統型とし、その他を中間型と名付けることとする。この場合男女の間の意識差はきわめて少ないから、以下グループごとに男女を一括して扱うこととする。その結果、表6-3にみられるような家族意識の類型別分布が得られた。

　家族意識をこのように大きく三つの型に分けてみるならば、まず近代型の最も多くあらわれるのは戸山アパートの三二・三％であり、狛江非農家の二一・七％はこれに続き、大丹波及び狛江農家はそれぞれ〇・四％、〇・八％というようにほとんど例外的存在であることが分かる。これに反して伝統型は大丹波において七二・七％というように最も支配的であり、狛江農家はやや下るがそれでも六五・一％というように非常に高い。そうして狛江非農家は一九・二％、戸山アパートは八・一％で最も低い。狛江非農家も戸山アパートも中間型がそれぞれ五九％余の過半数を占めているために、近代型の比率は大丹波及び狛江農家の伝統型の占める比率は遥かに及ばないが、成長過程にあることは想像できる。地域よりも職業の違いが意識を決めることを証明した調査であった。

2　「わたしとあなた」調査の先進性

近代家族の誕生

本章のはじめにあげた「わたしとあなた」調査をもう一度ふり返ってみよう。

アンケートの対象となった団地族の主婦たちは、最後の総括的質問「あなたは全体として、今の生活に満足していますか。それとも不満ですか」に対し、不満は一四％、どちらともいえない二三％に対し、満足は五八％と答えた。それだけでなく、個々の項目（夫の消費態度、親や親類への夫の態度、夫の家庭サービス、夫のあなたへの思いやり等）では、表6－4のように、いずれも六割から八割もの満足回答を示している。

性生活についての特別質問にもやっぱり「まあ満足」がいちばん多かった。「いままでの日本の女

表6-4　結婚後の夫についての妻の意識

	大いに満足	まあ満足	どちらともいえない	やや不満	大いに不満	無回答
ご主人の収入	5.4	50.3	20.3	18.4	3.1	2.5
ご主人の消費の態度	15.3	47.3	20.8	11.4	2.1	3.1
ご主人の身だしなみ	16.7	53.7	16.2	9.2	1.3	2.9
ご主人の趣味・娯楽	18.4	47.7	17.5	12.2	1.8	2.4
あなたの両親や親類へのご主人の態度	25.6	47.3	13.5	9.5	1.2	2.9
ご主人のあなたへの思いやり	29.8	47.2	12.3	6.3	1.5	2.9
ご主人の家庭サービス	20.3	49.8	15.4	9.6	1.7	3.2
子供の教育への協力態度	22.4	32.9	14.6	7.1	1.4	21.6

出所：読売新聞社会部編『わたしとあなた』（昭和37年）15頁。

性史は〝どちらともいえない〟と〝やや不満〟でまとまっていたんですよ。だからここにまあ満足夫人の誕生を発見しただけでも、この調査をやったかいがありますね」と加藤秀俊は付言する。

ところで妻は、結婚退職六一％、出産退職二〇％で共働き中は七％、妻の九割以上は専業主婦である。最近と違って、夫有職妻無職の役割分業がはっきりしている核家族である（多くは乳幼児がいた）。洗濯を手伝う夫は三割もいないが、寝床のあげおろし、掃除、靴磨きなどは半分以上の夫が手伝っている。「夫婦で一緒に外出したり映画を観に行くこと」は八五％もあり、妻のお客の時でも七五％は「夫婦でもてなす」など、夫婦の協力一致などの共同性は高い。

これらの夫婦は、妻が二〇代〜三〇代（八九％）夫も三〇歳前後の若夫婦。恋愛四七％、紹介四二％で結婚して、子は幼い子が一人か二人、九割までが三人か四人の少人数世帯、「結婚後親とは別居がよい」との考えが九〇％で、現実も九五％まで同居の親がいない。「子が出来なくても養子の必要はない」と考える者六二％、「娘一人だけでも婚出させてよい」と七七％が考えている。家族は一代限りでよいのである。相続では半数近くが「均分」を希望。兄弟で困っている者が出たら、「世話する法的義務はないが面倒をみる」が八〇％、などの考えをもっている。

夫は各種のサラリーマンが九六％でその手取り月収は四万一〇〇〇円程度、テレビは全家庭にある。なお、昭和三六年に三一歳であった国家公務員の私は、手取り月収が三万円程度であったから、対象者の収入は恵まれているといえる。

以上のように、典型的な「サラリーマン核家族」をおさえたいという当初の目的は十分達成されている。しかし、新婚まもない団地族に特化しすぎたので、これを「現代家族」と銘打ってよいかには疑問が残る。従来、個人を拘束してきた親から別居でき（親の心配もなく）、子も幼少で可愛いさかりで学費もかからず、安定した収入もあって夫婦中心の判断で合理的な生活ができていることはまことに素晴しい家族の出現といえる。前近代風のしがらみを一掃したことは見事で、欧米流の「近代家族」に近づいたとはいえる。

しかし、共働きには反対が多く（した方がいい二五％）、別調査からは、ゆくゆくは大家族の方がいいとの思いを捨てきれない人の方が多い（七五％）ことが分かっているので、徹底した西欧型近代家族になったとはいえない。一過性の「近代家族」ではなかったろうか。

一番の問題は、夫婦とも非常な高学歴者であることで（当時、女性の大学・短大出身者は全国で五・二％であったのに、この調査対象者は九〇・三％もいる）、本人や家族の経済的背景が高いことを連想させる。

当時としては安価で内容が良い住宅公団の団地に数十倍の競争率をかいくぐって当選入居できた幸運も大きい。このように、高学歴、高収入、高環境に恵まれた若夫婦なればこその回答ではなかったろうか。時代の先頭に立った家族であることはまちがいないが、全国的にみれば、一〜二％しかなかったであろう恵まれた家族なのであり、これだけを見て日本家族の大部分が「現代（近代）家族」に変わったとは言えないであろう。

3　昭和四〇年前後が転換の時

見合い結婚から恋愛結婚へ

家族問題は多数の家族が関わるので、ある特定の年を期してくっきりと全体のコトが変わるということはありえないが、それでも大きな事項で多数の家族行動が伝統的なものから革新的なものへ変わる動きは見られるのである。その一つは、配偶者を選ぶ動機、二つ目は、離婚の際の子の引き取り方、三つ目は、新しい家族のあり方を肯定する意識である。日本ではこの三種の全国動向が昭和四〇（一九六五）年前後にいっせいに転換したのである。

結婚の動機を簡単に大きく二分して、見合か恋愛かという選択の手段を知ることは、日本人の結婚に対する意識を探る最初の手がかりになる。

結婚年次別に「見合い結婚」と「恋愛結婚」の割合を示したのが図6-2である（人口問題研究所調査）。これは本人の主観的判断によるが、昭和二四（一九四九）年に結ばれた夫婦では三分の二が見合

図6-2　見合い結婚と恋愛結婚割合の推移

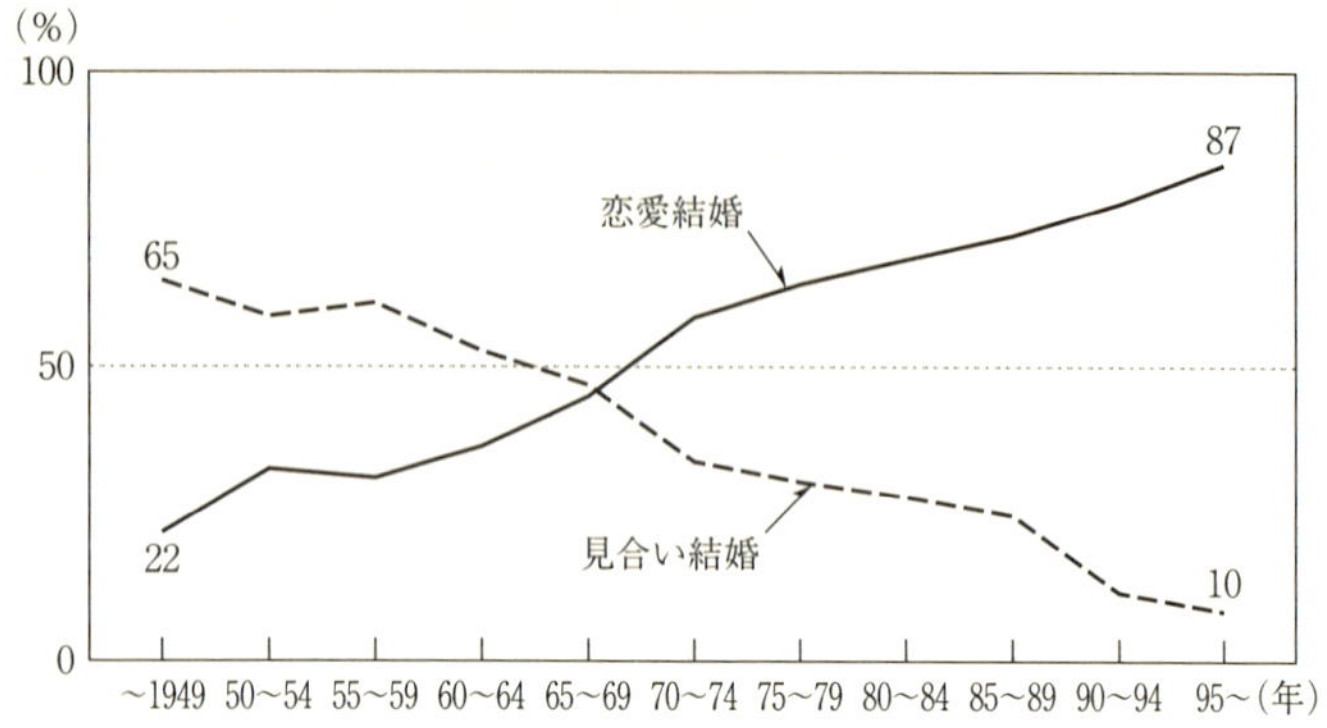

出所：国立社会保障・人口問題研究所「第11回出生動向基本調査」(平成10年) 15頁。

い結婚で、恋愛結婚は二割に過ぎなかった。その後しだいに恋愛結婚の割合が増加し、昭和四〇〜四四年に見合いと恋愛がほぼ同じ割合となった。以後恋愛が主流となり、平成時代では恋愛結婚が九〇%に近づいている。(4)「他人(ほぼ親)の判断」から「本人の判断」重視へ、という選択をめぐる価値観の転換がみられる。

もっとも、恋愛結婚と答えたなかにも、「恋愛にもとづかない」とする者が数%いたり、見合結婚とチェックしたなかにも「恋愛感情もできた」と答えたものが半数もいるので、この区別は本当は判然としない。知り合ったきっかけをみると、友人・きょうだい・親戚・上役・結婚相談所などの紹介をあげる者が四三%もある。アメリカのブラッド教授などは、「第三者の介入があるものは恋愛とはいえない」とみるので、アメリカ流に言えば、平成に入って恋愛がやっと六割に近づいたということになる。しかし他方、見合いでも「恋愛にもとづく」から結婚したという夫婦は、六〇年代前半の二二%から昭和の末には七七%に上昇した。見合結婚の中身も恋愛化してきたのである。

離婚後の子の引き取りは母へ

戦後まもなくから子どもは平均二人という少子時代に入るが、離婚する夫婦には、最近でも七割は未成年の子どもがいる。子が少ないことが、子どもの引き取りを巡っての争いをかえって深めている感が強い。

明治民法時代には、離婚後の親権は、父の死亡または所在不明を除いて父に専属していたから、少なくとも法の上では争いようもなかったし、新民法の戦後になっても、昭和三五年頃までは、妻が子を連れての離婚は生活上困難だったために、争いが目立たなかった。家庭裁判所の調停の席上では、二人以上の子をもつ母は、泣く泣く子どもを手離したり、あるいは離婚そのものを断念する情景がよくみられたものである。

ところが、昭和四〇年頃からは子連れ離婚を平気とする情勢の変化が起こってきた。女性の就業機会の増加、保育園の増設、児童扶養手当の新設や生活保護費の増額などが、それを支える経済的条件であったであろう。

この結果は、親権者となる夫婦別の割合を示す前出の図2－2によくあらわれている（親権者はほぼ監護者でもあるとみてよい）。二人以上の子を双方で分け合うというのは漸減し、最近では八割以上の子が母に引取られるようになった(5)。

乳幼児は母親の監護に委ねるのが当然という世界の大勢に合致してきたわけだが、この夫婦逆転のグラフほど、戦後の妻の地位の向上を明示するものはないであろう。

家族意識の転換──家庭生活意識に関する調査

戦後、わが国の家庭が大きく変わったことを否定する人はいない。が問題は、その中身がどう変わったか、考えはどう動いたか、である。小範囲の見聞による憶測は少なからず見られるが、全国をふかんする大調査は昭和三〇年代後半までなかったから、内閣広報室から昭和四一年に発表された「家庭生活意識に関する世論調査の結果」(6)は、戦後二〇年のいわば家庭生活総決算書として、まことに貴重な示唆を与えてくれるものといえる。

では、二〇代から六〇代に及ぶ日本の夫婦二五〇〇人は、どうソロバンをはじいたか。全体としては「子どもの頃より現在の家庭生活の方がよい」とするのである（子どもの頃とは、具体的には大正後期から昭和一九年頃までの終戦前を指す）。

これは、意見を明示したものの八四％にも上り、しかも、妻だけでなく、夫も同様に支持したのであるから、まことに注目すべき結果である。「大切なもの」ではあっても、決して「よいもの」とはいいきれなかった日本の家庭も、ここまで変わったのである。

しかも、この家庭観は、観念だけが浮かび上がって先走っているのでもなさそうである。昔に比べて、父親も母親も家庭での役割をよく果たし、夫婦の間柄もうまくいっており、したがって、家庭のまとまりもよいという自信に支えられている姿が調査にはよく出ている。とくに、父親が家族のものと話し合い、家族そろってくつろぐことに積極的な態度は「夫の家庭化」が事実になっていることを物語る。これは決して「女性化」なのではなく、よき休息と愛情のある慰安が第一義となった現代の家庭を築くためには、欠かせない態度なのである。

もちろん、これには妻の態度が大きく関係するが、かつて弱い者の代表であった嫁がなんと強くなったことだろう。嫁夫婦に気がねする親は三分の二ぐらいいるが、姑に気がねする嫁は四分の一程度しかいないとみえるのである。しかもこれは、嫁夫婦の立ち場からの答えの方が多いのだから、姑側の立ち場の答えを増やしたら、もっと大きな差を示したことだろう。この若い妻の堂々とした態度が、家庭的な夫と結びついて「良い家庭生活」を支える基盤となっていることは疑いない。

家庭が崩れるバロメーターともいえる離婚率が当時は年々下降している事実とともに、これらの結果は「家庭の健全化」がいよいよ本物となってきたことを物語っているのではないだろうか。

もっとも、この健全家庭にも悩みがないわけではない。その最大の泣き所は子どもの「しつけ」だとこの調査は教えている。

ほかのことは戦前よりよくなっているのに、しつけだけは悪くなっていると考える人が、四〇代以上、都市居住者、学歴の高い層に多く、全体としても評価は互角なのである。親の七割は「しつけは家庭で、勉強は学校で」とはっきりわきまえているのに、実際には「家庭ではしつけがおろそかになって勉強ばかり」している事実を大部分の親は認めている（私が別に調査した結果によると、しつけの方針について、農村の親は混乱し都会の親は子と妥協する傾向がみられた）。この調査は他に、家庭を阻害する条件として、子ども部屋がとれない、夫婦だけの寝室がない、などの住宅問題、夫も妻も忙しすぎて共同生活の時間がとれないことも悩みで、それに騒音、ばい煙、悪臭などの公害問題があることもよく示している。

4　経済成長と近代家族の誕生

農村から都市への大移動

昭和三〇年代の日本社会は、各方面ですさまじく変動した。

その前の一〇年間で一七〇〇万人も増えた総人口は、そっくりその数だけ都市の人口を増やしていった。とくに東京・大阪・名古屋の三地域が大都市圏を形成し、民族大移動ともいえる社会的な人口増加をもたらした。この三つの土地に近代的重化学工業化と、他方に脱工業化という両極の構造変化が起こって、求職・転職活動が急速に進んだ。アメリカでも農業国から工業国へ移るのに九〇年かかった現象を、日本では二五年間で達成してしまった(7)。

その一つの動機はいうまでもなく産業の近代化であるが、二番目として農村共同体の崩壊があった。農地改革によって農業生産力が上昇し、昭和三〇年からは豊作が続いて、農村に過剰人口が生じた。これに第三の動機となる家族制度の改革が加わって、人権を認められた個人が「家」から解放され移動が自由になった要因も大きい。次男・三男はもとより、長男の世帯主も離農し、地域によっては一家全員の離村まで進んだ。

そして都市では、昭和三〇年に発足した日本住宅公団が三一年から団地住宅を東京近郊に大規模に造成し、若い家族を吸収した。大阪では世界最大規模のニュータウンを北と南につくった。すなわち、昭和三六年からの千里ニュータウン（計画面積一一五〇ヘクタール、計画人口一五万人）、四〇年からの泉北ニュータウン（同一五一八ヘクタール、同一八万人）である。

これらは、いずれも大都市への通勤者用のベッドタウンで、成長期に地方から移住してきた労働力人口を居住させるだけの住宅だったので、新しい都市的生活様式を必要とした。それは社会的共同消費というべきもので、交通と通信の手段・上下水道・保健・医療・福祉施設・学校・文化・娯楽等の新設などで、これらが関連産業を盛んにした。昭和三四年からは国民年金も始まった。これらの生活様式は大都市圏だけでなく、昭和四〇年代にはその隣接地から農村全般へも普及していった。

山村も電化生活

東京都の中でも一番西端にある檜原村北谷地域は、急峻な関東山脈に囲まれ林野が九四％という峡谷型山村である。そこでは昭和三四年になっても電化製品の三種の神器などは無縁であった。何よりも水道も引かれず、電気も引かれていなかったからである。ところが、三五年に共有財産（山林など）を売却した代金で部落に電気が導入されると、電気器具も急速に入っていった。そのもようを日向平の妻Kさんはこう語ってくれた。

「この村に電気が引けたのは、昭和三五年ごろだったかしら。当時は、貧しい家がすごく多かったんですよ。板の間に寝たり、川から水を担ぎ上げたりで。それで、村の共有財産を売って、村全体に電気が引けるようにしたわけ。そしたら各家庭には、電灯だけでなく、一カ月たち、二カ月たつうちに、テレビだの、冷蔵庫だの洗濯機なんかが、次々と備えられて、月賦だったでしょうけど。

意外とみんなお金があったんだなあなんて、後で感じましたよ。そこで、急に生活が文化的になりましたね。とにかく、電気が引けるまでは、生活はすごく苦しかったんです」。

そして昭和五〇年に訪れたときの老人の言葉も忘れることができない。

「昔に比べると、年寄りの生活はずいぶん楽になったね。何といっても、自分で自由に使える金を持てることが最高に幸福だけど、今はみんな年金があるからね。昔の年寄りは、小遣いを貰う一方だったけど、今は出す方になったからね(8)」。　（七三歳、男）

生活様式の変動

これらのことは、当然生活スタイルを一変させた。「勤倹節約型」から「使い捨て型」へで、流行にのることと浪費の方が美徳となってきた。

収入が年ごとに増えていった。何であれ仕事についていれば、成長の波にのって実収入は毎年五～七％伸びている。総理府の「家計調査」によれば、都市勤労者世帯の平均月消費支出は、昭和三五年＝三・二万円、四〇年＝五・二万円、四五年＝八・五万円と鰻上りに上昇し、五〇年代になるとさらに激しく上昇する。家計の上でも正に高度経済成長である。そして三五年以降は、食費の割合が減って雑費（保健医療費、交通通信費、自動車関係費、教育費、教養娯楽費）の割合が大きく増え、五〇年以降は雑費が家計の半分を占める。昭和四五年のエンゲル係数は二〇年前の六割（三二・四）までに低下した。耐久消費財や外食などサービス産業への消費が増えたためである。

なかでも、三種の神器とまで言われたテレビ、電気洗濯機、電気冷蔵庫に、電気掃除機のほかに電気・ガス炊飯器の普及が昭和三〇年から三五年にかけて始まったことは新生活の象徴となった。昭和三三年の『経済白書』は「消費革命」が始まったと叫んだ。これらは、一部の金持ちだけが買えたのではない。三種の神器は、昭和四五年までには全世帯の九〇％以上に普及したのである。

それだけではない。いす、ベッド、じゅうたんなどの家具、即席ラーメンなどのインスタント食品、大衆保健薬の日常的服用、男女の化粧品、各種の合成洗剤などが爆発的に売れ出した。

これら生活スタイルの変化の主役となったのは女性である。専業主婦の女性は家計消費の主体者となった。家事労働力は大幅に軽減され、余った力は育児とレジャーに向けられた。未婚者も含めて、家事労働の省力化は、女性の職場進出を促すことに法律改正以上の力をもった。

地方僻地への上下水道の普及、道路舗装化の推進などの地域社会の充実、国民年金制度や児童扶養手当の創設、一時期ではあったが高齢者の医療費の無料化など、あらゆる社会資本が充実してきたことも、家族員の自由行動を大きく援助した。

これらもろもろのことが総合化されて、「近代家族」を少しずつだがより確かなものにしていったのである。

家族のトラブル

だが、この頃も、一般夫婦の生活のトラブルや、人間関係のゴタゴタは続いていた。

たとえば、大きな数として家事調停事件申立件数の推移をみると、昭和三〇年から三九年まで四万二〇〇〇件から四万五〇〇〇件の間を上下して、減少傾向は見られない。では個別の小さなケースについてはどうだろうか。昭和三七年一月の読売新聞「人生案内」欄には二三の質問と回答が寄せられている。皮肉なことに、縮刷版記事索引には同じ頁の現代家族の到来を告げる「わたしとあなた」の目次の一段下に「人生案内」の見出しが並んでいる。[9] その一部を引いてみると、「父にきらわれる」「結婚生活に不安」「女中と変わらぬ姉」「暴力ふるうシュウト」「外泊をやめない夫」「病身の母を世話」「横暴な妻の態度」「やせ衰えていく妻」「月給一万二百円」「築けぬ二人の生活」「生活費出さぬ夫」などであって、家族内で苦労する人の声は絶えないことが分かる。

内容を知るため、その前の月から一つだけ掲げてみると、三六年一二月の投稿はこうであった。

「二三歳の人妻。家族は夫（二六歳）、しゅうとめ（四七歳）、一八歳と八歳の弟です。この五人がたった一間しかない会社の寮に一緒に暮らしています。

夫とは三年越しの交際のあと肉親の反対を押し切って結婚しましたが、しゅうとめが実に意地悪でやきもちやき——ひとときもふたり切りにさせてくれないので、夫と思うように話もできず、楽しいはずの新婚生活も苦しみです。夫の給料はしゅうとめが全部をにぎって一円の小遣いもくれず、病気しても妊娠しても『医師に見せる必要はない』という始末です。子どものための一本の牛乳さえ、しゅうとめと分けて飲まなければ憎々しげにののしるのです。

夫はとても優しいいい人なのですが、気の強い母に対しては全く意気地がなく、私が事実を話すのに『出て行け』と怒るありさま。夫の愛情さえ信じられなくなりそうです。しゅうとめが『ヨメがいじめる』といいふらすので、近所の人からも白い目で見られ、このままでは生きる気力も失いがちです。実家の母だけが物質的、精神的に支えていてくれますが、昔かたぎの父は気ばらしに実家に泊まるのも許さないのです。とるべき道をお示し下さい」[10]。（神奈川、悩む妻）

こういう家族紛争がなお続いていたことも忘れてはならない。

注

（1）読売新聞社会部編『わたしとあなた――現代家族の生活と意見』昭和三七年、読売新聞社。
（2）内閣総理大臣官房審議室『家族制度についての世論調査』昭和三二年、同室。
（3）小山隆編『現代家族の研究――実態と調整』昭和三五年、弘文堂、一五～二〇六頁。
（4）国立社会保障・人口問題研究所『第一一回出生動向基本調査』平成一〇年、同所、一五頁。
（5）厚生省『人口動態統計』各年版。
（6）内閣広報室『家庭生活意識に関する世論調査の結果』昭和四一年、同室。
（7）宮本憲一『経済大国』昭和五八年、小学館、六〇頁。
（8）湯沢雍彦編『山村女性の生活変動』昭和五三年、地域社会研究所、六七頁、九六頁。
（9）読売新聞『昭和三七年一月分縮刷版』目次の二六頁。
（10）悩む妻「苦しみの新家庭」読売新聞、昭和三六年一二月一四日。

第Ⅲ部　経済成長下の家族の動揺

――一九六六～八八年――

第七章　揺らぐ伝統的な結婚観

1　結婚を避ける若者たち

新聞の投稿欄にみる結婚観の変化

次の二つの文章は、昭和六二年九月朝日新聞に載った投稿である。これまでの「身の上相談」欄は、すべて結婚をめぐる揉め事や悩み事であって、「結婚をしない、したくない」という題目が表われることはなかった。およそ日本人として生まれたからには、よほど精神的か肉体的に変わった人でない限り、一度は結婚した経験をもつことはごく当り前のことだった。

「突然ですが父上、母上、私は結婚したくありません。子どもも産みたくありません。こう言ったらお二人は驚くだろうか、嘆き悲しむだろうか。相当な親不孝かもしれない。……親の愛と苦労は決して忘れはしない。しかしだからこそ、かえって子どもをもつことの重大さ、家庭を家庭として保っていく難しさが恐怖となって襲いかかる。正直なところ私は自分の子に、両親が私たち姉妹にしてくれたのと同じくらいのことをしてやる自信はない。……親孝行へのもう一つの障害は九月九日付のご意見のとおり、今の自由を失いたくないというわがままな心だ。自分を向上させるための趣味、勉強に好きなだけ熱中できる幸せが結婚、出産によって無残に壊されていく音を、私は聞きたくない(1)」。

（東京都、二五歳、会社員）

その九月九日付の意見というのは、次のような投稿である。

「……女が子を産み育てることがなくなれば、人類は滅亡してしまいます。けれども、自分にその番が回ってきた時、どうしても決心がつきませんでした。私は女の肉体をもって生まれてきましたが、一般に女の務めとされる事柄に興味が持てないのです。限られた人生の時間なら、家事や育児よりも読書や勉強のために使いたい。「なぜ結婚しないの」と聞かれるたびに、私は笑ってごまかします。でも本当は、この自由を手渡してなるものか、と思っているのです。えっ、老後の心配ですか？　それはケ・セラ・セラ、なるようになるさ。ならなかったら、その時に考えようと開き直っています(2)」。

（府中市、二三五歳、アルバイト）

戦前の動向

全体として見た場合、少なくとも昭和三〇年代まで日本社会においては、「配偶者難」いわゆる「結婚難」の問題は、ほとんど存在しなかった。

わが国の国勢調査によれば、五〇～五四歳までに一度も結婚したことがない（内縁含む）男性は、昭和三五年で一・〇％、女性も一・六％であった。この該当者は明治四一～四五年生まれの男女で、明治後半に生まれた日本人は、よほどの例外を除き、ほとんど大部分が結婚の経験をもっていたことを示している。

大正一一～一五年生まれの五〇年後を示す昭和五〇年国勢調査の結果においても、傾向は若干弱まったものの、男性一・八％、女性三・八％の水準を保っていた。換言すれば、日本人は生涯に一度は結婚するのが普通であり、結婚しない人間は一人前扱いされないという「国民皆婚」の社会であった。もっともこの傾向は、ひとり日本人のみの特性ではなく、未開社会を含むすべての人類に見られることであって、人類学的には、「ユニバーサリティ・オブ・マリッジ（結婚の普遍性）」という言葉があるほどである。

しかし、近代社会の結婚は、割り当て強制の制度ではないから、うまく結婚できない男女は、日本でも部分的には存在していた。すでに大正初年においても、大都市周辺の農村においては、若年女性の農家忌避ならびに都市家庭への結婚希望が強く、こういった面での「嫁飢饉」は確かに戦前でも存在していたが、女性の都市労働力市場はまだまだ狭く、他方、農家労働力の必要性は大きく女性を引きとめていたから現実の結婚流出は小さく、都市の自営業者や勤労者に起こる結婚難問題ではなかった。

戦後の動向

戦後、結婚難の声が聞かれるようになったのは昭和三〇年代の前半で、都市部から隔たった山村、農村であった。農家では、跡取り息子が辛うじて残ったとしても、嫁いできてくれる女性がいないという「嫁飢饉」であったが、二人っ子時代を迎えて娘ばかりの家では、「婿飢饉」と騒ぐようになった。四〇年代になると、都市居住者の中でも、勤労者と商工自営業者とのあいだで収入と生活の格差

表7－1　男女５歳違い層の性比の推移

男が　　　女が	昭和45年	50年	55年	60年	平成２年
25～29歳―20～24歳	84.5	121.6	117.8	98.0	96.0
30～34歳―25～29歳	91.5	86.1	121.3	118.4	99.0
35～39歳―30～34歳	98.4	90.8	85.7	119.8	117.0
40～44歳―35～39歳	99.8	98.0	90.2	84.9	120.1

注：女100につき男が。
出所：筆者作成。

が広がり始め、商工業家族での結婚難が言われるようになった。

しかし、「結婚難」の声が全体のものにならなかったのは、適齢期男女の大多数を占める都市勤労者に、それが降りかかっていなかったからであろう。

だが、事態が一変するときがやってきた。昭和五〇年代に入ると、結婚しない女性、結婚したくともできない男性が急に増えてきた。

昭和六〇年国勢調査にあらわれた「未婚率」は、三〇代前半の男性で二八・一％、三〇代後半の男性は一四・二％と、それぞれ二〇年前の二・五倍、三・四倍にも上がった。女性も二〇代前半は八一・四％、二〇代後半は三〇・六％で、それぞれ二〇年前の一・二倍、一・六倍に上っているが、男性に比べれば上がり幅が小さく、この結婚難の大波は、とくに、三〇代男性側に厳しく降りかかってきたことがわかる（表7－1）。

この全国的な未婚率の上昇は、とくに五〇～五五年の間が大きく、団塊の世代が適齢期に入ったころから始まった現象と推測される。

適齢期男女人口のアンバランス

表7－1を見ると、昭和六〇年において、三〇～三四歳層と三五～

三九歳層の男性は、その相手となる可能性が高い五歳下の女性群より常に一七ないし二二％多いことが分かる。これは、平時においては例のない圧倒的な差で、選択年齢幅の変更で済む程度の問題ではなく、当時の中年男性の結婚難の基本的原因がここにあることを雄弁に物語っている。

このアンバランスが生じた原因は明瞭で、昭和二二年から二五年にかけて毎年二三〇万人以上が生まれるというベビーブームがあり、前後の世代と大きな人口格差を形成したからである。このベビーが大人になった団塊の世代の男性は、数が少ない年下の女性から厳しい目で選択されることになり、少しでも好ましくない条件があると、結婚戦線に残れない状況となったのである。

生活と意識の変化

次に、結婚をめぐる生活条件と意識の変化がある。

一口に言えば、男性側には結婚の意欲と必要性がなお強く残っており、女性側は収入の向上から（少なくとも早期の）結婚の必要性が少なくなり、そのうえ昭和五〇年代・六〇年代は、人数が少なかったという希少性もあって、女性側が二重に優位に立つようになった。

国立社会保障・人口問題研究所は、昭和五七年から『独身青年層の結婚観と子ども観』の調査を始め、結婚に対する気持ちを全国的に聞きはじめた（調査票に自己記入させてのちに回収。一八〜三四歳の未婚男女約一万二〇〇〇人を対象）。「一生結婚するつもりはない」と答えた男性は、調査第一回の昭和五七年で二・三％、女性は四・一％おり、六二年には四・五％と四・六％、平成四年には四・九％と五・二％に上昇した。「不詳（はっきりしない）」もほぼ同じくらいあるので、「結婚するつもり」は九

図 7-1　結婚するつもりの有無

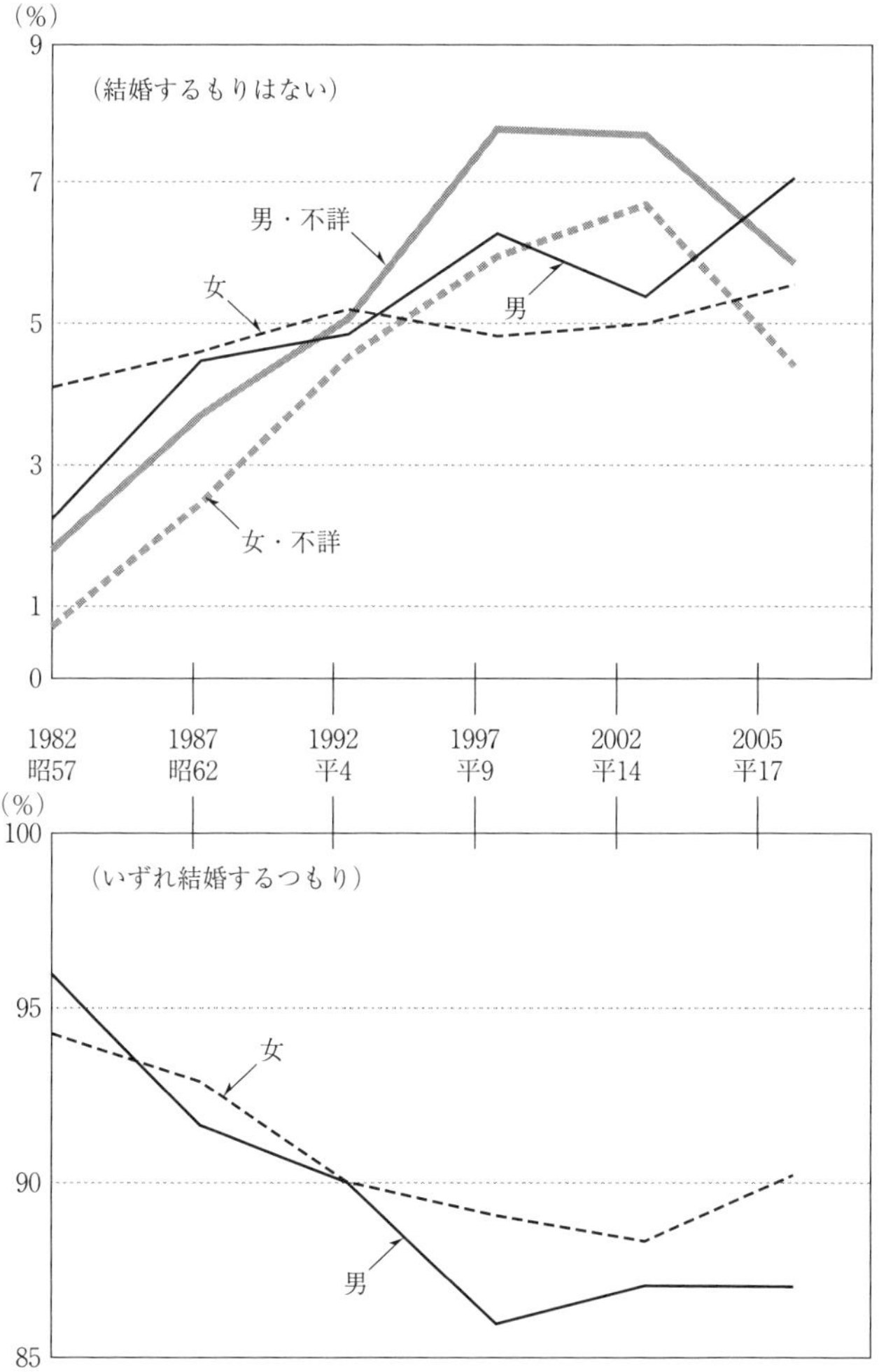

出所：国立社会保障・人口問題研究所『わが国独身層の結婚観と家族観』(平成 17 年)
同所，13 頁。

〇％前後にとどまる。

昭和五〇年代までは、どんな「家族論」や「家族社会学」のテキストを見ても、「独身生活者」の項目は存在しなかった。独身生活者は、現実の社会生活のなかでも短所として、自身の病気への対応、親の介護の困難さ、職場での疎外観、住宅購入の難しさ、親戚付合いの困難さなどがあるが、自由時間の活用、気持ちの自由の獲得、強じんな精神力の養成、転職・転居の自由、経済の自由、親子関係の親密さ、友人との交流の活発さ、などの長所があって、総合すれば後者の利点が大きいとする。国立社会保障・人口問題研究所による全国調査でも、独身生活の利点として、男女とも七割近くの者が「行動や生き方の自由」を挙げ、さらに男性は、「家族扶養のない気軽さ」と「金銭的余裕」を、女性は「広い友人関係」を大きく挙げている（図7-1）。

このようなことから、二〇代の前半までは必然性がまだ薄いとし、二〇代の後半では仕事や趣味や気楽さを失いたくないからとし、三〇歳過ぎからは、適当な相手とめぐり合わないからと、結局は結婚しない生活を選んでいくので、未婚者は増えていき、結婚希望者にも結婚難の時代が始まってきたのである。もちろん、先進諸外国での結婚をめぐる意識の変化を伝える情報も大きな刺激となっていた。

2　打開が難しい結婚難

これらの声が強まった昭和六〇（一九八五）年前後、大学の家族関係学研究室にいた私の許には、各種の機関から結婚難の原因やその打開を求める調査依頼が多く舞い込んだ。そのなかから三つを選んで紹介してみよう。

製造業のＡ社の場合

千葉県西部の東京湾沿岸には石油化学工業を扱う会社が数社並んでいて、Ａ社はその一つだが、従業員の結婚難問題はすべての会社で同様にあるといわれた。工場のある地域一帯が連続したコンビナート（企業集団）であって普通の住宅地は少なく、地域社会の適齢期女性の不足が一層増している上、工場内となると女性はさらに少ない（女性従業員は一割程度）。このようなわけで、当工場の結婚難の第一の理由が、適齢期女性人口の絶対的不足にあることは確実である。

しかし、そのなかにあっても結婚する者もいたし、未婚者といえども結婚の可能性がなかったわけではなかろう。そこで、三〇歳以上の未婚男性たちがなぜ結婚をしていないのか、あるいは結婚できないのかを探ったのが、アンケート調査であり、面接調査であった。

そこから明らかになってきたのは、まず、彼らは決して結婚しない生き方を選んでいるわけではなく、むしろ、九七％という大多数には、強い結婚の意思があることであった。そして、家族などまわりの者からもしばしば結婚を勧められるし、六割の者は見合経験ももっている。それにもかかわらず結婚できない原因の一つに、彼らの非社交性、きまじめさ、融通のきかなさ、といった性格的なもののあることが推察された。さらに、容姿や行動力についての劣等感もうかがわれた。こうしたことから、彼らが女性を惹きつけるような魅力や女性をリードしていく積極性を欠きがちであることは否めない。このような態度は先天的なものでもあるが、彼らがその成長過程で異性との交際をトレーニングされなかったことにもよると考えられる。

未婚者たちが自らに以上のようなマイナス要因をもつ一方で、彼らが女性に求める結婚の条件（年齢、容姿、価値観など）は、既婚者たちが結婚相手に求めたものより厳しいものである。これもまた結婚を妨げていると思われる。

職場環境的要因としては、女性が少ないことがまずあるのだが、たとえ女性がいたとしても彼女たちが若すぎたり、気軽に話しかけられる雰囲気ではないことがあげられた。なお、交替勤務がとくに結婚を妨げているという事実は見出せなかった。

結婚の遅れに関しては、その因果関係は明らかにされなかったが、独身寮のサービスの良過ぎ（たとえば、工場と寮の間を会社のマイクロバスが運ぶ）と独身寮に定年制のないことが、結婚の遅れを招いているのではないかということは推察された。

他に、関西出身者が千葉県西部という遠隔地にきたことが結婚を妨げているのではないかという推測が事前になされていたが、調査結果によれば、関西出身者の婚姻率が特に低いとはいえず、むしろ千葉県内や東北・北海道出身者の未婚率の高いことが明らかになった。

なお、まわりからの結婚の勧めの有無や家族的要因は、結婚の成否とはほとんど関係のないこともわかった。

以上が結婚難の要因分析の概略(3)であるが、最後に、結婚していないことが職業生活や私生活にどのような影響を及ぼしているかということを検討した。その結果、職業生活面についての影響はほとんど見られなかった（ただ、勤務時間外に工場に事故が起こったとき、連絡がつきにくいことはある）。しかし、生活面では、彼らが自由を楽しみ、趣味豊かな生活をしているにもかかわらず、その満足度は既婚者に比べてかなり低いことが分かった。

結婚できない原因が、本人たちの個人的要因による面が大きいとはいうものの、彼らが女性との接触チャンスの少ない環境に入ってしまったことや、アンケート調査には表れていないが、彼らが高校卒であるという不利な属性をもっていることなどによって増幅された結婚難を、個人的努力によって解決することもまた難しい。個人への福利厚生という面から、企業が組織的に結婚を促進する方策を取ることは、ある程度必要といえるだろう。

この人たちに結婚の道を開くことは、時代の条件が厳しいために容易ではないが、強いて言えば、次のような対応策が考えられるであろう。

① まず基本的に、女子社員をできるかぎり増やすことが大切ではなかろうか。現代は、職場結婚が一番配偶者選択の高機会となっているのだから。

② 未婚者でも、交際女性と知り合った場所は〈会社のサークル、クラブ、文化活動〉が一番多いのだから、この側面をもっと強化する。

③ それ以外にも、会社が直接結婚相談を行ってもよいのではないか。

④ 千葉県の東南部の市町村や、男性従業員出身地の東北各県において、女性の結婚希望者を求めるキャンペーンを行ったらどうだろうか。

⑤ 独身寮には定年制を導入した方がよいのではないか。当初は四〇歳から始めて、徐々に三五歳

まで下げる程度に。

僻地農村B村の場合

B村の村民会館大広間で四組の合同結婚式が賑やかに行われた昭和六二年一〇月の吉日、役場前の広場では大勢の人が集まり、一〇発の花火が盛大に打ち上げられた。村民全部が待ち望んだ大量の花嫁到来だったからである。

「嫁飢饉」で苦しんでいる地域は、日本海側の僻村で少なくないが、新潟県西部の市から車で一時間あまり、頸城《くびき》丘陵の山間部に入ったB村もその例外ではなかった。水田単作のうえに、冬には三メートルを超す豪雪地帯でもあるから、人口は三〇年間に半分に減り、五〇歳以上が半分を占める高齢化社会になってしまった。結婚は、再婚を含め昭和三〇年代には年間で平均六三件あったが、六〇年代には二五件しかなくなった。女性は高校を出ると県内外の大都市へ就職し、そのまま帰ってこないので、三〇代男性の結婚難は深刻になるばかりだったのである。

アンケートによると、村出身の独身女性は、この村の男性が嫌というのではない。八割の者が「純朴で真面目、働き者でやさしい」と評価している。しかし、「将来戻って、村の男性と結婚したいか」と聞くと、「したい」と答える女性はわずかに二%しかいない。

そこでこの危機を打開するために、昭和六一年から、町役場、農協、商工会が一体となって「愛あるB村パートナーシステム」という新方式を打ち出した。

パートナー本人となる会員（永住見込みの三〇歳以上の独身者）を役場で受け付けてリストを作り、

他方、仲人役を引き受ける人を『いずも会』（出雲大社にあやかった名称）の会員として斡旋を依頼する。この制度は、特に仲人役に二〇万円以上という多額の報奨金が出るのが特色である。しかし、加入したのは、六一年でも男性本人五人、いずも会員七人で、思ったように成果が上がらなかった。女性の入会がないから、開店休業状態にも等しかったのである。そのうち、東北地方で始まっていた、東南アジアから花嫁を迎えて打開策をはかる動きが新潟県にも波及し、県内各地でスリランカ・フィリピン・タイ・韓国などの女性との国際結婚が進んでいることが、新聞、テレビなどで伝えられるようになった。すぐ近くのX町でも六一年の夏、フィリピンから一挙に一〇人もの花嫁を迎えた。このニュースは、人口も産業も類似した町での出来ごとだけに、この村を大いに刺激した。

相談事業の中心者は、六二年四月に先輩の地域へ視察におもむいて実情を見聞し、その後の経過もよしと判断して、この村でも行政主導の国際結婚促進にふみきることにした。

説明会を開いたところ、三五歳から四〇歳までの男性四人が希望を申し出た。自動車修理工一人、大工一人、建設業二人で、フィリピン在住の日本人実業家S氏に依頼することにした。先輩村の紹介によると、S氏はボランティアとして仲介活動を行っており、推薦された女性の人柄も信頼できるとのことであった。

四人の青年は、町長以下の役場職員につきそわれて七月にフィリピンへ飛び、バギオ市（マニラ市の北約二五〇キロ）で待機していた五人の女性と集団見合いをした。男性の方から選び、一人の女性だけ指名が重なったが、「この人かその人のどちらでも」ということだったので、スムーズに組み合わせが決定して婚約となった。

八月に再び渡比して、バギオの会場で集団結婚式をあげたが、双方の準備のため花嫁が来村したのは一〇月になった。結婚に当たって出し合った条件は、男性から女性側へは「実家へ一切仕送りはしないこと、緊急時以外は実家へ電話をかけないこと」であり、女性から男性側へは、「風呂へ入る習慣はないからシャワーを設置してくれること、一月に一度はカトリック教会へ行かせてくれること」であった。

さて、アジアからの花嫁を迎えた町村での評価は、各地でまちまちのようだが、この村ではどうであろうか。昭和六三年暮れに私が訪ねたときには、役場の担当者は次のように語ってくれた。

「一年二カ月経ったところですが、まあまあではないですか。彼女たちは、日本の青年はフィリピンの男よりよく働くからいいといっているようですよ。とても（義理の）親思いで、大事にするし、甘えてもいるようですね。同居は慣れてもいるし、むしろいいようですね。親も生まれてはじめてキスされたと喜んでいますよ。昼間は夫もいないし、言葉ができないので家にいると困るのか、親と一緒に畑に出たり、山仕事について出ていますね。一組には赤ちゃんが生まれ、二組は妊娠中です。嫁は夫が帰宅するのを夢中で待っていますから、みんな寄り道が出来ず、毎日七時までには急いで帰るようになった、とも言っています。夫婦仲は心配ありませんね」。

しかし、左官をしている四一歳の独身男性の見る目は、もう少し醒めたものがあり、次のように語っている。

「友人が一人その中にいますから、時々様子を聞きますが、女の方は、とにかく経済的に貧しかったから、何十倍も出世したみたいで満足なようですよ。雪もまだ面白がっていられる年です。しかし、言葉がほとんど通じないようですからね。これが大変らしい。はじめは英語だと思って家中、英会話の勉強をしてたんですよ。ところが英語はまるで駄目、タガログ語だというのだから手真似だけで暮らしているようですよ。それを聞いたら、私は国際結婚する気がなくなりました。といって、ここの女の子も、町の子も、すぐ、『山が嫌い、雪が嫌い』と言いますから、ここにいる限り結婚の望みはありません。しかし街へ左官仕事に出た時、そこの奥さんに『お子さん何人?』などと言われた日は仏滅ですよ、ほんとうに。一日がっかりしていますね。妹二人は、近くの町へ嫁に出ています。私は家を守って母親と二人きり。暮らしには困りませんが、やっぱりさびしくて嫌ですね」。

この調査からまる二年経った平成三年の様子を役場の人から聞いたところでは、こうであった。

「その後、フィリピンから三人、韓国から二人の花嫁を迎えて、国際結婚は計九組になりました。赤ちゃんがもう二人生まれた夫婦もいて、みんなうまくいっているようです。フィリピンからの三人は、今度のクリスマスに里帰りするのを楽しみにしています。三年経ったら里帰りという約束でしたからね。ああ、左官屋さんの男性ですか?　お気の毒に、まだ独身のままですねえ」。

国際結婚の増加

このようにして、全国的にみても、昭和四〇（一九六五）年から平成一七（二〇〇六）年までの四一年間に、国際結婚数は一一倍に伸び、全婚姻中に占める割合は六・一%までに拡大した。

一九七〇年代半ばまでは女性の国際結婚が多く、日本人女性とアメリカ人男性のカップルが国際結婚の三分の一を占めて主流をなしていた。しかし七〇年代半ばにこの組み合わせは半減し、男女とも韓国・朝鮮人と日本人のカップルが五～六割を占めるようになった。また、六五年には女性の三分の一に過ぎなかった男性の国際結婚は一貫して増え続け、七〇年代半ばに女性の国際結婚数を上回ったのち、最近は女性より四倍以上も多い。

最近の国際結婚のほぼ八割は日本人男性と外国人女性のカップルであり、いろいろな理由から日本の男性との結婚を望む外国人女性が多いことがうかがわれる。最近の特色として、韓国・朝鮮、中国、アメリカ以外の国籍をもつ外国人との国際結婚割合が増え続けている。とくに夫が外国人の場合には、その国籍が非常に多様になり、挙げきれないほどである。

なお「国際結婚」という言葉がある国は、少なくとも先進国では日本だけのようで、日本が長い間いかに閉鎖的な国であったかをよく示している。

3　結婚難を知らない地域

日本全体が結婚難で騒がれていたこの時代に、結婚難とはまったく無縁なコミュニティーがあった。偶然なことながら、昭和六三年私はこの地域の調査にも参加したので、珍しいその様子を紹介したい。

結婚率の高いC地域の場合

C地域にあるこの会社は、家庭や自動車などで使用する各種の電気製品を製造する大企業の一つで、本社は東京にあるが工場は全国に散在している。同社の労働組合を通じて、従業員のライフプランを考える一部として「結婚観」の調査を依頼されたのがきっかけで、工場の一つであるC地域の工場を対象とした。

同工場は、東海道線H駅の南方数キロの地点にあり、一〇〇〇人以上の従業員を擁する大工場である。類似した規模の大企業工場が立ち並ぶ大規模工業団地の一画を占めている。従業員は、大卒男性を除き、その頃は女性は自宅通勤を条件に採用しているので、男性は寮や社宅居住者が多いが、女性はほとんどが自転車か軽自動車で通勤する。通勤時間は三〇分以内の近さである。

会社の女性従業員二〇〇〇人のうち八〇〇人以上が既婚者で、残業が少なく共働きがしやすい。女性はほとんどが高卒で、平均年齢は二七歳（男子は三五歳）、勤続年数は六～七年である。結婚退職という規定はないが、出産による退職の例は多い。社内結婚が半分近くを占めるほど多いが、会社は黙認の形をとっている。

工場の勤務時間は八時から一七時までで、フレックスタイム勤務もある。その後は、運動部系や文化部系のクラブ活動も多く、男女の共同行事も多いので、交際相手を求めるのに困ることはない。また、友人や知人が別会社の異性を紹介することも少なくない。

次に工場で聞いた三人の話を紹介しよう。

「（結婚のいきさつ）まったくの恋愛結婚です。ここに来る前は東京工場にいたんです。工場で彼女のことをいいなと思って見ていたんですが、そのうちに彼女から声をかけてきました。彼女は芯が通って、物静かな人でした。苦労をしている感じで落着いて見えました。その時彼女は一八歳でした。彼女が中卒なので家族の反対もありましたが、両親の死亡後結婚したんです。四年前に私の祖母の面倒をみることもあって、こちらへ異動し、兄と代わってからは社宅、その後自宅へ移りました。

（結婚後）帰ると明かりがついていることですね。それまでも祖母はいましたが……。何と言っても、自分を待っていてくれる人がいることがいいですね。

家に帰って玄関あけて「ただいま」というと子どもが一目散に走って来るとき。その時は頭の中がからっぽになりますね。それから、子どもと風呂に入っているとき、子どもの寝顔をみているとき。起きているとわがままも言うしうるさいですけど、寝ているときの顔はほんとに可愛いですよね。

僕は両親が共働きでカギっ子でしたから、できれば母親には家にいてほしいと思っていました。貧乏してでも妻には家にいてほしいと思っていたんです。妻も家庭的には苦労をしているので、僕の考えに共感していました。それから、責任感、生きがいをもっているという気がするようになりました。責任感は家族に対してもですが、社会に対する責任感ということもです。それが仕事に対する責任感も強めているような気がします。これは職場で他の人を見ていてもそう感じます。

このように精神的安定を得たということですね。経済的には苦しくなったかもしれませんが。私は大卒で妻は中卒ですが、学歴のギャップなど関係ないですね。人間は最終的には「明るさ」だと思いますよ。これは女性にも男性にも必要ですね」。

（三四歳、男、大卒）

「（交際のきっかけ）同じ会社の子です。部署は少し離れているけど、僕の職場の近くに自動販売機があって、彼女がそこに来るのでよく見かけていました。彼女のクラブはバレー部で、水曜日は野球とバレーの練習がかち合うんです。そこで彼女のことをいいなあと思って見ていました。そしたら、彼女の方から声をかけてくれたんです。

明るくて優しい子ですね。彼女は……うーん……あんまり素直じゃないからよくけんかしてますけど……仕事は忙しいし、野球部の練習はあるし。デイトは週に一回くらいです。たいてい週末の試合の後、夜ということが多いです。彼女は二一歳で、結婚は二年後くらいにと思っています。

（会社への要望）今は水曜日だけが残業のない日になっているんですけど、これをもう少し増やして欲しいですね。三日くらいあるといいですね。今は忙しいのが当り前になっているのでさほどいやとは思わないけど、もう少し自由な時間が欲しいですね。普通は八時過ぎに帰りますけど、遅いときは一一時から一二時くらいになりますから」。

（二三歳、男、専門学校卒、婚約中）

「（交際のきっかけ）会社とはまったく関係ない女友だちの紹介です。相手は二一歳、銀行員です。良いところは、全部ですよ。明るいし、紹介しても恥ずかしくない人ですよ。昔、職場の人とつき合ったこともあるけど、別れても、職場でやっぱり顔を合わすでしょう。それが気まずいから。

デイトは週に二回です。水曜日と週末ですね。仕事が忙しくて交際できないというようなことはないですね。彼女のところまで車で二〇分くらいと近いですしね。来年結婚します。二九歳と二二歳で。

（結婚するプラスとマイナス）結婚するとお金欲しくなるから……子どもの養育費とかも要るでしょう。だから一生懸命仕事するようになるんじゃないかなあ。その分寿命が短くなるかもしれないけど……。それと……料理が変わる。ほかの家の料理が食べられる。
マイナスは、自由に遊べない。それと秘密がもてなくなりますね」。

（二九歳、男、専門学校卒、婚約中）

以上のことから、結婚がしやすい条件を探ってみると、次のようになるのではなかろうか。

① 生活地域の近隣に、ほぼ同数に近い異性が存在すること。
② 適齢期の男女が勤務できる安定した職場があること。
③ 企業があまり残業させず、交際が可能になる時間を保証すること。
④ 男女とも結婚について、地味で現実的な考えを持っていること。
⑤ 親との同別居や、結婚後の共働きについて、柔軟な考えを持っていること。
⑥ 地域の周辺に（自動車を使っても一時間以内くらい）娯楽が出来る都市があること。

4　老人問題の始まり

高い老人の自殺率

戦前から戦後にかけてまじめに働き懸命に生きてきた六八歳の男性が、厚生大臣宛の次のような嘆願書を残して、昭和四一年四月二一日自殺した。

「……もはや六八歳の私は、老衰のためなんの仕事にも耐えられなくなりました。これまで悪いことはしませんでしたが、老衰のため働けない私が、今後、生きていては、大変な犯罪を犯す可能性があり、それを防ぐためには、死ぬよりほかに道がありません。……養老施設も形だけはありますが、たやすく入所できないらしく、はいっても自由もなく、楽しみもなく、苦しみながら最低限に生きているにすぎません。老人が施設に入らず、社会にあって、自由に暮せる老後の生活を、国家は保障できないものでしょうか。……過酷な税金をとりながら、社会福祉、生活困窮者の社会保障はさっぱり充実していません。……生活困窮者への生活保障は最高一人九〇〇〇円と聞きますが、これでは、今の物価高にどんな生活ができましょうか。生きるためには最低一カ月二万円は必要。生活困窮者や財産や身寄りもない六五歳以上の高齢者には、年金、保険をかけているいないを問わず、一律に最低一カ月二万円以上の生活保障を定めていただきたいと思います」。

彼は戦前、外地で工場を経営、引揚げ後は農機具会社を始めたが、数年で倒産、妻子四人に次々と先立たれた。その後、名古屋、神戸、大阪と転々し、会社の保安係や人夫となって働き、老後のために何とか資金をためようと努力したが、病気や事故と不幸続きで果たせず、最後は東京都台東区浅草のアパートで一人暮らしだった[4]。

また別の神奈川県相模原市に住む高齢女性は、次のような心情を投稿している。

「私はこの三月一一日で満七五歳になった老人です。いつのまに、こんなに生きてしまったのだろうかと、毎日思い暮らしています。もはやどう考えても取り返しはつきません。日本は経済大国になったといいますが、この大国の中には日一日老いぼれて収入はなし、あっても食べるに足りないという老人がだんだんとふえているのです。国家では、このような廃人になった老人をどのように片づけるお考えでしょうか。昔は和裁のうできだったという老人も、今となってはどうすることもできない。それでいて、食べる方はよく食べるとあっては、若い人々に敬遠されるのも当り前でしょう。明けても暮れてもそれが不安でたまらない。早くお迎えにきていただき、あまりひどい末期を他人に見られたくないものと、毎日思い暮らしている七五歳になった老人です(5)」。

昭和三〇年代は、一般に明るく楽しい時代だと言われることが多いが、実は裏側にはやりきれぬ暗い側面を抱える時代でもあった。

その三〇年代前半を代表する病理は、自殺率が戦後最高に高かったという問題である。全体としても自殺死亡率は、明治後期から昭和一三年頃までは人口一〇万人当たり二〇前後を保って安定し、日支・太平洋戦争時代は大きく低下していた。それが二九年から急に上昇し三〇〜三三年は二五前後を記録した。とくに男性は、三〇を前後とするところまで達し、その後五〇年間もこの数値が破られることがなかった（図7-2）。これはどうしてなのか。厚生省統計情報部「自殺死亡統計」のデータはいくつかのヒントを与えてくれる。

まず年齢別では、男女共に二〇代の青年期と六〇代以上の高齢期に高くて、中年と一〇代は低い（図7-3）。警察の調べも取り入れると、青年の自殺理由は、病苦（とくに結核）・厭世・失恋が多く、

図7-2　昭和後期の男女別自殺率の推移（人口10万人当たり）

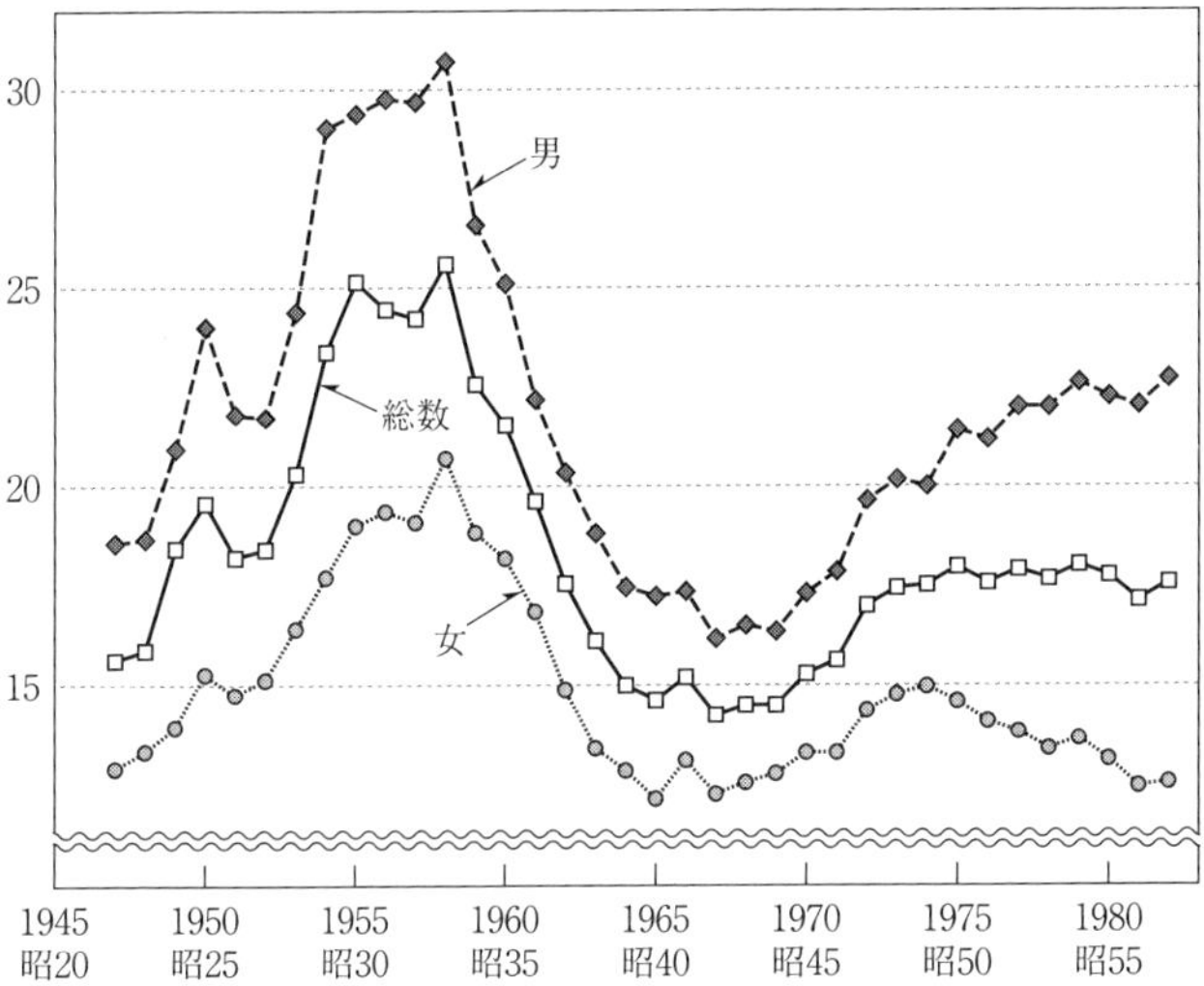

出所：厚生省統計情報部「自殺死亡統計」（平成10年版）より作成。

図7-3　昭和30（1955）年の性別・年齢別自殺率（人口10万人当たり）

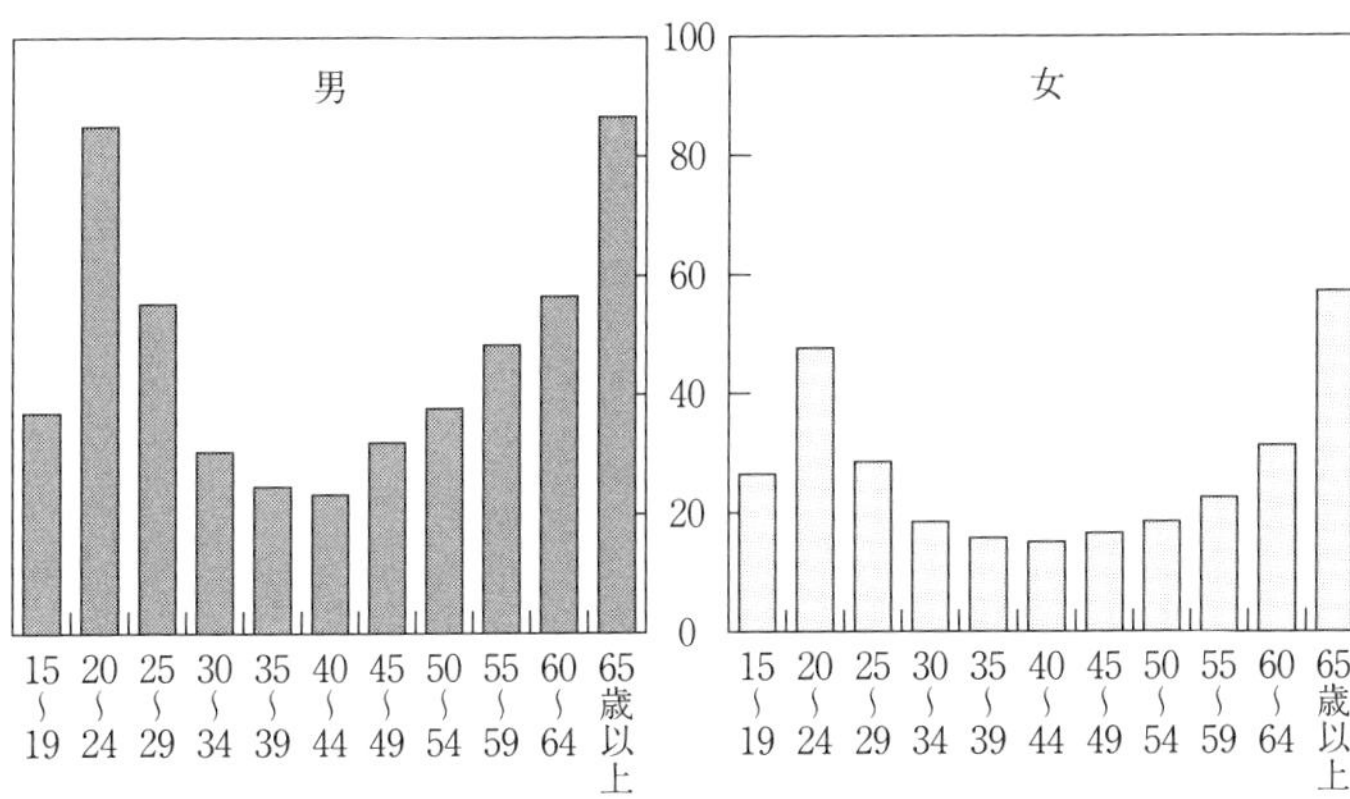

出所：厚生省統計情報部「自殺死亡統計」（平成10年版）より作成。

それで自らの命を絶ったのである。しかし昭和三五年頃から結核の死亡率が劇的に低下したのをきっかけに、四〇年代以降は男性は三分の一に、女性は四分の一に激減し、ピークはなくなってしまった。青年の人生観がよりネアカになったということであろう。

高齢者の自殺理由は、警視庁の「自殺の概要」によると、男性は、病苦・経済・精神障害が三大要因で、女性は病苦が過半数を占める。回復見込みのない苦しみとともに、家族に心配をかけたくないとの思いも強くあった。家庭関係のトラブルに基づくものは一割程度である。

なお、老人自殺と家族との関係では、昭和三五年頃、「三世代同居の老人は、一人暮らし、夫婦暮らしの老人よりも自殺率が高い」という報告があった。これは一見、子家族とのトラブルが自殺を招くという印象を与えるが、重病の老人が大部分同居家族の中にいるという条件を加味して理解すべき問題なのである。かつて老人自殺が多かった新潟県郡部を調査した東洋大学社会学部の報告によれば、むしろ嫁姑関係は良好だった例の方が多かったそうである。嫁や息子にこれ以上迷惑をかけたくないという思いから自殺したのだった。

ある定年退職者の自殺

このように、動機がはっきりしている初老期男性の自殺は、昭和三四年六月の新聞にも報じられている。

五月末日、東京都大田区に住む会社員男性五五歳Aが、自宅で妻の外出中に服毒自殺をとげた。その六日前の五月二三日が五五歳の誕生日で、即定年退職の日だった。Aは日本橋に本社がある大規模製薬会社の販売事務課長代理で、妻はあるが子はなかった。小さな庭と二三坪の自宅を持ち、近所の話では幸福そうな夫婦だったという。ただ会社では、上司に言われても仕事の引き継ぎをせず、送別会も断ってしまっていた。妻には嘱託になると話していたが、その希望は通らなかったことも影響したようだ。走り書きで次のようなメモを残していた。

「ああ無情、解剖の要なし。覚悟はとうにできている。
私（本人）名義の預金はすべてお前のもの。冷静に頼む。
兄上によろしく。僕も冷静でいく。
式は質素に。小夜奈良《さよなら》。丈夫でな。長生きしてくれ。
五月二三日(6)」

当時においては、大企業の九割までが定年制をもち、その七割以上が「五五歳定年制」であった。しかし、昭和三五年において、五五歳男性の平均余命は一七・七九歳あり、実際には七三歳まで生きる可能性があったのである。それなのに再就職の口が見つけられなかったことが、この自殺となったとみられる。

ご本人は、その一〇年前に途中入社したので、退職金は出たが、おそらく会社独自の年金制度に組み込まれなかったのであろう。そして、普通の老人が一番頼りにしている子どもが一人もいなかった。これも大きな要因になったことであろう。

伝統的な日本老人の暮らし

この自殺は、はからずも「老人問題」の幕開けを告げるような事件となった。

それまでの日本には、「老人問題」という言葉も「高齢者問題」という言葉も存在しなかった。簡単にいえば、老人は心配しなくてよかったのである。それがマスコミで賑やかに取り上げられるようになったのは昭和三五年頃からである。では、なぜそれまでは落着いていられたのか。

外国人の目から、はっきりその原因を指摘した人がいる。デューク大学（アメリカ）の社会学者アードマン・パルモア教授は、昭和四七年に半年近く日本の研究所に滞在した研究結果を次のように教えてくれた。

⑴老人を優先させる日本のエチケット

アメリカでは、若者が平気で「汚れた猫」とののしるように老人に対するかなりの偏見と差別があるが、日本では老齢を威信・名誉の源とみなしている。老人に対する一般的な日本語は「お年寄り」だが、これは文字どおりには「うやまうべき年長者」の意味である。だから、日常無意識のうちにも老人には敬語が使われる。また、入退室の順序、座席順、入浴順などにも老人優先が支配している。若い女性を優先させるアメリカとは大違いだ。「敬老の日」とよばれる国民の祝日は日本にしかなく、「還暦」に当たる祝福をアメリカ老人は受けることがない。今の若者は乗物の座席を老人に譲らなくなったと日本人はよく言うが、ニューヨークに比べれば東京の方がよほどよく譲っている。要するに、日本には老人を敬愛するエチケットが健在である。

(2)地域社会での活動の活発なこと

アメリカでは、五％の老人しか参加していない「老人クラブ」が、日本では全市区町村にあり、郡部では一〇〇％、都市部を含めても五〇％強の老人が参加している。しかも、アメリカの老人クラブはダンスとトランプしかしないのが普通なのに、日本では「老人大学」と称する学習活動まで活発に行っている。そのほか、宗教団体や近隣グループなどを通しての地域活動も、かなり行われていて、老人の相互協力や自尊心を高めている。

(3)福祉サービスの充実

全国におかれている「老人福祉センター」が、国と自治体の援助を受けてほとんど無料でレクリエーションや相談サービスをしている。アメリカよりも数が多く活発だ。また、一九六三年以来無料の健康診断が定期的に行われ、七三年には七〇歳以上の医療無料化が実施された。一部の市町村は、六五歳までの無料化に踏みきっている。四〇ないし六五％までしかカバーされていないアメリカからみれば、かなり進んでいる。

(4)老人の高い就労率と同居率

アメリカからみて、一番うらやましいと思うことは、日本老人が高い水準で社会のなかに融けこんでいることだ。たとえば、アメリカでは六五歳以上の男性老人の二九％が就労しているにすぎない（一九六四年）のに対し、日本の男性老人は過半数が就労を続けている。さらに、勤めに出ていない老人は、家事・育児や買い物を分担することによって、家庭内の役割を担っている。これは、最近でも七五％の老人が子どもと同居して、子や孫とよく融合していることによる。嫁と姑が時に紛争を生じても、それは背景をなす条件に差が少ない証拠であり、争うことすらできないアメリカの同居老人に比べれば、はるかに幸せではないか。

(5)高水準の統合化

総じて日本社会は、高度の工業化・都市化を達成したにもかかわらず、他の先進諸国のように老人を一般社会から疎外せず、きわめて高い水準で、老人を生きた社会のなかに統合化（integration）しており、しかも、最近までほとんど崩れていないのは驚くべきことだ。たぶんこの原因は、社会のタテ構造と、儒教に基づく親孝行倫理に求められよう[7]。

揺らぎ出した直系家族制

このようなパルモア教授の指摘のなかでも、欧米工業諸国とのもっとも基本的かつ決定的な違いは、日本の老人は「子の家族の中にいる」という点であろう。しかし、この事実としての直系家族制が昭和三〇年代後半からかなりぐらついてきて、老人と子夫婦の同居・別居問題は大きな社会問題にまでなった。当時の社会教育などで老人問題に関する講座が組まれる時は、必ず大きな柱の一つとして取り入れられている様子からもそのことがうかがわれる。

アメリカやフランスの人々は少しも迷うことなく、「老後、子どもたちと同居する気持ちは全くない。子どもたちも同じだろう。よほどの困窮者でもないかぎり、皆同じことだ」と断言してはばからない。「若い時と同じように、老人になっても自由に独立心をもって生きたい。子と同居したら、どちらも自由な生活ができないではないか。同居することは、身体的にか、精神的にか、経済的にか、独立の意欲を失って他人にディペンド（依存）しなければならない〈情けない人生の敗北者〉とみなされる」というのが、その理由である。だからアメリカでは、「子どもと同居しているなんて、なんてお気の毒なこと」とあいさつされることになる。すなわち、アメリカや西ヨーロッパや北ヨーロッパの社会では、ほぼ一世紀も前から、老親と子の「別居原則」が確立されているのである。老年社会学者のシュテハウアーやシャーナス教授らによる有名な「欧米三カ国老人共同調査(8)」の結果でも、有配偶老人で子ども夫婦と同居するものは、イギリスで五％、アメリカで二％、デンマークで一％にしかすぎない。配偶者を失った老人でも七ないし二〇％程度で、この原則の存在を統計的に証明している。一方、インドや台湾、韓国の研究者も回答に迷いがない。「一部の欧米帰りの人を除けば、同居が普通でしょう。それが楽しい理想だし、幸福な生き方だと思われているから」。これらの国の人々には、「同居原則」が徹底していることは明らかである。

顔はアメリカ、心はアジア

日本でも太平洋戦争終了時までは、「家《いえ》」イデオロギーを背景とする家族制度が「同居原則」を確固として支えていた。老親は長男夫婦と同居し、その扶養を受けることに少しの疑いも抱かないほど、制度的にも、慣習的にも安定していた。社会学や人類学でいう「直系家族制」である。

たとえば、昭和五〇年に東京都にただ一つの村である檜原村の農家で、昭和二二年に結婚した女性から直接次のような話を伺った思い出がある。

「姑や小姑がいたけど、それまであまり苦労しなかったね。小姑は二つ年上だったけど妹にあたるので、おねえさんって呼んでくれてね、くすぐったいようだったよ。それでも、三年ぐらいは女三人がいっしょに住んでいたんだから、ごたごたもあったさ。そんな時は、自分の言いたい事ばかり言ってもしようがないから、くやしくてもがまんして、相手にならないようにしていたよ。まあ、つらかったことも長くたつと忘れちまうもんだね。一〇年目に姑が、胃ガンで亡くなった時は困ったよ。なにしろ、それまでは使用人のつもりでいたから、すべて姑の言いなりでよかったからね。姑が死んで、自分がすべてやらなければならないんだなあと思った時、急に家の重みがのしかかってきたような気がしたよ(9)」。

ところが、戦後の家族制度の改革と産業化の急速な進展から、直系家族制は古い封建制度の遺物であり、核家族を単位に暮らす「夫婦家族制」の方が近代的ですぐれているのだ、とする風潮が広まったことは周知のとおりである。

しかしながら昭和三〇年代の現実は、子どもたちと同居している老親の方がなおずっと多く（昭和三五年で八七％）、別居原則の夫婦家族制を良しとするタテマエとは矛盾している。老人を中心にみれば、戦後でも同居が原則なのである。別居主義の若者も、親が一人になったり、二人そろっていても高齢や病弱になったりすると、たちまち同居実践者に変わってしまう。日本人には、「夫婦本位に暮さねば」という新しい気持ちのなかにも、「さびしそうな親を見捨てられるものではない」という感情が根深くひそんでいて、何かあるとすぐ呼び起こされるものであることを痛感させられる。つまり、意識の表面はアメリカを向いているが、心の深層部と事実の上では他のアジア人に近いので、親子ともども夫婦家族制に徹しきれていない。しかも、昭和三〇年代前半までは住宅難と貧困のために考慮の余地がなかった同居か別居かの問題が、高度経済成長以降の時代は、実行しようと思えばどちらでも選べる余裕を生んで、迷う条件が増した。昭和三〇年代後半（一九六〇年代）からの同居・別居問題は、日本特有のやっかいな難題となってきたのである[10]。

家族のなかから外へ

同居して扶養されるという原則が崩れると、老人は安心できなくなる。ずっと後の昭和五〇年代初めに、橋田寿賀子作のNHKテレビドラマ『となりの芝生』と『夫婦』が、嫁姑関係と同居問題で大評判をよんだことがあったが、そのきっかけは、もうこの頃に始まっていたのである。

誰がいい出したか、「家つき、カーつき、ババア抜き」という昭和三九年に流行したフレーズは、若い未婚女性の大きな賛同をさらった。

この現象は、意識の上だけで生まれたものではない。三〇年代なかばからの高度経済成長が、働く人の所得を急増させて子世代の家計をうるおして個人主義を促進したばかりでなく、親世代の老齢社会保障も拡充されてきた。昭和三八年の「老人福祉法」施行が大きな引き金になり、救貧対策施策から高齢者全体の生活安定施策へ方向が大きく転換されたのである。

注

（1）「結婚したくない」朝日新聞、昭和六二年九月一六日。
（2）「この自由を手渡せるものか」朝日新聞、昭和六二年九月九日。
（3）内部資料としての調査報告書は存在するが、会社名及び工場名を公表しないという約束のため明示できない。以下のB村およびC地域についても同様である。
（4）朝日新聞、昭和四一年四月二二日。
（5）湯沢雍彦「日本老人のいろいろな側面」湯沢雍彦編『世界の老人の生き方』昭和五五年、有斐閣、一九一頁。
（6）読売新聞、昭和三四年六月一四日。
（7）E. Palmore, "What can the USA learn from Japan about aging?" The Gerontologist, 15-1, 1975.
（8）E. Shanas, "Family-Kin Networks and Aging in Cross-Cultural Perspective," Journal of Marriage and the Family, 35-3, 505-511, 1973.
（9）湯沢雍彦編『山村女性の生活変動』昭和五三年、地域社会研究所、六三頁。
（10）湯沢雍彦「日本老人問題の特性」湯沢雍彦編『世界の老人の生き方』昭和五五年、有斐閣、二〇五～二〇七頁。

第八章　不遇な子をどう救うか

1　要保護児童数万人のゆくえ

大部分は児童養護施設へ

終戦後間もない昭和二二年二月、厚生省の手によって全国孤児一斉調査が行われたとき、一二万三五〇四人の孤児が発見され、うち七〇八〇人は浮浪経験があった。同年末「児童福祉法」が公布され、二三年一月から公布されたが、当時の児童養護施設は二七〇カ所で、二万一〇〇〇名の児童が収容されるに止まっていた。戦災児童、疎開児童、引揚げ児童、混血児童などのほか、貧困な家庭から家出する児童が絶えず、実親の適切な保護を受けられない児童は巷《ちまた》に溢れていた。生まれた家庭で暮らすことができず、社会的な養護を必要とする児童は施設収容児の他に一〇万人以上もいたと思われるが、この子どもたちが昭和二〇年代前半どう処遇されていたかの細かい資料はない。

これらの条件に該当する子は、残念ながらいつの時代でも少なからずいた。実親の死亡、重病、入院、次子出産、破産、失業などによる貧困、遠方への就労といったやむをえない事情のほか、両親の不和による離婚、未婚のままの出産、精神疾患などで子の養育が不可能になった場合、さらには、両

表8-1　要保護児童の処遇先実数と割合の推移

	特別養子	里　子	乳児院	児童養護施設	計
	実数（%）	実数（%）	実数（%）	実数（%）	実数（%）
1949（昭和24）	― ―	3,278（17.6）	781（4.2）	14,570（78.2）	18,629（100.0）
1953（昭和28）	― ―	9,111（21.8）	2,478（5.9）	30,129（72.2）	41,718（100.0）
1958（昭和33）	― ―	8,737（18.7）	3,251（7.0）	34,682（74.3）	46,670（100.0）
1963（昭和38）	― ―	6,909（15.5）	3,221（7.2）	34,407（77.2）	44,537（100.0）
1968（昭和43）	― ―	4,729（11.8）	3,321（8.3）	31,943（79.9）	39,993（100.0）
1973（昭和48）	― ―	3,851（9.9）	3,501（9.0）	31,423（81.0）	38,775（100.0）
1978（昭和53）	― ―	3,188（8.4）	3,416（9.0）	31,276（82.6）	37,880（100.0）
1983（昭和58）	― ―	3,322（8.7）	3,183（8.3）	31,566（82.9）	38,071（100.0）
1988（昭和63）	730（2.1）	2,876（8.2）	2,734（7.8）	28,876（82.0）	35,216（100.0）

出所：全国里親会「資料でみる新しい里親制度」（平成15年）同所，14～15頁より。

親がいても放任したり養育を拒否したり虐待酷使したり、果ては、棄て子したり行方不明になったりするケースも、当時は目立ってきていた。

こうした事情は、周辺の警察、学校、保育所、近隣などから通報されたり、大きくなった子の駆け込みなどによって、児童相談所の相談にかかる。

関連した相談は全国で年間四万ないし六万件以上あり、うち四割程度の児童が福祉施設（通所も含む）や里親や養親のもとへ行くように措置される。しかし実際には措置先の大部分は児童養護施設か乳児院といった施設であって、一般の家庭ではない。昭和三〇年前

表8－2　里親数と委託された子どもの数の推移

	登録里親数	委託里親数	委託された子ども	
			実数	全ケア児童中の％
1949(昭和24)年	4,153	2,909	3,278	17.6
1955(昭和30)年	16,200	8,283	9,111	19.7(昭28)
1960(昭和35)年	19,022	7,751	8,737	20.2(昭33)
1965(昭和40)年	18,230	6,090	6,909	17.4(昭38)
1970(昭和45)年	13,621	4,075	4,729	14.5(昭43)
1975(昭和50)年	10,230	3,225	3,851	10.3(昭48)
1980(昭和55)年	8,933	2,646	3,188	9.0(昭53)
1985(昭和60)年	8,659	2,627	3,322	8.8(昭58)
1990(平成２)年	8,046	2,312	2,876	9.2(昭63)

出所：湯沢雍彦著『里親入門』(平成17年）ミネルヴァ書房，３頁より。

後には二割前後、昭和五〇年代には一割足らずの児童が「里親委託」になるに過ぎなかった（表８－１、表８－２）。

その後経済成長して豊かになったはずの昭和六二年の日本でも、養護問題のなかには厳として経済的貧困があると、全国社会福祉協議会養護施設協議会編『作文集・続泣くものか』は次のように解説している。掲載された子どもたちの声も紹介しよう。

「厚生省『養護児童等実態調査』（昭和六二年）によると、養護施設入所児童の保護者の年間所得は「不明者」が八五％もいるが、判明しているものの年間平均所得は、二一四万円である。これは一般家庭の平均五〇五・六万円の半分以下の数字である。不明ケースを入れると、さらに下回ることが予想される。親の就労では父親の五六％、母親の八五％が単純労働、サービス業に就いている。こうした生活困窮の中、酒に溺れたり、サラ金へと走る親を子どもたちは見ている」。

「そのころはほんとうにひもじい毎日でした。家に食べるものがないんです」。

（小六、男、長野）

「父はサラ金に追われて東京に逃げてしまい、その時母も連れて行ってしまったので、残された私と姉と弟は、父と母のいない生活を何日も何日も送りました」[1]。

（中一、女、千葉）

交通遺児

昭和四〇年代以降は、養護施設にも無数の交通事故に関わる児童が入っていた。多くは事故後の生活に疲れ母親が家出したり、病気になったりと二次的理由になるため表面化されにくいが、父や母を失った悲しみと、それによって家庭が破壊された嘆きは大きい。

昭和五二年現在、全国に一八歳未満の交通遺児は約一〇万人いるといわれた。事故で母子世帯となったものが六万世帯、昭和四七年の交通事故は、約六六万件、死者一万五九一八人、重軽傷者八八万九一九八人となっている。戦後の二八年間に死傷者一〇〇万人を超える数となっている。これは第二次大戦の戦場の死傷者を上廻る数字で、このことから「交通戦争」と呼ばれることになった。

アメリカについで車の保有台数第二位のわが国は、昭和五二年には三〇〇〇万台を超えた一方で、死傷者は一万台当たり日本が第一位の二五・一で他国を大きく引きはなしている。

国土の狭さに道路行政の不備、安全施設の立ち遅れ。交通遺児の九〇%は父親を亡くし、事故以来の生活が困難な状況に落ち込んでいる。損害賠償にしても、解決したのはわずか五七%という。六万世帯の半数が生活困難を訴えている[2]。

里子や養子は一割たらず

ところで、実親が死亡したり、生存していても適切な養護が出来ない状況に置かれている乳幼児を救う最善の手段は、子の養育に強い熱意がある養父母を代わりに与える「養子縁組」である。固定した母親役の女性と父親役の男性とが同居して養育されることは、人間として最も普通の姿で、幼いほど愛着関係が生まれる。しかも養子縁組手続きをとることは、法律的にも実の親子と同様な権利・義務関係を生ずることが国家的にも認められている。

しかし実親が生存していて、現在は不可能としても将来は引き取れる可能性がある事情にある場合や、引取り者側に養子縁組まではできない事情がある場合には、期間を定めて、家庭復帰まであるいは社会的に自立するまで、もしくは養子縁組するまで、国の委託を受ける「里親制度」を選ぶことが望ましい。外見的には養子縁組に近いが、戸籍はそのままで、児童相談所に里親としての登録が認められ、その里親への措置が必要なこと、子と里親に国の委託費が出ることが異なっている。

第二次世界大戦後多くなった要保護児童の育成につとめてきた欧米先進国では、養子と里子の二種類を重視し、養護施設収容を二〜三割にとどめるような政策をとっている(3)。施設はどのように上手に運営しても、多数の子を多数の職員が相手にすることで、特定の親子感情が生まれることがないことがはっきりしたからである。そのためイタリアのように、乳児院を廃止する国まで出てきた。

施設委託児が昭和時代でもまた平成二〇年代の現在でも、要保護児童の九割を超えるような国は日本しかなく、児童福祉における後進性をあらわにしている。

なお、施設にいる子が常に三万人前後であるのは、変動がないからではなくて、施設の定員数がこれしかなくて、いつもほぼ満員だからである。だが要保護児童は三万人ではきかず、おそらく常に四万人以上はいるものと思われる。(4)

2　菊田医師事件と特別養子制度

菊田医師の出生届詐称事件

世の中には、望まない妊娠をし、中絶もできず、出産してもどうしても育てられない事情にある女性が、いつの時代にも必ず存在する。強姦や近親相姦による妊娠、中高生の妊娠、離婚決定後に分かった妊娠、ＯＬの火遊びの末の妊娠などである。長い間多くの女性は産婦人科医院へ駆け込んで中絶するか、出産後捨て子することによって解決してきた。

ところが、昭和四八年三児がいる上に夫が怠け者で困窮して中絶を望んで来院した三〇代の女性に、「七カ月以上の胎児を堕胎することは、殺人にも等しい」を持論とする菊田昇医師は、「生まれてくる赤ちゃんが助かるし、赤ちゃんが欲しい人も引き受ける。産みの母のあなたには迷惑をかけない」と説得して出産させた。そして同氏は、昭和四八年四月一七、一八の両日、「急告！　生まれたばかりの男の赤ちゃんをわが子として育てる方を求む」という広告を地元の『石巻新聞』と『石巻日日新聞』に出した。(5)

菊田医師は、宮城県石巻市で産婦人科医院を経営する四六歳の院長である。この広告はローカル紙であったためか反応がなかったが、そののち毎日新聞全国版にのるや、すさまじい反響をまき起こした。新聞やテレビで、是認論や否定論が交錯した。当時でも、産んで「普通養子」に出すという手段はあったが、戸籍には「養子」と明記され、住民票の続柄や健康保険証にまで「養子」という二文字がつきまとう。たとえ養父母との関係が愛情と信頼、暖かい温もりに溢れていても、世間的には「養子」という差別観が持たれることが避けられない。また、実の親についても相続権が残る一方、扶養義務もある。そのため同医師はもらい親が産んだとする虚偽の出生届を書いて提出させたのである。

国会の参議院法務委員会でも取り上げられ、菊田医師を参考人として喚問。田中伊三次法務大臣は「刑罰に触れることがあるとしても直ちに摘発して罰則を適用することがよいことなのか深刻な問題だ。罰則も必要かもしれないが、そのことで将来、子どもが幸せになれないとすれば大変具合が悪い。何が子どもの幸福になるかを考えて判断したい」と答弁した。地元石巻警察署も事件発覚直後、菊田医師を事情聴取したが、刑事訴追せず、菊田医師の行為が違法であることが明白にもかかわらず、何の処分もなかった。

ところが、昭和五〇年三月には、日本母性保護医協会（通称日母、現日本産婦人科医会）、同年九月には日本産婦人科学会という産婦人科の二大団体が、菊田医師を除名処分とした。仙台簡易裁判所は、公正証書原本不実記載、同行使罪で請求通り罰金二〇万円の略式命令を出した。昭和五三年五月には宮城県医師会が菊田医師の優生保護法指定医を取り消し、翌五四年六月には厚生省も医道審議会の決定を受け、同医師に医業停止六カ月の処分を下した。同医師は、一連の告発や処分に対し、控訴、上告などを通じて反論を試みたが、最終的には、昭和六三年六月、最高裁判所が菊田医師の上告を退け、決着した。(6)

表8-3　普通養子と特別養子の相違点

	普通養子	特別養子
養子の年齢	制限なし	6歳未満（要保護事情がある者）
養親の要件	成年者 独身者可	25歳以上 夫婦であること
監護期間	不要	6ヵ月以上の監護必要
戸籍の記載	縁組明示	実親子のように書く
養子離縁	可能	禁止
実親との関係	継続	断絶

出所：湯沢雍彦『図説家族問題の現在』（平成7年）149頁。

特別養子縁組制度の成立

しかし他方、札幌市や長野県の議会では養子法を改正する意見書を採択し、法務省法制審議会でも特別養子にについての法改正の論議が急速に進んで、ついに特別養子縁組制度が昭和六二年に国会で成立し、六三年一月から施行された（表8-3）。

不遇な境遇にある乳幼児を実親から切り離し、適切な親を与える新しい養子制度である。特別養子になるものは、六歳未満で要保護性があり、養親のもとで六カ月以上監護された者、養親は二五歳以上の夫婦が原則。子は実親との権利義務関係を消滅し、養親の実子の身分となり、実親子と同じ形式の戸籍を作成する。明治民法以来厳守してきた「戸籍の真実主義」を変更してまで子の福祉を守る大改正であった。

開設当初の六三年には申し立てが三二〇一件あったがその後減少し、平成一〇年代には四〇〇件台になった。家庭裁判所に認められて正式な特別養子になるものは、当初は待機者が殺到したが、家庭裁判所が転養子（普通養子から特別養子に変わる）を認めず、要保護性の認定も厳しかったので、初年度には申し立ての四二%しか認容されなかった。

そのため、申し立ては二年目で初年度の三分の一を割るほど激減したが、認容率は向上し、平成七年以降はほぼ八〇％になってきた。

これには、斡旋機関の八割以上が児童相談所で残りが社会福祉法人であったが、平成一〇年には斡旋ありの九九％まで認容されている。専門機関とくに児童相談所が家庭裁判所の審判態度に習熟してきたわけだが、家庭裁判所側も児童相談所の調査や斡旋を信頼してきたともいえる(7)。

なお菊田医師は平成三年、国連の非政府機関で、スイスのローザンヌに本部があるＩＲＬＦ（国際生命尊重連盟）から、第一回目受賞者のマザー・テレサに次いで第二回目の「世界生命賞」を授与されたが、この年の八月、クリスチャンとして天国に召された。

3　子奪い合い紛争と人身保護請求

昭和四七〜四八年には、子の奪い合い紛争がマスコミを大きく賑わせたときであった。

たとえば、昭和四八年七月四日のテレビニュースは、大阪地方裁判所堺支部と最高裁判所で子の人身保護請求に敗訴した「未婚の母」が、事実上の養親から子を連れ去った行為の一部が書類送検された事実を伝え、翌五日の新聞朝刊は、一〇歳の長男をめぐる夫婦間の人身保護請求事件において、引き渡しを求める母親の訴えを認めたところ、子は「父が大好き、母は嫌い、いやだ、いやだ」と手足をバタつかせて泣き暴れて大阪地方裁判所の法廷を騒然とさせ、この種の事件に対する解決の難しさを示した、と伝えた。

表8－4　最高裁まで係属した幼児人身保護請求事件の概要一覧

最高裁判決日	子の年齢(原審判決時)	請求者(子に対して)	拘束者(子に対して)	結果	子の実父母の関係
昭24. 1.18	3歳・1歳	父	母	棄却	離婚協議中
29.12.16	1歳	母	非親族の夫婦	棄却	婚姻外関係
33. 5. 3	6歳	事実上の養父	後見人たる祖母と祖父	棄却	母死亡・父不明
43. 7. 4	1歳	母	父(実際は第三者女性)	認容	離　婚
47. 3.31	2歳	母	事実上の養父母(非親族夫婦)	棄却	婚姻外関係
48. 5.25	2歳	母	祖父・祖母	認容	調停離婚

出所：湯沢雍彦「子の奪い合い紛争の解決規準」『ジュリスト』540号（昭和48年）38頁。

前者の事件の判決において内縁縁組の効果を拘束正当性の理由としたのは、やや強引であって、「未婚の母」に対する反情と言われてもやむをえない面があった。

これに対して、後者の事件では、縁組の無効を大きな理由づけとしたが、同時に、請求者と拘束者の双方の監護条件が同じように「不都合がない」ことも認容の理由づけにしている。この事件では、双方の監護条件にさしたる開きがあるとも見られないにもかかわらず、この点についても明確でなく、「請求者のもとで監護させる方が子にとって幸福であること、逆にいえば、拘束者らに監護させる方が子にとって不幸であることが明白であるとは認めがたいところである」と、消極的に述べたにすぎない。結局、監護条件の比較は、子の幸福性決定の客観的決め手になりえないということを示すものなのだろうか。

従来の事件での法則性

ところで当時まで、幼児の引き渡しを巡って最高裁判所まで継続した人身保護請求事件は、私の知るところでは上述のほかになお四件あり、子の年齢や当事者の身分関係を一覧してみると表8－4のようになる。

この六つの事件の結果から、どのような共通的法則性を抽出することができるだろうか。しいて挙げれば、①この種類の子の監護をめぐる紛争はすべて人身保護請求事件とすることができ、当事者関係を問わない。②最高裁判所は原審を変更したことがないので、原審のウェイトが大きい。③四三年以降、請求が認容される例が出てきたが、全体としては棄却される傾向の方が強い。「拘束」の不法・不当性はかなり狭く解されている。④すべての事件で「子の幸福性」を重要な判決理由としているが、その幸福を判断決定した条件や理由はまちまちで、客観的基準は見出せない。

その他の基準

子の引き渡しを命ずる判決ないし審判が確定し、あるいは引き渡す調停が成立した場合、強制執行ができるか否か、可とする場合にも、直接強制を認める説と間接強制のみを認める見解があって、判例は多く間接強制説を採用しているようである。

ところが、前出の事件では一〇歳の男子が母親の許へ行くのは「いやだ、いやだ」とイスにしがみつき、手足をバタつかせて暴れ回った。判決は、この子について「他人の言動に影響を受けやすく、自主的な選択はできない」としたが、法廷は一カ月前に、証人審問の一人として「父親につきたい」との子の意見をはっきり聞いているのである。

また、後者の事件では、原審判決三日後の引渡し機会には、三歳男子が拘束者たる祖母にしがみついて大声で泣きわめくので、勝訴した母親も引き取ることができず、その翌々日に実力で奪取しているし、別の事件にあっては、人身保護請求に敗訴した実母が、判決の約一年後に拘束を容認された事実上の養父母から、これも実力で奪取している。両者とも、自動車に乗せて逃げ、その後の子の居所を秘している。前者は、原審判決通りに執行するに当たって、後者は、人身保護判決に反して、子の引渡し訴訟の結審を待てずに、いずれも自力で奪取したものであり、強制執行不能説や間接強制説は現実離れした甘い見解であることを如実に示している。

要するに、この種の問題にあっては、執行を伴わない判決のみでは目的を達することができず、この点では調査官などによる事後のアフターケア機構をもつ家庭裁判所の家事事件手続きの方がすぐれている。子の監護権者の決定について思い悩むことは、家庭裁判所とて同様であろうが、裁判所と当事者との話し合いがかなり自由にできること、終了後の履行確保の途があることが、実力による子の奪い合いのくり返しという悲惨さをかなり救うと思われるからである。

その意味でも、人身保護手続きは、少なくとも夫婦間の子をめぐる事件についてはもっと制限的に、審理期間も二カ月程度に制限して利用すべきであろうし、同時に、すべての手続きを通じての監護者決定の原則的基準を早急に確定することが必要であろう。それには、たとえばアメリカの大部分の州の離婚裁判において、父母の有責性とは無関係に、子が一〇歳未満の場合には母親こそが最善の監護者であると規範化され、母親が引き取り意思を有し、監護可能状態にあれば監護者となりうる原則がある。このため、実際にも父が原告の場合のみ、父が監護権者になる割合が三割にまで達するが、全体としては八割以上も母が監護権者になっているという現実などが、貴重な他山の石となるであろう。(8)

4　子捨て・子殺し報道の行き過ぎ

昭和四七年の子殺し騒ぎ

激しい虐待とか傷害といったような時事的家族問題は、一般に、本人の直接体験によってではなく、新聞・雑誌・テレビ・ラジオといったマスコミュニケーションに媒介されて市民に伝えられる。そのため市民は、新たな事件がマスコミにのぼれば新しい問題が起こり、報道の量が多くなればその問題の事件量が多くなったと認識しやすい。ところが、現実はそうではなく、両者の間には比例関係が存在しないのである。

現代のわが国のように、マスコミュニケーションが極度に発達し、ほとんどの市民がその網のなかにいる情報化社会にあっては、社会問題の深度は相当程度マスコミの扱い方いかんにかかわってくる。このことは日本においてとくに比重が大きいと思われるので、次に、子殺し、とくに嬰児殺《さつ》問題を例として立証してみることにしよう。

未成熟の子、とくに嬰児（生後まもない子）・幼児を親が殺傷する事件は、家族関係のなかで最も望ましくない行為でありながら、いつの時代にも発生することを阻止しえない。

わが国では、とくに昭和四七年秋から四八年にかけてこの問題が大きく騒がれ、「子ども受難の年」とか「母性喪失の時代」とか叫ばれて関心を呼んだ。

「化粧品会社のマネキンガールが生後一二日目の男子を殺し、石膏詰めにして小荷物便で送ったが悪臭が強かったため発覚したケース」「バーのホステスが幼児二人を、戸を釘付けにした自宅に置き去りにし、愛人と四日間も遊び回っていたため、子は飢えて仮死状態でみつかったケース」「女子短大生がへその緒をハサミで切って嬰児を放置して死亡させ、紙袋に入れて寮内のゴミ置き場に遺棄したケース」「分娩直後、窒息死させた嬰児をシーツやズボンなどと一緒にダンボール箱に詰めて駅のコインロッカーに捨てたケース」など、ショッキングな新聞・テレビ・週刊誌の報道がこの時期にあい次いだ。たとえば、それまで子殺し、子遺棄などについては平均月一件程度の掲載しかなかった『朝日新聞・都内版』にも、昭和四七年一〇月は一三件、一一月五件、翌四八年二月九件、三月七件といったように、ひんぱんに載るようになったのである。

報道と実際との差異

そのため、その原因をめぐって論評が各種メディアでしきりに特集され、「なぜ母親が子を殺すのか」（『暮らしの設計』昭和四七年一二月号）、「〈子は宝・私の命〉が母親から消えた！」（『週刊読売』四七年一二月三〇日号）といったセンセーショナルな見出しがつけられ、『週刊読売』は「子殺しの目立つ一年だった――母性本能が終わりを告げるその第一歩とも言える」（同号、一二六頁）と総括したほどだった。

ところが現実はそうではなかったのである。警察庁が認知した「嬰児殺件数」（未遂を含む）の統計によれば、昭和四七年一〇月の発生件数は一五件でその年の平均数であり、四七年全部の発生件数一七四は、前後の一三年間を通してむしろ一番少ないものだったのである。それにもかかわらず、家族

図8-1　家族殺人事件数の推移

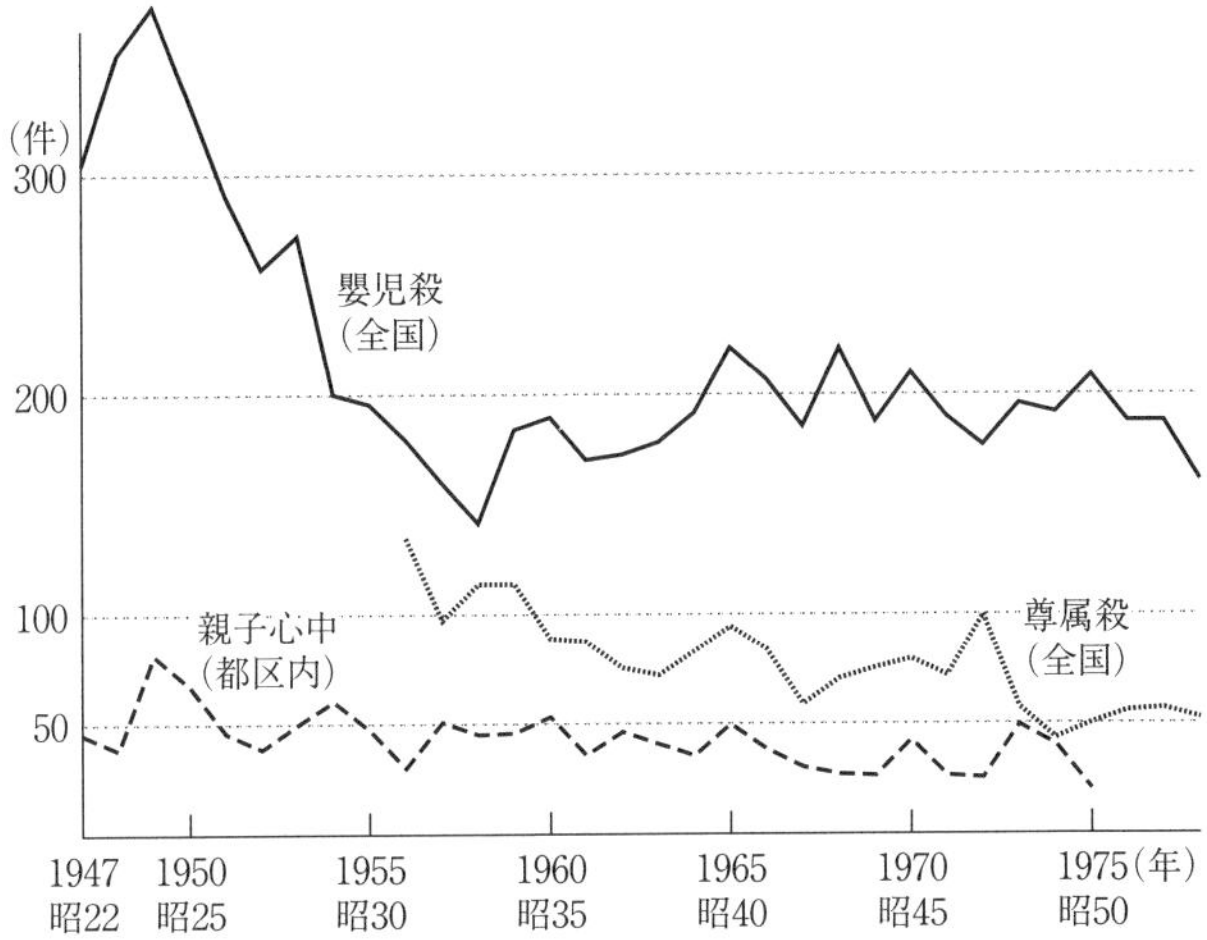

注：親子心中は東京監察医務院の報告による東京都区部の数。
出所：嬰児殺・尊属殺は警察庁『犯罪統計』（各年）による全国数。

病理学者の一部もまた、この年以降母子関係が急激に悪化して嬰児殺が増加したとの誤謬を犯している。このマスコミ報道のあり方と、誤解しがちな認識という問題は、家族病理把握上きわめて重要な問題と思われるのである(9)。

さて、警察庁が認知した嬰児殺事件数は（一歳未満児の殺害及び未遂、加害者を問わない）、図8-1のように推移しており、昭和二五年前後には年間二〇〇~四〇〇件であったものが、三五年代以降は二〇〇件を前後する横ばい状態を続けており、増加傾向にあるとはとてもいえない。月別に見ても、たとえば四七~四八年は表8-5のとおりで、この種の事件はほぼコンスタントに毎月起こっていることがわかる。それなのに、四七年一〇月以降急増が

表8-5　嬰児殺等の出現件数と報道件数との差異

昭和（年・月）	警察庁の認知件数			朝日新聞（都内版）に報道された件数		新聞社会面を占めた主要事件
	嬰児殺	幼児遺棄	計	子捨て・子殺し・子傷害	うち母親による嬰児殺	
47. 1	16	8	24	1	1	横井庄一奇跡の生還
2	11	3	14	0	0	札幌オリンピック
3	14	12	26	1	0	浅間山荘事件　連合赤軍虐殺事件
4	19	8	27	1	0	沖縄復帰問題
5	18	9	27	0	0	テルアビブ乱射事件
6	10	10	20	0	0	日航機インド墜落
7	9	9	18	1	0	庶民首相出現
8	14	5	19	4	0	ミュンヘンオリンピック・テロ事件
9	17	8	25	2	1	日中国交回復
10	15	12	27	13	4	
11	8	6	14	5	2	
12	23	12	35	3	1	総選挙・共産党躍進
計	174	102	276	31	9	
48. 1	14	3	17	1	0	ベトナム和平本調停
2	14	6	20	9	0	
3	12	17	29	7	2	水俣病判決
4	20	10	30	5	1	インフレ高進・不買運動
5	18	11	29	6	2	東京ゴミ戦争
6	20	12	32	11	4	
7	17	9	26	10	2	日航国際線乗っ取り
8	21	9	30	6	1	金大中氏誘かい事件
9	16	3	19	5	4	内ゲバ事件
10	18	10	28	6	3	
11	9	4	13	7	5	熊本でデパート火事　石油危機
12	17	8	25	6	5	石油危機
計	196	102	298	79	29	

出所：中谷瑾子「幼児殺傷・遺棄」と警察庁『犯罪統計書』を基礎とし筆者が追加。

叫ばれたのはなぜか。それは同表の右欄が示すように、新聞の報道件数が急増したからである。つまり、増えたのは情報の量であって、事実の量ではなかった。しかし、人びとは情報のみにしか接しえず、しかも日本人の新聞・テレビへの信頼感はきわめて高いので、マス・メディアが多く扱えば扱うほど、事実も多いのだという認識が広まる。

昭和五〇年以降、新聞の子殺し報道は急減したので、一般には子殺し問題は去ったと思われているが、図8－1からも推測できるように、事件数はあまり変わらずに存続しているのである(10)。

マスコミ報道の特性

もちろん一般的には、マスコミが不正確な事実や単なる想像を報道しているわけではない。終戦直後の昭和二一年、戦時中のゆがんだ報道への反省もこめて、日本の新聞界は自ら「新聞倫理綱領」を定め、その第二に「事実の真相を正確に忠実に伝えること」と規定した。「客観報道主義」の採用である。しかし現実には、取材者が立ち入ることのできない物理的・時間的・人為的な「報道障壁」がたくさんあるほか、ニュースを追うという性質から、平凡な一般的多数現象よりも、より新しくより変わった少数現象を追うという「新奇追求性」をもっていることを、読者は忘れがちなので注意しなければならない。

したがって、たとえば新聞記事などを研究資料として取りあげる場合には、次のような留意が必要であろう。

①　報道される事件は、全体の中のかたよった一部であって、全部でも、平均的なサンプルでもな

いこと。
② 紙面（頁数）が多くなればなるほど家族病理報道量も多くなること。
③ 時代風潮を反映するとみられる内容の病理事象が、より多く取り上げられること。
④ また家族病理についての官庁統計や研究報告が多くなれば、それらの報道も多くなること。
⑤ しかし、他に大きな社会・経済・政治などの問題（政変・大事故・オリンピックなど）が発生すれば、病理事象の報道は非常に減少してしまうこと。

注

(1) 養護施設協議会編『作文集・泣くものか——子どもの人権一〇年の証言』昭和五二年、亜紀書房、一二・四六・七八頁。
(2) 養護施設協議会編、前掲書、四二頁。
(3) 湯沢雍彦編『里親制度の国際比較』平成一六年、ミネルヴァ書房、三二六頁。
(4) 湯沢雍彦・宮本みち子『新版データで読む家族問題』平成二〇年、日本放送出版協会、一七〇頁。
(5) 菊田昇『私には殺せない』昭和四八年、誠信社、二一～二八頁。
(6) 堀章一郎編『岡山県ベビー救済協会二〇年の歩み』平成二三年、岡山県ベビー救済協会、一一五～一一八頁
(7) 湯沢雍彦・宮本みち子、前掲書、一六八頁。
(8) 湯沢雍彦「子の奪い合い紛争の解決基準」『ジュリスト』五四〇号、昭和四八年、三七～四一頁。
(9) 中谷瑾子「核家族化と嬰児殺し」『ケース研究』一三五号、昭和四八年、二～一一頁。

（10）湯沢雍彦「家族問題への社会学的接近」青井和夫監修『家族問題の社会学』昭和五六年、サイエンス社、一七一〜一七六頁。

第九章　国際婦人の一〇年と家族

1　昭和四五年前後の婦人問題

国際婦人年始まる

戦後が始まって四半世紀が過ぎようとする昭和四五（一九七〇）年になっても、家族問題は減らないばかりか、新しい局面を加えてかえって増えてきていた。その中心には女性からみて、婦人問題の改革が不十分なために起こるものが少なくなかった。

それは日本だけではなく、世界の問題であった。国連は設立当初から「女性の地位向上委員会」を置き、一九六七年には「女性差別撤廃宣言」を採択した。さらに一九七〇年初頭には欧米の民衆から「女性解放運動」が起こってきた。国連は一九七五年を「国際婦人年」とすることを提唱し、日本もこれに参加し、一年だけでは不十分として、それに続く一〇年間も加えて「国際婦人の一〇年」を立ち上げた。合計すれば一一年である。性差別の撤廃を目指す運動や施策が、本格的に始まったのである。内容は、政治、雇用、教育、家庭などすべての側面に及ぶが、とりわけ家族にとっては重大な動きとなった。

発足を前にして総理府は、「婦人に関する諸問題調査会議」を設け、昭和四七～四八年度に総合調査を行った。会議の専門委員として加わっていた私（筆者）は、その結果を報告した席上のようすを未だに忘れることができない。「男は仕事、女は家庭」という性別役割分業を肯定する意識が、男女とも八割もあって圧倒的に高く、しきたり慣行上の男女差別が大きく残っていることなどを報告すると、それまで各地で啓蒙活動を続けてきて成果に自信を持っていた女性委員たちは啞然として声も出ないほど、古めかしい保守的な内容が並んでいたからである(1)。

農村の男女差別のしきたり

たとえば、労働省が各地の婦人少年室に声をかけて、日常生活のしきたりのなかに男女の差別が残っている事柄を報告してもらった記録がある。その一部を紹介しよう。

かなり広い範囲の農村で、農業経営の中心はずっと前から「かあちゃん」もしくは「ばあちゃん」に変わっているのに、農協の名義は依然世帯主の夫なので、女性は役員の選挙権を持てないでいる。また、「村人足では男を一〇とすれば女は七の割合でしか評価されない」「神社や学校の草むしり・除雪などは各戸から一名ずつ出て行うが、女が出た場合は二〇〇〇円程度の供出金を出すとりきめがある」「農作業終了後、男は酒食の接待をうけるが、女はうけない」といった例が各地にある。

「男の厄年には四〇～五〇万円の費用をかけて親戚友人を招き、多数の引出物までつけるのに、女の厄年には、紅白のまんじゅうを親戚に配るだけだ」という話には思わず笑ってしまうが、「夫が死亡した場合は、どんなに小さくても長男が喪主になる。小さすぎてあいさつができない場合は、親戚特にない」といった所もある。

の男性が代理をつとめる。妻は原則として、喪主にも代理人にもなれない」「妻は夫を先にあの世へ送ってから後死ぬべき人だから、もし妻が先に死亡しても、夫は野の送りをしない」「夫を亡くした妻には、〈未亡人〉〈やもめ〉〈寡婦〉という言葉がよく使われるが、妻を亡くした夫に対する言葉は、特にない」といった所もある。

都市でのしきたり

こういうことは何も農村だけに限らず大都会の真中でもいくらもまかり通っていた。結婚式をめぐって私の体験はこうだった。

結婚披露宴の招待状差出人は、本人でなく親であることの方がなお多いが、それも双方の父親の名のみであり、仲人も夫婦そろっていることが資格とされているにもかかわらず、夫の名のみしか記されていないことが普通である。

これは嫌なことだとかねがね思っていたから、私が卒業生の仲人を頼まれた時には、妻の名前（朱実）も連ねて印刷することを条件に引き受けた。ところが、式場から送られてきた招待状を見ると、「湯沢雍彦・朱実両ご夫妻のご媒酌により」とあるではないか。式場は、仲人二組の珍しい挙式と思い込んだようだ。これが、都心の一流結婚式場の姿なのである。

また、親戚を招待する場合にも、新郎新婦の血縁者である女性を差しおいて、非血縁者であるその夫のみを、男であるという理由で招待する地域も少なからずある。婿養子をもらう場合の結納金は、嫁をもらう場合の約三倍といわれるほどの差があるという(2)。

そして、「嫁に行く」「嫁にもらう」という言葉が当時でも愛用され、結婚式では、間接的ながらも妻は夫に「尽くす」こと、「夫唱婦随」でいくことが求められる。結婚すると、仕事にかこつけなくてもなお夫は個人的行動の自由を享楽できるが、妻は「家庭責任」なるものにしばられて、行動の自由をほとんど失う。そればかりではない。「家庭の責任者」とも扱われない場合も少なくないのである。また、男女が一緒になるほとんどあらゆる会合において、女性は男性のあとから入場し、下座に着席することが無言のうちに要求される。もしも、こうした慣習に違反する女性が出たら、寿岳章子が『日本語と女』(3)の中で報告しているように、「それでも女か」「女のくせに」「はみで女」といった拘束のレッテルが貼られてしまう。

昭和五〇年のテレビコマーシャルでは、ハウス食品が「ワタシつくる人、ボク食べる人」という言葉を平気で流していた。行動を起こす会はこの放映を止めるようテレビ局に申し入れて実現された。

昭和三〇年代に、私が家庭裁判所調査官として離婚調停事件に関わっていた時、男性の当事者から「あんたは男のくせに女の味方をしてけしからん」とよく抗議された。むろん私は、双方が公平になるように努めていたつもりだが、男性は五分五分の解決など納得できないと言うのである。こういった「言われなき男の優越感」こそ、「差別のしきたり」の一番の元凶なのではなかったかと思われる。

総合調査のなかから、家族に関係する別の一部を見てみよう。

団地では住む家の名義の九一％が夫である。農村では夫かその父の家族名義というのが大部分で、妻名義は二％である。団地では妻名義は一件もないが、共同名義が六％であった。

農村での土地所有名義人は、夫以外の家族である場合が多いが、これは夫の父とか祖父がまだ所有名義人であるためで、やはり農村で妻名義のものがあるのは、夫が養子などの場合に限られている。家庭のことは何事も夫と妻との協力により運ばれるという夫婦の意識には、まだまだ遠いように思われる。

農家の跡取りとして〝長男に継がせたほうがよい〟という者と〝できれば長男に〟という者を併せると六一％にものぼり、やはり年齢の高いものに多かった。農家という特性から出たものであろうが、ここではむしろ、「跡取り長男」という考えが六一％にとどまる事実の方に注目すべきであろう。

相続について

今後、自分の老後を跡取りとなる息子夫婦にみてもらうために、大部分の妻は自分の相続分を放棄せざるを得なかった。妻にもともと財産があったら、そんなに遠慮する必要はないと思われる。放棄した妻のうち三人が祭祀を引き受けている。妻の生存中は妻が亡き夫を弔うのが人情であろう。その後は財産相続人が引き受けるものと思われる。

相続していない娘は、大体結婚のときに婚資を出してもらっている。

相続放棄の手続きとしては、東京品川地区では大体が分割協議書によっていたが、千葉県市原地区では民法第九〇三条の特別受益証明書によるものが多く、分割協議書によるものは一例だけである。家庭裁判所への放棄手続きをとったものは、一例もなかった。当時は、家庭裁判所への放棄手続きは全国的に見ても減じつつあった。しかし、このことは妻が財産相続する数が漸増しつつあることを意味するものではない。

相続のときに話し合いが行われている場合には、放棄した者もまあまあ仕方がないと納得している。話し合いがなかった場合には不満感が強い。

結婚した娘は相続権がないと思い込むなど、法の無知が感じられる。家庭裁判所での相続放棄手続が簡易すぎて、事実上他人の共同相続人の相続分を放棄させることによって遺産を隠したり、だますなどして相続を放棄させるという人権侵害を起こしているのではないかと思わせる例がある。

昭和五〇年前後の三つの調査

この調査に続いて、さらに個別的な問題を知るために、内閣広報室は昭和五〇年「男女平等に関する世論調査」、NHKも昭和五〇年に「働く女性の意識に関する（世界一〇カ国）調査報告書」を、総理府は、昭和五一年全国の成人女性五〇〇〇人を対象に「婦人に関する世論調査」などが、相次いで行われた。その中から主要な結果を拾ってみよう。

まず基本として、「男は仕事、女は家庭」という考え方に同感する者は四九％で、同感しない者の四〇％を上回った。同感は、地方の四〇歳以上、小学校卒（高等科卒も含む）の離死別者に多く、同感しないは大都市の二〇代、高学歴の未婚者に多かった。しかし同感する者も、社会活動や職業をもつことは良いとしている。なおこの性別分業感はどの諸外国と比べても高く（一九八二年国際比較調査）、日本の男女差別の根源をなしていたが、のちの平成一六年に初めて反対が賛成を上回り、平成一九年にやっと反対が五割を超えた。

「男女の地位は平等か」という設問について女性は、レジャーを楽しむ機会のみ四〇％が平等だとした外は、不平等だとする答が最多だった。社会通念やしきたり＝七〇％、職場では＝五九％、家庭では＝四九％、文化活動＝三九％であった。

なお、昭和五〇年当時、女子の大学への進学率は一二％（男子は四〇％）だったが、短大は二〇％で男子の三％を上回っていた。しかし労働者の平均月賃金は、男性二〇・四万円に対し女性一一・四万円で、男性の五六％という格差があった。しかし一〇年前の格差五一％に比べれば向上していた。

国際的に比較して、一〇カ国中日本が最悪であるとした項目は（カッコ内は女性の上位国の答）、次のとおり。

夫は妻が仕事することに反対している＝二一％（イギリス＝二％）
職場の待遇で男女差があることをやむを得ないとする＝四八％（アメリカ＝五％）
夫が家事を手伝うことは反対＝三九％（ドイツ＝四％）
夫は部屋の掃除を全然しない＝三六％（フランス＝五％）
夫はふだん買い物を全然しない＝六七％（カナダ＝一〇％）
夫は食事の後片付けを全然しない＝六七％（フランス＝一六％）

しかし全体として婦人の価値は向上していると感じている女性が六七％を占め、そうは思わないという女性（二一％）を大きく上回っている（「婦人に関する世論調査」（五一年））ことは貴重であった。

それは、自らの性を肯定的かつ積極的に評価する女性が多くなってきていることからも推測される。統計数理研究所の二〇年にわたる「日本人の国民性」調査によれば、昭和三三年には女の六四％が男に生まれた方がよかったと答えており、女に生まれてよかったという者は、わずか二七％であった。

それが二〇年後の昭和五三年には、生まれ変わる場合、ふたたび女に生まれたい者は五二％で、男に生まれたい者（四一％）を上回っている。年齢の若い女性ほど再び女に生まれたいという者が多く、二〇代では六〇％を超えている。しかし、アメリカでは八四％の女性が「再び女に」と答えており、日米とも男性は九割が再び男に生まれ変わりたいと希望しているのに引き換え、まだまだ低い数字であった。

2　格差を埋める法改正

差別撤廃条約の批准

昭和五〇（一九七五）年から始まった「国際婦人年」一一年間の動きは、日本の婦人と家庭に目ざましい大きな影響をもたらした。

その中心となったものは、昭和五五年に高橋展子代表によって国連で署名された「婦人に対するあらゆる形態の差別の撤廃に関する条約」で、この批准案が昭和六〇年六月二四日に衆議院で可決、七月二五日に発効して、動かぬものとなった。これまで一〇〇年を超える長い女性解放の歴史のなかで、初めて「男女平等」を法的に実現する基礎が整えられたのである。

もっともこれを批准（条約を国会が承認）するためには、あらゆる分野で法律的な男女平等を実現することが条件とされたから、日本では、国籍・労働・教育の各側面で目立っていた不平等について、大急ぎで次のような法改正が行われた。

(1)国籍問題について

それまでの古い国籍法第二条（昭和二五年施行）では、外国（国籍）人と婚姻したときの日本人は、男性ならそのまま日本国籍を持ち続けられたが、女性はほぼ自動的に日本国籍を喪失して、配偶者の国籍に変わるほかなかった。また日本人夫と外国人妻との間に生まれた子は、自動的に日本の国籍になるが、日本女性が外国人男性との間に生んだ子は日本国籍がとれなかった。

しかし、これはかなり不平等な要件であったので、男女平等を徹底させる観点から、「父系優先主義」を改めて「父母両系主義」をとるように改正された。父または母の国籍を選べるようにしたのである。

(2)民法について

昭和五一年には、小さい部分ではあるが、民法の一部についての改正が施された。それは、婚姻により氏を改めた者が、離婚後も婚姻中の氏を称し続ける自由をもちうるとされた（九五一条、「離婚後復氏の自由化」）。

また五五年には、次の二点の改正が施された。

その一つは、被相続人の財産の形成・維持について、特別な寄与があった相続人に「寄与分」の取得を認める規定が創設された（九〇四条の二）こと、二つ目は「配偶者の相続分」が三分の一であったものが二分の一に増加された（九〇〇条）ことである。子の数が立法時の予想よりも半減した影響もある。

そのいずれもが、事実上、妻に有利に働くことが期待されたものである。

⑶女性労働について

「雇用の分野における男女の均等な機会及び待遇の確保等女子労働者の福祉の増進に関する法律」（「ふつうには「男女雇用機会均等法」[4]とよばれる）」が昭和六〇年五月に成立し、雇用、労働条件などの男女平等が定められた。また「労働基準法」の「母性保護規定」の改正がなされた。

男女雇用機会均等法の成立

このこともあって、昭和六〇年には専業主婦の数より働く兼業主婦の方が多くなり、その後も働く女性が増え続け、平成三年の女性雇用者は過去最高の一九一八万人になり、この一〇年間で四八〇万人も増え、雇用者総数に占める女性の割合も三八・三％になった。しかも、昭和三五年には、働く女性は未婚者が過半数を占めていたが、五〇年前後には働く主婦が女子労働者の二人に一人になった。平成三年には、農林業以外の職種についている共働き世帯は前年比三七万世帯増の九一四万世帯となり、非共働き世帯九〇三万世帯を初めて上回った。また、働く既婚者が日本の労働力の担い手の重要部分を構成し、経済活動の中軸になった。女性は結婚、出産、子育てを巧みに組み合わせて、みずからのライフサイクルを多様なものにした。「家庭にとらわれた妻」は少数になってきたのである。

第二には、働く女性の二極分化が顕著になった。男女雇用機会均等法の施行以後、女性が総合職、専門職などの新しい職域に進出し、男性と同等に働くキャリアウーマンが現れてきた。

他方、サービス産業の拡大、社会の高齢化とともに、不熟練職種が増え、また、若年労働力の不足、とくに中小企業の男子労働力の不足が深刻であるために、この領域への女性労働者の進出が目立った。第三には、昭和五〇年頃から、女性の働くパターンはM字型といわれだした。就業率（労働力率）を折れ線グラフに描くと、五〇年頃は二五〜二九歳時にM字の谷ができていたが、その谷が三〇〜三四歳時に移動し、谷の底が浅くなった。谷間は結婚・子育ての時期で、家事・育児に支障をきたさないかぎりでの労働の選択であって、日本の主婦のライフスタイルを象徴している。

男女雇用機会均等法の制定に伴う、家族に関係する法改正としては、労働基準法の「母性保護規定」の改正があった。まず、産後休暇が六週間から八週間に延長された。また、女性に対して時間外・休日労働、深夜業を禁じた規定からはずす職種が大幅に増加したことは、共働きの家庭に影響がある。非工業的事業の女性の時間外労働は週六時間から四週二四時間に拡大され、また、時間外・深夜・休日労働の禁止を除外する職種も広がった。

もっとも平成元年の労働省「女子管理職調査」によると、女性で課長相当職の八〇％が四〇歳代以上であるが、その六〇％が未婚者である。既婚者でもそのうちの三六％は子どもがいない。しかも、有給休暇の取得率は平均を大きく下回っている。女性管理職従事者は、男性に伍していくためには、結婚もせず、子どもも産まず、休みも取らずに男性と同じように働く姿が浮かんでくる。均等法の精神を生かし、基幹労働力として働く意欲と能力をもつ女性が仕事と家庭を両立させても、男性と差別されないで働くことができるような環境整備がまだ大きく必要であるということになろう。

総合職と一般職

「国際婦人の一〇年」の最後を飾るように、昭和六〇年に「男女雇用機会均等法」が成立し、六一年四月から施行された。働く女性既婚者が日本労働力の中軸になろうとしている時代に、家庭にも重要な意義をもつ法の登場であった。産後休暇が六週間から八週間に延長され、女性に対する制限規定をはずす職種も大幅に増加した。しかし、その五年ののちに制定された「育児休業法」を除いては、仕事と育児の両立について細かい施策がみられないのは残念である。

ただ、多くの大企業では、女性に対して一般職、総合職という「コース別人事雇用管理制度」の導入が始まった。「基幹的な業務」を担当し、管理職への道が開かれている代わりに、全国に転勤のある「総合職」と、「定型的業務」に従事し転勤がない「一般職」である。男子は全員総合職となるが、女子総合職は若干名、あとは一般職を選択しなければならない。コース別雇用管理制度は平成に入って、全国主要企業の三〇％以上が採用するところとなった。

教育問題とその後の「国際家族年」

大学の段階では、「女子大学」が多数存在していることがまず問題になった。それまで女子の入学を認めていなかった国立の男子系大学（東京商船大学など）は、女子の入学を認めるよう改められた。

国立の女子のみの大学が「お茶の水女子大学」と「奈良女子大学」の二校があって、共学化の是非をめぐって国会でも議論された。しかし、日本ではまだ封建的体制が各方面に残り、女子のみの教育にも意義があること、及び、学習のための「カリキュラム内容」は男子校とまったく同等であることの二点が勘案されて、存続が認められた。しかし、高等学校家庭科の扱いについてはまったく男女不平等であったので、4節のような改革が行われた。

なお、あとの時期になるが、国連総会は一九九四（平成六）年を「国際家族年」とすることを宣言し実行された。「家族――その変化する世界における資源と責任」をテーマとするものであった。しかし、わが国では日本家政学会がその中心的報告書『転換期の家族』を翻訳紹介したほか、目立った社会的活動は起こらず盛り上がった活動は少なかった。直接の受け手となる中央官庁部局がなかったほかに、主要な関連事項は「国際婦人年」とそれに続く「国際婦人の一〇年」のときに処理されていたためであろう。しかし国際的にみると、貧困な発展途上国において、貧困と飢餓を撲滅し住居を確保して家族生活の基礎を築くことには貢献したようである。この年に、ピーター・メンツェルを中心に、世界三〇カ国のふつうの暮らしを撮影した写真集 *Material World*（邦訳『地球家族』）が刊行されたことは特筆に価する。

3　婦人問題の過半数は家族問題

企画推進会議と市川房枝

「国際婦人年」とそれに続く「国際婦人の一〇年」は、近代日本の家族の歴史のなかで、まことに特筆に値する一一年間であったと思われる。中心は婦人問題であったが、その半分以上は家族に関係する問題であるから家族問題としての意義も大きいのである。何しろ、首相が先頭に立って婦人・家族問題をこれほど熱心に取り上げた時代は前後に例がない。

婦人問題企画推進本部というのは、

① 内閣総理大臣が本部長
② 総理府総務長官（国務大臣）が副本部長
③ 関係各省の事務次官が本部員
④ この三者で本部会議を組織
⑤ 参与（民間人）四名
⑥ 幹事会（関係各省の局長または官房長）
⑦ 婦人問題企画推進会議（民間の女性二二人・男性一一人）
⑧ 婦人問題担当室（事務局、女性六人、男性一人）

という大組織が昭和五〇年に作られた。形の上だけとしても、首相がトップに立って引っぱることになったのである。ときの三木武夫首相は熱心に取り組んだ。

このなかで、実質的に仕事を進めた一つは、⑦の企画推進会議であった。私は、当時国立大学で唯一の家族関係学講座担当教授であったためか、この男性委員の一人に選ばれ、企画推進会議の本会議や分科会会議に出席していた。

戦前から戦後にかけてもっとも著名な婦人運動家であった市川房枝は、本来ならば当然この会議の主要メンバーであるべきだった。しかし当時は参議院議員であったために選ばれなかったが、彼女は会議の進行には強い関心をもち、時間が取れる限り推進会議の会場に出席し、はなれた片隅の椅子に座って傍聴を続けられた。その姿は鬼気迫るほど熱心で、会議のメンバーはとても居眠りなどはできなかった。雇用機会均等法や女性の主要ポストへの登用などがこの会議から生み出されたが、それには市川房枝の無言の圧力がかなり利いていたと思われる。

やや私的なことになるが、その頃私は、ドメス出版が企画した『日本婦人問題資料集成』の刊行事業にも関係していて、その第五巻『家族制度』の編集解説者になっていた。各巻の先頭をきって早く執筆をすすめていた私が書物の構成や各資料の長短などを決めることになり、その原案を認めてもらうべく、第一巻『人権』、第二巻『政治』の編集担当の市川先生を事務所である婦選会館に二度ほど訪ねたことがある。どちらの時も午後二時頃だったが、先生はよく昼寝をしておられた。起き出すなり「私は〝家族制度〟という言葉が大嫌いなのよ」と言われた。「だからこそ資料集が必要なのですよ」と私は応じて、こまかい打ち合わせに入っていったことが忘れられない（この『集成』は完成後、「毎日出版文化特別賞」を受賞した）。

参与としての影山裕子

四人とされていた参与の役には、影山裕子（日本電信電話公社調査役）、石原一子（高島屋の最初の女性重役）、渡辺道子（弁護士）の三女性のほか、一人だけの男性として私が選任された。私は固辞したのだが、ほかに適任者がいないからと承諾させられた。

この参与とは、政府側の委員は男性ばかりなので、いわば政府側に立って、民間から出された提案を女性の立場から再吟味して総理大臣へ具申するという役割であった。しかし、渡辺、石原、湯沢の三名は働き盛りの現役としてそれぞれ忙しい本務を持っていたので、集合の時間を作るのさえ容易ではなかった。

しかし影山裕子のみは、電電公社の本社調査役という役職にありながら、上司である副総裁から「これは君にとって名誉なことと同時に電電公社にとっても非常に名誉なことである。電電の仕事はしなくてもよい。良いアイデアを出し一生懸命参与の仕事に取り組み、電電公社から来た人は大変よく貢献してくれたという、高い評価がもらえるようにやってもらいたい」(5)という言葉をもらって、全力を参与の仕事に傾倒できた。影山はそれ以前から、勤務先での職務を通して男女の不平等を痛感し、働く女性の地位向上を人生の大目標としていた人物だったから、この人事は適役だった。参与会は二〇回以上開き、その間「参与が国内行動計画の中で必ず折り込んでもらいたい一三項目」ほかいくつかの報告をまとめたが、その原案はすべて影山によるまとめといえるものだった。

私も少しはしなければとあせったが、大学での授業や実習や会議という本務をないがしろにする気はなかったので、結局実質的な貢献は何もできなかった。

思えば、総理大臣に直言できるただ一人の男性の立ち場にいながら、それを活用できなかったことは残念であり、国民の方々にも申し訳なかったと思う。ときの三木武夫総理は大変熱心な人で、首相官邸での最初の本部会議で、「今年は国際婦人年でもあるから、各省ともキャリアの女子公務員を必ず一人以上採用するよう、特別の配慮をしていただきたい」という鶴の一声があった。もっとも、男ばかりの事務次官たちは全員最初から最後まで一言もしゃべらなかったのは、まことに印象的だった。

パートナーよりも子を得るための結婚

企画推進会議のメンバーは、手分けして啓蒙のための講演会を各地で行った。私は中部・東北を割当てられたので、長野、宇都宮、山形などを回って、前進すべき課題を語ったが、なかでも岩手県での会合が忘れられない。

講演の最後にふと思いついて、聴衆にこう聞いてみた。来場者は岩手県内から集まった四〇代から六〇代までの婦人問題の女性指導者で、既婚有子と思われる人ばかりだった。

「女性の方は、結婚して妻になったとき、満足感、充実感、幸福感というのを覚えるのが普通で、皆さん方も何らかの程度それをおぼえたことでしょう。しかし、女性としてはもう一つ、出産して母親になったとき、この時もまた非常な充実感や幸福感をおぼえるといわれています。この二つは異質なものですが、無理に比べたときに、どちらの方がより幸福感や満足感は高かったでしょうか」と聞いてみたのである。

すると、八三〇人の座席を満員に埋めていた盛岡公会堂の聴衆は、圧倒的多数の者が後者に挙手し、前者に手を挙げた人はたった三人しかいなかった。ある程度予想していたこととはいえ、この開きは唖然とするほど大きなものだった。その後、この質問を他の都市や東京でもしてみたところ、比率は少し縮まるものの大勢は同じことだった。考える余地なしという声も高かった。

それでは男性はどうかと思い、社会保険事務所の課長研修に呼ばれたとき質問してみた。全国からの五〇代の男性ばかり八〇人近くの会であった。ここでも、「結婚して夫になったとき」に挙手をする者は皆無で、全員が「子が生まれて父になったとき」に手を挙げた。

少なくとも、昭和五〇年代の中年以上の日本人男女にとっては、夫婦愛などは最初から乏しく、結婚は子どもを得るための手段でしかないことがよくよく確認できた。

私がこの質問をくり返したのは、その前にドイツの男女は正反対の反応を示すことを、東京都立大学の詫摩武俊教授（心理学）から聞いていたからである。

詫摩教授はドイツ留学中に一〇数人の女性の会合でこの質問を出したとき、「考えるまでもなく、結婚できた方に決まっている」と全員が返事をしたという。全員が恋愛結婚なので、まずいい男性を奪う競争に打ち勝った喜びというのが非常に大きい。次に、結婚は相手を選ぶ喜びがある。たくさんいる男性のなかから、良いと思う誰かを選ぶかができる。それに比べて、子どもは選べないではないか。たとえば、一番目は女の子がよくて、二番目は男の子がいいと思っても、その逆になったり、二人ともどっちかになったりする。勉強かスポーツができる子がいいと思っても、そうではない子が生まれる。子どもの方は注文がきかないが、結婚相手は注文がきく。選択の余地がある方がいいに決まっているじゃありませんか、という理屈からである。

こういう根本的な認識の違いがあるので、親子関係の方が濃密になる日本での夫婦・男女の平等化は容易に進まないのであろう。

4　家庭科教育の是正と婦人年の意義

家庭科教育の発足

裁縫教育は、明治時代から小学校上級生の女子に対して行われていたが、「家庭科教育」は戦後の昭和二二年から始められた。

「学習指導要領（試案）家庭科篇」は「小学校においては……、家庭生活の重要さを認識するために、第五、六学年において男女共に家庭科を学ぶべきである」とし、全生徒に必須科目とした。しかし中学校においては、家庭科は職業科の一つとして選択科目の一つとされた。大部分の女生徒はこの科を選択するであろうという予想のもとに、選択科目としたのである。そして制度的には、昭和二二年に固定化され、さらに二四年の改正で、中学校の職業科が職業・家庭科となり、女子の家庭科選択が必修化され、さらに三三年の改正で中学校の必修教科として技術・家庭科となった。

高等学校では、職業教育という概念からも分離され、普通科の女子は四単位必修、職業科の女子も二単位ないし四単位を履修させることが望ましいとされて、さらに昭和四五年には「家庭一般」はすべての女子に四単位以上必修と固定化された（男子はこの時間を技術か体育に当てられた）。

差別撤廃条約に抵触

この教育体制は、昭和五九年まで続けられていたが、国連の「女子に対するあらゆる形態の差別の撤廃に関する条約」の批准に抵触することになった。これを改正するのは昭和六〇年がタイムリミットで、改正しなければ批准全体が実施できないことになったのである。

それまで文部省の態度は、昭和五二年に市川房枝参議院議員が「家庭科の女子のみ必修は男女差別ではないか」という質問に対する諸沢審議官の答弁以来一貫して、「家庭科の女子のみ必修は、現実に女子が家庭生活に果たしている重要な役割に対する教育的配慮であって差別ではない」との態度であったが、それでは通らなくなってきたのである。

昭和五九年一月からの国会審議の過程で、遠藤外務省審議官、森文部大臣、高石文部省初中教育局長らは、初めて「現状のままでは、条約批准に抵触する」旨を言明し、「専門家による検討会議を発足させ、年内に結論を出す」と公約するに至った。

そこで昭和五九年六月、文部省は地域教育行政担当者、高等学校長、高校教諭および学識経験者計一六名（男九名、女七名）による「家庭科教育に関する検討会議」を発足させ、「高校を中心に男女とも自由選択か、他教科と組み合わせて選択必修か、男女とも必修かを審議し、必要に応じて中学校での取扱いについても考慮する」との提案に従って検討を始めた。

検討会議は、関係者からのヒアリングや学校現場の参観なども加えて六月〜一二月まで審議をすすめ、一二月一九日にその報告を発表して任務を終えた。

紛糾した審議

実は私も、選ばれてこの会議の委員の一人になっていた。テーブルだけに座って意見を交わす通常の委員会と異なって、商業高校や共学高校へ出張して家庭科授業を見学し、受講した生徒から意見を聞くなどしたことを思い出す。委員には、指導的立場にあるベテラン家庭科教員のほか、女性の憲法学者や、新聞の婦人家庭欄担当部長なども加わっていた。

高校での履修をめぐって、委員の意見は多様に分かれて収拾がつかなかった。そのうち私の自宅には、一〇〇〇通を超える官製ハガキが舞い込んできた。「女子のみ必修の現状を変えるな」という同文の意見書ばかりだった。すると一週間後には、「現状を改めて男女全員共修を実施せよ」という内容のハガキが、やはり一〇〇〇枚以上も届けられた。配達した中年の郵便局員は、「こんなに読むのは大変でしょうね」と同情の言葉を残してくれた。

終盤での会議での多数意見は、「生徒の自主性を生かし、男女平等を保つならば、男女とも選択がいいのではないか」という考えに傾いていた。すると最終回において、文部省の事務次官が突然「どうか男女全員必修の線でまとめていただきたい」と発言し、後述のような曖昧な報告書が作られて終わり、具体的な方法は教育課程審議会へゆだねられた。事務次官は女子のみ必修では批准が通らないことで、外務省や総務省から尻を叩かれ、他方、選択制にすると履修者の減少が予想され家庭科教員の大量免職に発展する恐れもあって、このような発言になったのであろう。それまで私は五つの中央官庁の七種類の審議会委員を務めたが、これほど後味が悪い審議会はほかになかったような慌てぶりであった。

〔検討会議の報告要旨〕

Ⅰ　基本的な考え方

①　小・中・高を通して総合的に考えること。

②　他教科との整合性、生活の変化を踏まえた内容、実戦的態度の養成を考える。

③　学校、社会、家庭の分担と連携をはかり、家庭教育の活性化をはかる。

④　教育課程の多様化・弾力化に留意。

⑤　女子教育や母性教育に果たしてきた家庭科の歴史と伝統に留意せよとの指摘と、男女が協力して家庭生活を気付いていく観点から男女共に学べる内容にせよとの指摘があった。

Ⅱ　家庭科の履修の取扱い等

①　小・中学校における家庭科のあり方や、生徒の多様性への対応を考慮して「家庭一般」を含めた特定の科目からいずれかの科目を必ず履修させること（以下「選択必修という」）。その際、以下の方法が考えられるが、採用は教育課程審議会での審議にゆだねたい（以下略）。

結局、平成元年に、高校においても家庭科の男女必修が学習指導要領に記載され、公立高校では、平成六年から実施に移された。家庭科実習室の有無をはじめ学校差が大きいが、男子も、家庭経済や家族関係のほか、調理、裁縫、保育、介護などの実技も学習するようになった。

担当教諭によると、全体的に男子は雑だが早くて見ばえを大切といったことがあるが、結局は、男女の性差よりも個人差が優劣に関係している。保育所や老人ホームなどでの実習では、むしろ男子の方が歓迎され、ファッションセンスもあるとのこと。これらの新家庭科履修者がまもなく三〇代なかばになる。どんな夫婦を作るかが楽しみである。

国際婦人年の意義

昭和五〇年は、「国際婦人年」で、それに続く五一年から六〇年までの一〇年間は「国際婦人の一〇年」であった。この計一一年間は、日本の女性や家族にどういう効果をもたらしたのだろうか。

まずはっきりしていることは、第2節で説明したように、法制面ではっきりとあった男女格差を是正する法改正が行われたことである。

国際法の父母両系主義の採用、民法中の離婚復氏、寄与分の創設、配偶者相続分の増加、(通達でだが）高校家庭科教育の男女必修、男女雇用機会均等法の成立が主要である。ただし成立した均等法は、募集、採用、配置、昇進などについては事業主の努力義務にとどめられて禁止規定が設けられないなどの欠点が多いが、司法や行政措置で救済されるとされた。

次に、国家公務員や大会社などの上級職や管理職に女性の進出が見られるようになった。少数ではあるが部長、局長、重役など、社会の表面に見えてきたことは新鮮であった。専門職への女性の採用も増加した。確かに従来にはなかったことが起こってきたのである。

第三に、マスコミやメディアの扱いが変わってきた。それまでは女性の進出があると、「女の井戸端会議」とか「おしゃもじ、かみつきデモ」とか「黄色い声で赤い気炎を吐く」といったように、画一的で揶揄的表現で片付けられていた傾向があったが、それが弱まり、真面目で男女対等的な扱いになってきた。

これらのことは、「国際婦人年」がなかったならば起こったかどうかも疑わしいし、起こったとしてもずっと遅れたことであろう。

しかし、女性の国会や地方議会への議員進出も、審議会委員への参加もあまり進んでいない。そして一番重要な女性の生活意識が全体としてあまり変わっていない。大部分の女性は、大きな不満を抱えながら、家事・育児責任の大部分を担い、非常勤パートの低賃金の中で生活を送っている。これらの現象は、差別を撤廃して男女平等の社会を築こうとした「国際婦人年」の理念とはかなりかけ離れている。

いろいろな問題があるが、私はまずは「労働時間の均質化」と「同一労働・同一賃金」の再検討に立ち返ることが必要だと考えている。

生まれ変わってもまた女に

ところで、法律の改正や通達の是非などのほかに、もっと端的に婦人年の成果を示すものはないだろうか。統計数理研究所の国民性調査委員会が五年おきに国民の基本的考え方の全国調査を行っており、そのなかの「男女の差異」という分野がこれに近い。劣っているとされた女性の社会的地位が向上して男性と対等になってきたかどうかが分かるのである(6)。

これに関係する戦前の調査はないが、男が圧倒的に高かったことは論を俟たない。親しかったある心理学者の話を一例だけあげると、「明治生まれの私の母は、世間の女性に比べてかなり恵まれた人生を送った方だと思われるのに、晩年には〈今度生まれるとしたら、車夫・馬丁でもいいから男に生まれたい〉とよく言っていた」と語っていた。「車夫・馬丁」とは、その母が知る限りでは男の最低の職種を指しているのである。

さて、国民性調査の第一問は、「物事を考えたり、まとめたりする能力は男女で差があるか」という質問に対して、昭和三三（一九五八）年には、男も女もともに六三％の人が「差がある」と答えていた。男性の能力がすぐれているという判断である。「差がない」とする人はその半分もない。ところが平成五年の調査で女は、四八対四五と接近し、平成一〇年の答からは、男女ともわずかながらも「差がない」方が多くなった。能力差の面での基本的認識が動いてきたのである。

次に「楽しみはどちらの方が多いか」をみよう。男性は昭和三八年の時点で七一％対一〇％と圧倒的に男が多いと答え、最近でもやや減ったものの五〇対二二で「楽しみは男が多い」との考えを変えていない。ところが女性は、昭和末期には楽しみは男が多いと答えていたが（六三年は六七対一三）、平成に入ってからは逆転して平成二〇（二〇〇八）年には二三対五六で「女が多い」が圧倒している。女性のこの気持ちの変化は、（調査が欠けているのが残念だが）一九九〇（平成二）年頃に起こったものと推定される。バブルが続いた末期である。

三番目、「子を一人だけ持つとしたら男か女か」の質問は昭和六三年からの調査だが、男性はずっと「男の子」が一位だというものの、「女の子」がよいとする割合も二〇年間で一五から二九へ増えている。女性の方はずっと「女の子」が一位だが、その割合は四〇から五九へと増加の一途である。したがって平成二〇年の男女全体としては、三〇対四五（残りの二四は「どちらでもよい」）で女の子希望の方が五割も多い。将来子に稼いでもらうよりも、話し相手や老後の介護の方が大切になってきたためだろうか。

四番目の、「生まれかわるとしたら、男女どちらがよいか」は全体のまとめのような質問である。男性の方は、最初の昭和三三年から最近平成二〇年まで、終始一貫「また男に生まれたい」が九〇％前後を維持して変わっていない。「女に」は五％から多くて七％どまりである。これに対して女性は、最初の昭和三三年調査こそ「男に生まれたい」希望が六四％を占めて多かったが、昭和四三（一九六八）年から逆転を始め、最近の平成二〇年では七〇％の人が「また女に生まれたい」を希望している。戦前の女性の言葉から見ると、これはまさに革命的な大変化にほかならない。

なお、五番目として、「男女どちらがトクだと思うか」を質問したことが、平成一〇年に一度だけある。この時は、男性が、男がトク＝四八、女がトク＝三二で男の優位を自覚していたが、女性は、三九対三九でまったく同じだと判断していた。

以上のように、男性側が伝統的な「男がえらい」という男本位の考え、いわばひとりよがりのぬるま湯に浸っているうちに、女性側は、女性だけが知る楽しい境地を発見して、男の世界を笑い飛ばすような時代になってきたようである。いずれは、男女の考えがまったく接近する時代がくるものと思われる。

注

（1）婦人に関する諸問題調査会議『婦人に関する諸問題の総合調査報告書』昭和四九年、総理府、第二部五章・六章。

（2）湯沢雍彦「くふう必要・結婚披露宴」読売新聞、昭和五三年六月一六日。
（3）寿岳章子『日本語と女』昭和五四年、岩波書店、一三七頁。
（4）この均等法については、女性差別撤廃条約が求めるものとかけ離れている、審議が事実上密室でなされた、労働条件がかえって悪化された女性が多い、女子労働者の家庭との調和をはかる等について禁止規定がなく事業主の努力義務規定にとどめられた、等について強い批判がある。詳しくは、中島通子「男女雇用均等法」法学セミナー増刊『女性そして男性』昭和六〇年、日本評論社、八四頁以下。
（5）影山裕子『わが道を行く』平成一三年、学陽書房、三〇五頁。
（6）統計数理研究所・国民性調査委員会『国民性の研究、第一二次全国調査』平成一一年、同所、九四～一〇三頁。

第十章　家族を揺さぶる波風

1　ある老人の生き方

昭和五〇年代には、家族のなかでの人間の生き方を考えさせるテレビドラマやアメリカ映画があいついで登場し、古いしきたりに固執する人々や、新しい生き方にあがく人々に、さまざまな感慨をもたらした。時代を追って、そのいくつかを振り返ってみよう。

映画『ハリーとトント』

昭和五〇年のアメリカ映画のなかでは、ポール・マザースキー監督の『ハリーとトント』が秀逸だった。家族関係の内質を見つめたいと願っている私にとって、現代アメリカの老人をめぐる家族問題を、まことに絶妙に紹介するものだからである。映画としての質も、ニューヨーク・タイムズや優秀映画鑑賞会が上位に推薦したほどに高い。

あらすじを一口でいうと、妻に先立たれた七二歳のハリーが愛猫トントを連れて、ニューヨークからロサンゼルスまでの旅に出るが、どこにも落ち着けない老人の孤独を描いたものである。大冒険もロマンも活劇もまるでなく、老人が住みなれたマンハッタンのアパートから強制撤去させられる場面くらいが唯一のドラマティック・シーンで、あとはまるで日常生活そのものを映しとったような映画だが、「人生の姿」が静かに語りかける迫力は大きい。

もちろん、淡々とした物語のなかに、いくつもの見せ場がちりばめられている。

ニューヨーク郊外の長男夫婦の家庭は裕福なのだが、そこの二人目の息子はＬＳＤ（幻覚剤）にふけり、一切口をきかない。自分がその家に入居したことにより、長男夫婦がどちらも具合悪そうだと覚ったハリーは、自分から出て行く――この時長男は老父にあれこれ気を使うが、嫁はまったくそうでない。舅と嫁の間には、なるほど扶養義務などないし、嫁という言葉も出来る訳がない、と肯かせるサッパリとした関係――。

長男は、シカゴに向おうとする老父に航空機の切符までくれたが、飛行場の検査係に猫を入れた籠の持ち込みをとがめられると、ケンカして飛行機をやめてしまう――愛猫を荷物室なぞへ入れられるかという老人の頑固一徹な側面――。そこで購入した自動車でシカゴへ向かう途中、初恋の女性ジェシーを老人ホームに見舞う。老いたジェシーは頭が少しおかしくなっていて、ハリーを思い出せず別の男の名を口にするが、ハリーはやさしくその名を受け入れ、お互いに「君はまだ美しい」「あなたは魅力的よ」と称え合い、ダンスに至る会話が美しい――清潔で明るい老人ホームと、この二人の出会いにまったく関心を寄せない同じホールにいる他の老人たちの姿――。

娘シャリーは、シカゴの下町で本屋を開いて暮らしは一応安定しているが、結婚は何度も失敗して独身。老父に一緒に暮らそうと申し出るが、ハリーは「生き方が合わない」からと断る。自動車に同乗した若い男女からは、これから一緒にコミューンで住まないかと誘われたが、ハリーはそれも断る。一六歳の女子と一八歳の男子が、気負いもてらいもなく自己の道を歩き、七二歳の老ハリーもまた、自己の最善の生活環境を見出すまでは簡単な妥協に応じない――。

ロスアンゼルスの次男は大型車で出迎え、豪華な自分のマンションへ案内したが、実は仕事にも結婚にも失敗していた。金を無心して父親の前で泣き出すこの三〇男を見ると、元教員としての年金や預金がある老人と、商売下手な壮年の息子と、「社会的弱者」はどちらだかわからなくなる。当時の日本の三〇歳代の男は、必ず職業があり妻子があって、どこからみても幸せそうにみえた(1)。

監督の気持ち

さて、以上のようなアメリカ老人の姿は明るくてたくましく、誰にも依存せず、自立して生きる模範生のように私の目には映った。ところが、原作者の意図は、そうではなかったようなのである。

脚本を書いたジョシュ・グリーンフェルドが来日して、記者に語った言葉はこうである。

「アメリカの年寄りは、日本よりずっと不幸です。いや、日本の老人は世界でも非常に恵まれている……たとえば終身雇用制、定年までは安んじていられ、退職金もある。一〇年前に来日したときは悪いシステムだと思いましたが、こんな年（四七歳）になると良さが目につきますね」。「核家族のアメリカ社会では、若者が老人を尊敬しない。汚れた動物としか見ない。尊敬を教えられる機会がないから(2)」と日本型家族システムを礼賛する。

この考えと映画の内容は、一見矛盾している。だが同氏が、ハリーをどの子家族にも簡単に同居させなかったのはさすがで、べったりとした子への没入は、社会的無視と同じく人格の死にほかならないことを語り、必要なのは、老人という人間に対する世間全体の「共感」であることを告げたかったのであろう。

2　父の子育て

映画『クレイマー・クレイマー』

次に、家族のことで日本人の間で非常に評判をよんだアメリカ映画は、昭和五五年に封切られた『クレイマー・クレイマー』であった。これは、クレイマー夫婦の離婚・親権をめぐる裁判映画である。原作の年齢を使えば、あらすじはこうである。

(1)結婚から破綻まで

テッド（四一歳）は広告マンとして「成功した」成果をあげ、職業人として充実した日々を送る一方、家事、育児にも積極的に協力し、よき家庭人と自負できる毎日であった。しかし、妻ジョアンナ三三歳はそうではなかった。長男ビリーが二歳になったころから、子育てだけの毎日が耐え難く、仕事を持ちたいと痛切に願うが、夫は子どもには母親が必要なこと、妻が働きに出ることは経済的負担を増すこと、二人目の子どもが欲しいことを理由に反対。夫が自分を理解していないというジョアンナの不安と抑圧された気分は次第に昂じて、じん麻疹という身体症状にまでなり、テニスがわずかに解毒剤の役割を果たしていたが、ビリーの四歳の誕生パーティーの後、「ここでは窒息してしまいそう。人生をやり直したいの。あなたとの間に分かち合うものは何もないわ」と告げ、息子は「ほしくない、私がいない方がいい」と置いて家を出た。夫には全く晴天のへきれきであったが、なお妻が戻ることに期待をもつテッドに、妻から離婚手続きをしてほしい旨連絡があり、ビリーの親権はテッドにゆずる意向が示された。夫は弁護士と相談のうえ離婚を提訴。妻の方は不出頭のまま、離婚とテッドの親権が認められ、裁判は七分で終わった。

(2)親権者変更の申し立てまで

テッドは家政婦を探して保育体制をととのえ、夜間と休日はできる限りビリーのために時間をとって、父子関係の安定をはかった。ビリーは、当初はかなり不安定になり、父とギクシャクしたり、〝母〟を心情的に追い求めたが、次第にその関係は安定し、後に父が失業したときには、父をなぐさめ力づけることができるほどに成長。父の異性関係にも〝理解〟を示す。

ビリーが五歳になり幼稚園に移ったころジョアンナはニューヨークに転居し、時折り幼稚園の近くに車を止めてビリーの姿を見守る。やがてそれでは満足できなくなり、テッドに会って引き渡しを求める。「私は母親……。あなただって私に母親であることをあきらめさせることはできない」と。テッドは激昂し、話し合いは決裂。ジョアンナが会社へ電話をしてもテッドは出ようとせず弁護士と相談のうえあらためて引き渡し拒否を表明。弁護士をしているジョアンナの男友達が、裁判によらずに引き渡すよう勧めるが、テッドは、「一生けんめい手塩にかけて育てている子どもをなぜ私が手放さなければならないのか」と問題にしない。

そうしたことがあった後も、ジョアンナやその両親がビリーを一日連れていくということはテッドも拒むわけにはいかず、むしろ母と会って帰って来たビリーの幸せそうな様子を見ると、この形も悪くないと考える。しかし、ジョアンナは親権者変更を申し立てた。

(3)二人の主張

テッドの主張は、ジョアンナが勝手に家を出た後、自分はできるだけの努力をビリーのためにしてきた。自分はビリーを愛しており、手放すことなど考えられない。子どもを置いて出たジョアンナには親権者になる資格はない。ただし、ジョアンナやその親族とビリーを交流させることはよいと思う。

ジョアンナの主張は、離婚したとき自分は不安定な状態にあり、そのため親権をテッドにゆずったが、それはまちがいだった。現在は子どものいるニューヨークに住み、定職をもっている。心身ともに健全で、経済的にも自立している母親が、自分の息子との毎日の接触を奪われているのは不自然である。テッドがビリーと会うことには同意する。[3]

裁判の経過と終末

この事件では、実際には親権のなかの「監護権」をどちらがとるかが問題であった。

一年前の離婚裁判のときには、母親にまったく引き取る気がなくて、親権は簡単に父親に決まって、事態もそのように進んでいたが、母親が安定して親権者になりたいと訴えた事件だった。アメリカ社会では長らく、乳幼児の監護については母親優位の原則が伝統的ルールとしてあったので、裁判官は母親への親権変更を簡単に認めてしまう。

ここで観客の大半は「オヤ？　これでいいのか？」と思う。勝手に子を放置して去った母親の言い分が通り、その後懸命に育てた父親の努力は認められないのか？

しかし父は上訴をせず、判決に従うことに決める。

決められた日、母は子を引き取りに来る。父は六歳（原作では四歳）の子に、「お母さんは君を愛している。可愛がってくれるんだから行きなさい」と言って渡そうとする。するとこの瞬間母親の気が変わって、「二人はこんなにも愛し合っているのに、とても二人を引き裂くことはできない。ビリーの家はここ以外にない(4)」と、子を父の手に返して去っていくところでこの映画は終わっている。

おそらくこのあと、親権は母に移っても、子ビリーは父の許で育ち、その母との面会交流は頻繁にあるだろうな、という予感が残って観客は救われるのである。

日本との事件審理の違い（日本では調停で調査官が活動することが予想される）、父母の感情の動きと表現の違いが目立って、とりわけ日本人には意義深い映画であった。

3　嫁と姑の争い

テレビドラマ『夫婦』

昭和五三年春、ＮＨＫテレビで放映されたドラマ『夫婦』（橋田寿賀子作）の最終回が終わったとき、ホッと一息ついた家庭が多かったのではなかろうか。「怖くて見られない」といいながら薄目で見ずにはいられなかったという女子学生や、別々の部屋で見続けていたという嫁と姑も私の身近にいた。

その引力の根源は、主人公伸枝を中心としたホンネとホンネのぶつかり合いにあったと思われる。現代の多くの姑ががまんしてきた心の内を思いざまぶちまけ、息子や嫁も見事な論理でそれをはね返す、という家族内の真剣勝負は、今までのホームドラマにはない異質なものだと視聴者は感じとったのである。

他家へ嫁いだ娘、同居は絶対いやという恋人と結婚した長男に続いて、次男もまた結婚と同時に別居したので、母親伸枝の憤懣《ふんまん》が爆発するところからドラマは始まる。「三人も子どもがいて私たちだけ取り残されちゃうなんて……、なんのために苦労して大きくしたんだか……」という伸枝のグチを、無口の夫は聞きながす。気持ちが通わないこの老夫婦を見ていると、伸枝が執拗なまでに子との同居を望む気持ちも分かるような気がしてくる。愛情の対象が欲しいのだ。

だが、長男は同居することをあっさり断る。自分の妻が強く反対することが分かっているから。しかし伸枝はひるまない——。

さて、このドラマは、日本家族の深層をいろいろな角度から見事に掘り起こしている。

第一に、子育てを終わった夫婦の結びつきは、実に弱いということである。日本の夫婦は子どもと戸籍でしかつながっていないと言った外国人の悪口を、何事も話し合えない夫婦がよく証明してくれた。

だから、仕事や趣味を持たない母親が、結婚した後までも子どもとつながろうとする気持ちも当然ということになる。

そこで第二に、ドラマは母親の息子執着を徹底的に描く。ところが、長男も次男も同居には応じない。息子たちは、母の気持ちを理解しながらも、妻の強い反対には抗しきれない。「長男の責任」とか「嫁の立場」といった言葉が何度空回りしたことだろう。都会のサラリーマン家庭では、長男夫婦同居慣習は過去のものとなったのである。

第三に、ゆらいだのは親子中心観念だけではない、別居した若夫婦は、ほうっておくと夫方よりも妻方の方へより近づく。「なんだか婿に取られたみたい」と憤る親の声をよく聞くが、普通の条件なら、自由時間が多い妻が自分の親もとへ行く回数が多くなるのは、自然の勢いというものだろう。いわば、つきあいの重点が「父系から母系へ」移ってきたのである。

親子同居論への痛撃

以上のことから私は、このドラマの意義を、直系制親子同居論に対する最大の痛撃と受け取った。日本では、昭和五〇年国勢調査でも、六五歳以上老人の七八％が子と同居しており、この高い同居傾向は一〇年たった昭和末期でも変わらないと予測していた私は、にわかに自信をなくしてしまった。

近所の女子高校生の話では、第二回が放送された翌日、「姑とは絶対同居しない、草の根分けても次男と結婚しよう」とクラスで決議したそうである。彼女らは、母親とその姑との争いを直接目撃したわけではない。八割以上が核家族だから、そもそも三世代同居の経験もない。小学校以来の社会科や家庭科でも、その功罪を学習したことがない。このドラマこそが教材であり、伸枝の言動を見て態度を決めてきたのである。

それだけに、後半、母親が家出したからとはいえ、急に息子たちが動揺し、嫁たちも反省して同居してもいいと言い出し、結末においてはだれとも同居しないで親夫婦も落ち着く、という舞台回しには、私は少々物たりなさを覚えた。人の感情には必ず両面があって、状況によって表が出たり裏がのぞいたりするものだ、という教訓は得たものの、前半のあの猛牛のような母親の同居論と、嫁たちの固いガードの別居論とにあまりにもそぐわない。NHKの連続ドラマという枠《わく》のなかでは難しいとしても、いっそ前半のペースでそのまま飛ばしてもらっていたら、もっと興味が湧いたと思わずにはいられない。しかし、実際のケースの現実も、このような割り切れない妥協で終わることが多いのであろう。

ともあれ、ドラマ『夫婦』は、われわれの内なる感情を存分にかき回して通りすぎた。私たち日本人には、「夫婦本位に暮らさねば」という新しい気持ちのなかにも、「寂しそうな親を見捨てられるものではない」という感情が根強くひそんでいて、何かあるとすぐ呼び起こされるものであることを痛感させられた。だが、親がまだ若く、健康で、二人そろっている場合には、このドラマの結末のように、子ども夫婦との別居は当然なものとなっていくだろう。お互いの生活に干渉せず、しかも、つかず離れずの交際のなかから、私たちは新しい文化を作っていかなくてはならないのである。(5)

4　妻の自立

テレビドラマ『くれない族の反乱』

昭和五九年の春、三カ月にわたって評判をよんだTBS金曜ドラマがあった。大久保昌一良ほか作『くれない族の反乱』である。

女優・大原麗子が扮する中野和子（三六歳）は、結婚後一一年目の主婦である。夫と和子と子、それに姑の四人暮らし。東京郊外の白いマイホームに住んで、よそ目には、絵に描いたような幸せな家庭にみえる。しかし数年前から、保険会社員の夫は山梨県甲府へ単身赴任。週末には帰宅するものの、夫婦・親子の間にも会話はろくに弾まない。関西育ちの姑と下町生まれの嫁とは、ささいな事でも意見がくい違い、和子には不満がたまっていく。夫はその事をさほど気にもとめないが、和子には夜うなされるほどのつらさがのこる。

和子がある日街へ出たとき、昔の親友に出会う。デパートの売り子をしているのだが、とてもはつらつと美しく見えて羨ましい。和子も、渋る夫や姑を説得して、デパートの地下食品売り場へ日給八〇〇〇円のパートタイマーとして働くことにする。

翌日から、「よーし！　今日からスタート!!」の一声で家を出るのを聞いた女性視聴者からは、「あの一声でこちらまで元気になれる」という感想が殺到した。このドラマは、「主人は私の頼みをちっとも聞いてくれない。あれもしてくれない。これもしてくれない、私の生活は〝くれない〟だらけ」

というボヤキ主婦の共感をよんだのだ。

「くれない族」という言葉は、この年の流行語大賞の銀賞に輝いた。

しかしはね上がった彼女らの行動は、危うい異性関係を作るなど、家庭にさまざまな波紋を巻き起こした。平穏では終わらなかったが、ともかく、妻の自立は夫婦の新しいあり方を世に問いかけるものとなったのである。

このドラマを観たあとで、数年前に似たような夫婦の投書があったことを思い出した。昭和五〇年の西日本新聞へのもので、大きな賛否をよんだものだった。

三子をもった主婦が「夫婦げんかしたのではない。家がいやになったのでもないが、気付いたら家を出ていた。汗とほこりと涙で顔をくしゃくしゃにし、足にマメをつくりながら、『家族とは、夫婦とは、幸せとは、生きるということは……』をみずからに問いかけながら、あてどもなく歩きに歩いた。しかし、何の結論も得ず、くたくたに疲れた体はいつのまにか、わが家に向かっていた。何もかも忘れてこのまま静かな所に行ったらどんなにいいだろう。結婚してこのかた、全力投球して、今、疲れ果て、心おきなく愚痴る友もなく、いったい自分は何をしてきたというのだろう。いや、こんな弱々しい自分ではない、がんばらなくちゃと己を激励した」というものである。

この投書に対して、同じ悩みを訴える主婦、ぜいたくな悩みと批判する主婦などの多くの反響があった。この投書者は、「妻であり、母でもある主婦の役割は、決して小さくない。私、単純に男並みの地位と仕事を手にすることだけが女性解放とは思いません。家庭の外で疲れ、けんかし、ざ折して帰ってくる夫や子どもたちを、やさしく包んでやる仕事は、やはり女にしかできないと思うからです」[6]と、女性の職場進出には賛成していない。だがこのあとの『くれない族の反乱』までの九年間で、大声でボヤけるほど前進したとも言えるのである。

5　ニューファミリーの出現

風変わりな夫婦の出現

昭和五〇年代に入ってまもなく、東京や横浜ではかなり風変わりな夫婦を見受けるようになった。Aさん夫婦は結婚をきめるとき「毎年必ず二回は家族旅行へ行くこと、行かない場合は、その有責者が相手に費用分を支払うこと」という誓約書を交わして、結婚後そのとおり実行している。Bさん夫婦はどちらも大学出だが、職業としては自営そば屋を選んだ。伝統的な品目のほかに新しい種類をつぎつぎに考え出して、若いお客も惹きつけている。夕方には、揃いのTシャツにトンボメガネをかけ、二人で乳母車を押している姿に出会うと、どこのマンション族かと見間違うほどである。C夫人は、ピアノ教師と算数教室で稼いだ資金に物を言わせ、必ずバラの模様が入った派手な生地で五歳の娘とお揃いのロングスカートを仕立て、コルク底の高い靴をはいて、ヒラヒラと街中を闊歩している。

この数年間にゴールインしたこのような若夫婦のことを「ニューファミリー」と呼ぶか否かについては、かなりの議論があった。学問的見解は不明だが、マスコミの方では取り上げ、昭和五三年五月に「ニューファミリー向け」と銘打った二種の月刊誌の刊行をみたくらいである。私の知友は、「あれはマスコミとコマーシャリズムの産物。一時的な新しがりやで、子が生まれ、年をとれば今までの家族と変わらなくなる」といった調子で冷たく静観している向きが多かったが、私は、戦後日本の家族関係のなかで見逃せない重要な動きの一つだったとして、この新しい家族形態を積極的に注目してみたい。

はっきりしないイメージ

ところで、「ニューファミリー」の概念は今のところ明確でない。はっきりしているのは、アメリカでは、コミューンで複数の男女が集団的に暮らす若者たちを指していたのに、わが国での用法は違っていることぐらいである。しかし共通条項となっていることはかなりある。

「ふたりで読むニューファミリーの生活誌」とのサブタイトルをつけている雑誌『クロワッサン』昭和五二年九月号掲載の同誌調査結果では、次のような言葉が羅列されていた。ジーンズルック、ニューミュージック、クレジットカード、マイカー、遊びの精神、今ある常識をはずれて生活している人、婚前交渉、夫婦であって夫婦でない、親子であって親子でない、一人ひとりが家族の犠牲にならずに生きていける場、共に働き共に遊ぶ、何でも二人で協力、等々。もっともなかには、洗剤の名前みたい、自動車のコマーシャルみたい、カッコいいけど軽薄、言葉としてはキライ、と否定する者もいることはいるが、全体としては、圧倒的多数が肯定的態度のようであった。

同誌編集部の一人はこう言う。「一応の対象として、戦後生まれで核家族。女房も亭主も独立している点が今までと違う。丸井のコマーシャルのようなジーンズファミリー。夫婦の年齢差はあまりない。子は一人が多い。仕事分担は個人尊重で、無職の妻も主婦業専念ではなく趣味を生かしている。

センスの問題。月給はボーナス込みで（平均）二五〜三〇万円」。同誌編集長はこう語っている。「……個人の美意識を基準として人生を考えるようになってきた。その若者たちが結婚してニューファミリーという形になっていく。彼らは権威ある人生論を受け付けない。それぞれが個人の美意識で生きている……」。

いま一つの専門誌『アルル』の編集部員は、「一〇年前、結婚は一人の男性による女性の拘束だった。しかし、今の妻はもっと自由で、結婚することによって運転・交際と生活範囲が広くなる。従来のパターンを打ち破っている。この行動半径の広い若いカップルに喜んでもらえるような雑誌を作りたい。読者対象は、女性二二〜二八歳、男性二五〜三〇歳。生活を楽しむ二人のジョイフルな雑誌だから、男性にも読んでもらいたい。特色は、子どものオモチャ箱に匹敵するような〈女性のオモチャ箱をひっくり返したような感じ〉。だから、メルヘンチックだが大きなテーマはなく、脈絡も必要ない。一つ一つのテーマに興味を示してくれればよい。出来ることなら主婦意識は持ってほしくない。だから、育児は入れない。セックスは多少のみ。男女平等を言う必要はない。夫と妻はイコールと考えるから……。要するに、今一番ナウで、ビューティフルな生き方を肯定する雑誌を作る」のが方針だと語っている。

実際の暮らしぶり

では、実際の暮らしぶりはどうか。上記両誌の投稿欄から、目ぼしいものを拾ってみる。

①ファッションにかなりのウェイトがおかれているが、ジーンズルックが最多。素材は、洗いのよ

くきく綿が大部分。再流行のミニスカートをヒップバンドで調節してミセス向きに着る工夫。値段は、バーゲン品から高級品までまったくマチマチ。②食費は一日一五〇〇円位で、簡単で見ばえの良い料理を作る。カレー、シチュー、ハンバーグ、煮物、野菜いため、が好まれる。夫が毎日夕飯を自宅で食べる家族は七六%。③音楽は絶え間なく生活空間を満たす空気のような存在。妻はフォーク、夫はジャズを好むが、歌うのは歌謡曲かロック。ギターは必需品。④趣味は非常に多い。スキー、テニスから始まって、年齢が上るとゴルフ、麻雀、編物、テレビ洋画劇場といったものから、夫婦で腕相撲、空飛ぶ円盤探し、風呂のメジ磨き、勉強までが趣味になる。誰と一緒に楽しみを味わうかが一番のポイントで、多くの場合、夫婦ぐるみ、親子ぐるみとなるから、相手の趣味を取り込む労をいとわない。⑤動物ペットも重要な趣味の一つだが、アパート暮らしが多いので、小鳥や金魚で我慢している。ただ、扱いは友人並みの丁寧さ。⑥夫婦お互いの呼び方は時と場合によって使い分けているが、普通はファーストネームそのまま。しかし、妻が夫を第三者に紹介する場合の呼び方は、「主人」が八割近い。だが、「つれあい」「宿六」「一緒にいる人」も一割はいる。夫が妻を紹介する場合は多種多様。

友愛的家族

さて、以上のような内容を当時での実態としたとき、ニューファミリーをどう考えたらよいか。

まず、外形的には、三〇歳未満の二人だけか、せいぜい子ども一人を加えただけの核家族。これは、生まれながらの完全戦後世代で戦前の伝統を完全に断ち切った人間、という説明がつけやすいだけでなく、若くして元気で動き回れるという要素のためにも必要な一線なのであろう。資産も貯金も要らないが、遊びのような暮らしを過ごすために月収は中程度必要である。その収入源は、世間的評価が高い職業である必要はない。むしろ高い社会的地位や役割は邪魔で、二人の興味に近い、しかも自由になる時間が多く取れるような仕事が望ましいとされる。そのため、スタイリスト、インテリア・デザイナー、カメラマンなどの資格不要の自由業、あるいは、二人で作ったアクセサリーを売る店や喫茶店に人気が集まる。大体は大都市が棲息地だが、山奥でも牧場や山小屋を若夫婦だけでやっていれば、それもニューファミリーの仲間だとされる。他人の干渉や拘束を受けない「独立自営業」が一番なのである。

このことは、二人はまったく対等で、収入・家事・育児を含む全役割を、分業することなく協力して遂行したいとする彼らの「夫婦構造論」実現に、一番近いからである。フルタイム・サラリーマンの場合は、この実現に遠くなるが、それでも、ニューファミリーたらんとする夫は、台所仕事や子どもを背負うことを怠らない。

これらの姿は、重要行為の決定権を夫が全面的に握る父権的権威構造、夫は外で、妻は狭い女性だけの世界で別々に満たしていた分散的役割構造という、従来の日本で大勢を占めてきた伝統的夫婦＝家族構造を根底から打ち破るものである。一九二〇年代に社会学者バージェスが、アメリカ社会では「制度的家族から友愛的家族へ」進みつつあると言ったが、わが国でも半世紀遅れて、ようやく「友愛的家族」が出現してきたのかといえそうである。

わが国でも、家族関係の近代化を求める声は第四章や第六章でみたように何度もあった。しかし、今回のニューファミリーほど伝統的夫婦関係を覆し、世間を気にせず、好きなように夫婦中心主義を貫く、という主張がこれほど多くの若者大衆に支持されたことはなかったことは明白で、これが定着すれば、日本家族史の上でも画期的な出来事だといえよう。

日本でも、昭和四〇年代以降は恋愛婚が見合い婚を凌駕したことが統計上も明らかで、恋愛がすっかり定着したと思われている。ところが結婚問題の日米比較をしたブラッド教授に言わせれば、決定に親など他人の意思が入ること、婚前交際が乏しいこと、明確な愛情表現をとらないことなどにおいて、「日本人の恋愛は真の恋愛ではない」状態だったのである。この指摘をはっきり否定できるのも、ニューファミリーという集団の出現によって初めて可能になった。

また、家庭内女性の地位の変動として、婦人問題にとっても重要な動きであり、さらには、日常的・趣味的な暮らしを最高なものとする考えに市民権を与えた点からみても、新文化の担い手の出現とみることができそうである。

ただ、ニューファミリーぶるのも結婚当初のことで、「子ども生まれりゃただの人」になるという考えや、「若年夫婦の中のごく一部で、その程度の先頭集団はいつの時代にもいる」という考えからすれば、最初から存在しなかったことになる。しかし、前述の私のような見方からすれば、十分意義ある存在だということになる。平成以降「ニューファミリー」という言葉はほとんど聞かれなくなってしまった。不況が長引き、趣味的な仕事で糧を得られるような結構な時代が終わってしまったということであろう。

だが私の考えからすれば、彼らのうちのかなりの者が、物質的側面はともかく、ひとたび身につけた夫婦の対等性、共業性、生活享楽性、自己革新性の良さを失わずに老後まで過ごすのではなかろう

か。私は、自身の願望もこめてそう考えてみたいのである。(7)

6 「家」の墓か個人の墓か

戦後二〇年以上過ぎて生活に余裕が出てくるとどの家族にでも起こる問題として、死者の弔いをどうしたらよいかの迷いが人々の心に起こってきた。

家墓に対する疑問

「夫は一人息子、私も一人娘、両親四人は今のところ元気だが、これから次々とみとらなければならない。お墓も両方みなければならない。〝家〟という重しがずしり、と乗っかっている感じ。私の一人娘には、同じ思いをさせたくない(8)」(主婦、三八歳)

自分はやむなく二つの墓をみるが、娘には同じ思いをさせたくないという思いがあらわだ。昭和五〇年代に入ると、それまで話題にもならなかったお墓のあり方についても、新しい考えが登場してきた。

日本ではお墓と言うと、町では寺院の境内の奥に、村では切り開いた山麓に、石材を縦に置き「〇〇家之墓」と刻んだ「家の墓」を連想する。しかしよく調べてみると、このような「〇〇家先祖代々之墓」といった家族用「合祀墓」が建立されるようになったのはそう古いことではない。実は明治の末頃からにすぎない。法学者の有地亨教授はこう説明している。

「日本では、欧米よりも火葬慣行が早く行われ、火葬率もきわめて高かった。明治民法制定当時（注・明治三一年）、日本全国の火葬率は三〇％近くに達していたといわれる。葬式後、遺族は棺につきそって火葬場に行き（野の送りと言われた）、いったん帰宅した後、翌朝火葬場で拾骨した。京都府立医大鯖田豊之名誉教授によれば、遺族が長い木と竹の箸で焼骨を骨つぼに収めることで、家族の連帯感はいやがうえにも高まることになったとされる。大正時代になって火葬率の上昇とともに、「○○家之墓」「○○家累代之墓」が生まれ、昭和に入って「○○家先祖之墓」といった家族用合祀墓が一般化していった(9)」。

つまり、火葬の普及が、「家」を中心とする民法の施行と合致して、それまで上級家族の専用であった家督相続人が守り継ぐ「家の墓」の形を、庶民家族にまで大きく普及させたのである。

家族墓か個人墓か

しかし、戦後「家」の制度は否定され、核家族が一般化し、跡継ぎも不明確になった時代に、「家の墓」を考え直す人が出てくるのは当然のことである。

平成二年に関西の新聞が「お墓を考える」というテーマで意見を募集したところ、さまざまな自由な考えが集まった。

女性のなかで、「先祖累代之墓」に入るという意見は非常に少なく、「納骨堂」などを求める意見が多い。「個人墓」「夫婦墓」のほかに、意外に多いのは自分と夫と子ども夫婦などが一緒に葬られる核家族を中心とした「家族墓」である。ただ、子どもたちが成人して結婚し、その子ができたあとはど

うするのであろうか。それをも含めると結局古い形に戻ってしまい、このままでは考えが不十分である。(10)

昭和六三年の毎日新聞「家族世論調査」によると、「先祖の墓は、大切に守って、子孫に伝えていくべきだ」という考えに賛成八三％、反対八％、わからない六％、無回答三％で、圧倒的に墓を承継し、守る考えをもつ人々が多かった。

このように、墓を大切にする気持ちは衰えていないが、かつての祖先崇拝の考えとは質的に異なっている。祖先と自分をつなぐ「くさり」ではなく、身近な人びとに対する思い出の「モニュメント（記念碑）」と思われているとみた方がよさそうである。他方「散骨」の方がいいという意見もかなり出てきた。(11)全体的にいえば、「祖先祭祀」から「葬送の自由」へとパラダイムが変化してきたことは確実である。直系家族制の揺らぎを、もっとも具体的に表現する現象となった。

墓地の確保

昭和六二年一一月の読売新聞は、近来お墓についての関心が高まり、昨今の地価狂騰もあって「墓地不足ブーム」が強まっているとして、「お墓やぁーい」の連載を五回も続けた。

初回には、横浜市郊外の丘陵地に造成された大規模霊園に見学バスツアーが殺到して、九割近くの参加者から契約があることが報じられた。予約した五五歳の男性会社員は、購入理由をこう語る。

「一年前亡くなった妻のお骨をいまだに寺に預けている始末。寺院墓地の檀家になるとなにかとわずらわしいが、霊園墓地はその心配がない。実家は広島だが、私は次男だし、今さら帰るのも。

それに遠くまでは息子が墓参りしてくれるかどうか……。住みなれたところに近いので決心した」。その他の日では、生前に自分の墓を用意する「寿陵墓」もブームになってきて、大手の墓石業者では注文の六割以上を占めるまでになってきたという。また、比叡山延暦寺のような古い歴史がある寺でも大霊園を開発し、この大寺院の法灯が消えない限り栄代にわたって供養してもらえるという安心感から、個人用、夫婦用合わせて「久遠墓」と名付けられた永代供養墓に一〇〇〇基以上の申し込みがあったと報じている(12)。

平成の墓事情

さて以上は、昭和六〇年前後の動きをまとめたものだが、その後の進行はどうなったであろうか。平成一八（二〇〇六）年に行われた第一生命経済研究所の調査によると、「配偶者と同じ墓に入りたくない」という女性は一一％（男性は五％）に増えた一方、「将来自分の墓が無縁墓になる恐れ」について、子がいない人の四九％は肯定し先行きを心配している。

そのため、墓の維持管理を寺などに任せる「永代供養墓」（合祀墓）、血縁を超えた人たちで入る「合葬墓」などが関心を集めている。これらについては、積極的な希望者はまだ一一％程度であるが、「これからの時代に必要だと思う」と理解を示す人は三〇％程度いる。さらに、墓の必要性を認めず、海や山に遺骨を撒く「散骨」については、計八〇％の人が賛成している（反対は一八％）。もっとも、自分自身については、「撒いてもらいたくない」が六一％で、「全部撒いてもらいたい」一九％を大きく上回っている(13)。

なお、墓の形そのものは、（統計にはないが）高さが低い横型が増えて、故人の氏名のほかに、シグナルのような絵や文字をきざんだ墓が多くなってきたと思われる。

ふだん話題にされることは少ないが、お墓と葬送のあり方は家族にとって避けて通ることができない大きな問題である。葬式の営み方から始まって、墓地の経営主体、墓地使用者の法的保護、跡継ぎの不在から急速に拡大するであろう無縁墓地の処理、寺院との関係、散骨の是非をめぐる議論など、問題は山積したままである。今後の展開を見守っていきたい。

注

（1）湯沢雍彦「〈ハリーとトント〉に寄せて」『ぱれるが』一九七六年号、昭和五一年。
（2）ジョシュ・グリーンフェルド「日本の老人は幸せな方」朝日新聞、昭和五〇年一〇月二一日。
（3）この原作の要約紹介は、小林赫子「クレイマー・クレイマーのあらすじ」『ケース研究』一七九号、昭和五五年、家庭事件研究会、五一〜五二頁。
（4）棚瀬一代『クレイマー・クレイマー以後』平成元年、筑摩書房、六頁。
（5）湯沢雍彦「ドラマ〈夫婦〉の波紋」朝日新聞、昭和五三年七月二日。
（6）楠かほる「女ひとり」西日本新聞、昭和五〇年一〇月二八日。
（7）湯沢雍彦「ニューファミリー管見」『ＵＰ』昭和五三年四月号。
（8）「お墓やぁーい」読売新聞、昭和六二年一一月二〇日。
（9）有地亨『家族は変わったか』平成五年、有斐閣、二五頁。
（10）特集「お墓を考える」西日本新聞、平成二年三月一九・二一・二四日。

(11) 森謙二『墓と葬送の現在』平成一二年、東京堂出版、一五頁。
(12)「お墓やぁーい」読売新聞、昭和六二年一一月二〇日～二二日。
(13) 小谷みどり「墓に関する意識」『第一生命 Life Desighn Report』平成一七年一月号。

第十一章　戦後昭和で家族はどう変わったか

ここは第一二章とともに全体を総括する章である。そのため、1節には経済的側面、2節は法律的側面、3節は社会（学）的側面の変動をまとめた上で、4節には庶民が考えている家族像を抽出して、昭和家族の全貌を伝えるものとしたい。

1　家計の向上と底辺の家族

景気の変動

昭和後期の家庭生活での最大の特色は、何といっても長い期間にわたって戦争の災害がなく、しかも高度の経済成長に恵まれたことにある。

敗戦直後の昭和二四年頃までは、激しい食糧難とインフレの急進からエンゲル係数が六〇に近づくほど生活破綻の様相（飢餓状態の水準）にあったが、二五年からは財政の健全化を進めるドッジラインが成功し、二六年には朝鮮動乱による特需ブームが起って活況をとり戻し、二九〜三二年は神武景気が始まり、少し不況はあったものの三三〜四五年までは、岩戸景気、オリンピック景気、イザナギ景気と好況が続いた（この時期と名称は図序-2による）。産業界は完全に高度成長期に入ったのである。それを支えたのは、重化学工業を中心とする技術改新と、三種の神器、3C（カラーテレビ・自動車・ルームクーラー）などの耐久消費財の普及による個人消費の伸び、それに輸出の好調であった。昭和三五年に策定された「国民所得倍増計画」では、一〇年間の平均成長率を七・八％として実質国民総生産の倍増が目標であったが、実際の平均成長率は一〇・〇％で計画を上回る実績であった。

この奇跡のような経済成長が達成された原因は何によるものだったのか。いろいろあるが、必要とする具体的諸条件に恵まれていたことであろう。①高度の導入技術とその消費力、②石炭から安価な石油への転換、③中卒・高卒の新規学卒者の良質にして安価な労働力、④高い貯蓄率と間接金融からの膨大な投資資金などの生産資源が、昭和三〇年代に入ってまもなく同時に一挙に得られた、⑤労資関係の対立も当初は大きかったが、成長の波に乗ることによって徐々に安定していったことも大きい。労資は協力し、成果は労資及び消費者へ比較的公平に配分されていった。

家計の向上

この結果、国民の生活水準は上昇し、生活内容にも大きな変化をもたらした。都市の勤労者にも農村の農家世帯にも、収入・家計費の増加とともに貯蓄が始まった。昭和三〇年からの五年の間に、物価の上昇分を差し引いた実質消費水準をみても、都市部で二九・一％、農村部でも一八・六％の増大をみた。ただ、社会保障が貧しく、土地や教育費が高いために、やむなくする貯蓄高も高まった。それだけの余裕も出てきたのである。

図11‐1　大正末期から平成初年までのエンゲル係数の推移

（二人以上勤労者世帯）

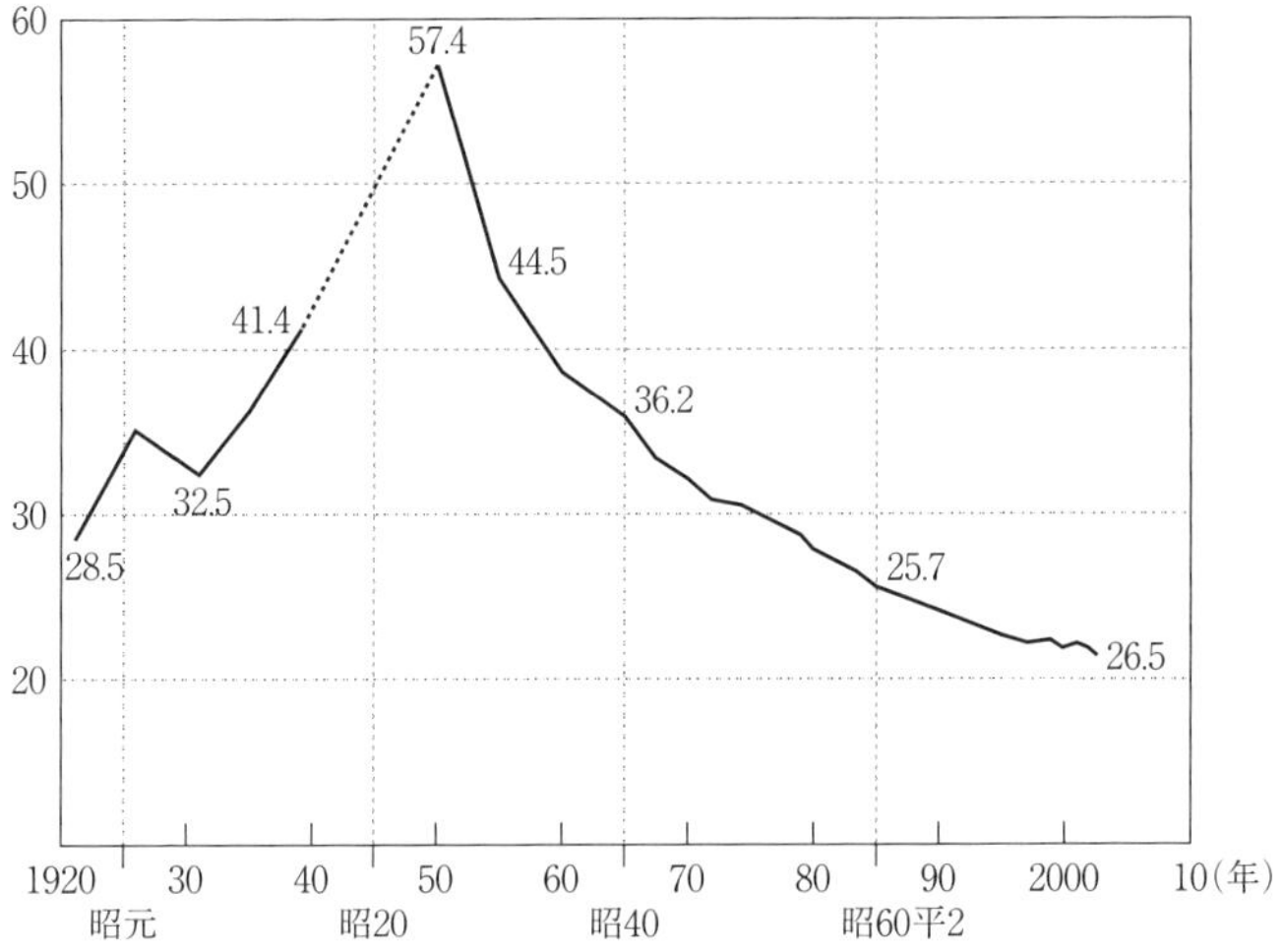

注：……は調査がされなかった。

出所：総務省「家計調査年報」による。

この五年の間に、エンゲル係数は四五から三九へ下り、雑費の割合が高まった（図11‐1）。

まず、食生活の洋風化が始まった。主食ではパン・めん類が増え、副食では肉・牛乳・卵が急増し、果実や野菜も増えた。嗜好品も洋風化して和菓子が減り、ジュース・コーヒーが伸びて緑茶が伸び悩んだ。料理の広告には西洋料理・中華料理が増え、日本料理は広告頁の四割を割った。

衣服の方も、最低必需品の充足はほぼ昭和三〇年までに終わっていたから、ここでも洋風化と既成品へ向かい始め、流行の大衆化が始まった。ナイロン・テトロンは丈夫で洗濯がきいたから歓迎された。昭和三〇年代後半には、都市で半数を超えたテレビの普及にともなって、婦人服や履き物やバッグもファッションの波に乗った。

四分の三が「暮らしに満足」

なかでも、三種の神器とよばれたテレビ・電気洗濯機・電気冷蔵庫は量産化が進むとどれも価格が急低下し、昭和三六年には都市の半数以上の家庭に普及し、国民の家庭生活を劇的に変化させた。「消費革命」とよばれるほど生活構造が変わった。経済企画庁は変化の程度を表す「生活革新指数」(1)を算出したが、昭和二八年を一〇〇としたとき、三一年＝二二三、三三年＝五五五、三五年＝一三二二とものすごい勢いで八年間で変わったことを証明した。

これらのことから、流通機構が変わり、住宅の団地化を促し、交通戦争を起こし、余暇活動を促進して、都市生活を近代化した。この波は少し遅れて農村にも及び、技術革新もあって農業生産性を向上させるとともに兼業所得の機会も増え、農家収入を向上させた。

このほか昭和四〇年代後半には、国民健康保険制度の普及から、かなりの市町村では高齢者の医療費無料化や農業者年金も始められて、遅れていた社会福祉も向上してきた。私が昭和五二年に東京都に唯一残る山村すなわち檜原村の奥地を調査していたとき、ある農家の老人がこう言ったことが忘れられない。そこでは昭和三三年頃まで、電気もガスも水道もなく、畳敷きの部屋もなくて、米食もまならぬ暮らしをしていた家が多かったのである。

「一人息子が土方に出、孫もタクシーの運転手をして家では二人で稼ぐ現金収入があるだよ。テレビもあれば洗濯機もある。炭焼きをしていた二〇年くらい前までの暮らしと比べると、〈こじきが大名になった〉位の変わりようだね。今は寝たり起きたりの毎日だけど、積み立てた覚えのない年金も貰える。昔は貰う一方だったけど、今はひ孫にアメ玉を買ってやれるよ。孫の嫁が良くしてくれる。二人のひ孫にも恵まれて、私ほどの幸せ者はいないのではないか、と思うほどだよ」。

（八三歳、男性）

ごく大雑把にみて、戦前日本では（昭和一〇年時点で）中間階層は二二％しかなく、これに支配的階層四％を加えた約二六％は余裕ある生活ができたが、残りの七四％の家族は被支配階層として貧しい生活を送るほかなかった（湯沢雍彦『昭和前期の家族問題』序章参照）。これに相当する分類は戦後にはないが、昭和六三年の国民性調査（統計数理研究所）の「自分の暮らし向きに満足か」の質問に、七五％の者が「満足（ややを含む）」と答えている。簡単にいえば、「貧しい家族が四分の三いた国」が、「暮らしに困らない家族が四分の三いる国」に変わったということである。ヨーロッパから一〇〇年以上遅れて日本にも、やっと「中産階級＝新中間層」といえるものが社会の中核になってきたと言える。このことが家計基盤の最大の転換であったと私には思われる。

底辺の家族たち

しかしこういう沸き立った時代にも、親から虐待されたり捨てられたりして食にも住にもありつけない気の毒な子どもたちが、日本には数万人もいた。親に養護されないために社会的に保護する必要がある一八歳未満の児童は、乳児院・養護施設などに収容されるほか、里親などに委託されるが、合計すれば、昭和五二年では三万八〇〇〇名、五八年でも三万九〇〇〇名もいた。この子らの家族は普通の家庭生活ができず、いわば崩壊しているのだが、その様子を親自身が語ることはない。だが子どもたちは、苦しい心情を作文に託している。それらを集めた養護施設協議会編『作文集・泣くものか』(2)『作文集・続泣くものか』(3)から、その声を聞いてみよう。各文末の注は、児童養護施設職員が付記したもので、家族の状況を補っている。

「……お父さんとお母さんと弟とわたしと四人で、とてもたのしくくらしていたのに、お母さんが死んでしまってから、お父さんはとっても変わってしまいました。私達をおいてどこかに行ってしまいました。お母さんが死んでしまってから私の家は急にメチャメチャになってしまいました。そして（小学校）三年の終わりごろ浜松にきました。それで、寮にはいりました。いまでは、みんなとなかよく、くらしています。さみしくはありません」。（小五、女、H・S）

注・母は死亡。父は無職で子どもたちに食事すら与えず行方不明となったため入寮。一年後父より再婚し九州にいるとの手紙があり、読んできかせると泣きだしてしまった。その時の気持ちを作文に「手紙がきてとてもうれしかった。でもよく考えてみたら私は手紙ではなく直接お父さんに会いたいと思った」と書いていた。（昭和四七年、静岡県、S寮）

「父と母は毎日のごとく、けんかをしていました。父は……いねむりをするとはえたたきのぼうになわとびを何本にも切ったものをぼうにつけ、むちを作り、ぼくたち二人をたたきました。顔や背中にたたかれました。それでもだめなばあいは、外に出され、立たされます。時々、水もかけられます。とても、つらかった。お母さんは、夜、帰るのがこわくて、友達の家へとまったり、お姉さんの家へとまったりして帰ってこない時がありました。そんな時は炊事、洗濯などをさせられて、父はのんきにパチンコへ行き、遊びほうけていました。弟は、とてもうるさかったので、おふろばにはりがねでつながれていました。父から、『こいつめしなんかくわすんじゃねえぞ』といわれていましたが、ぼくは、かくれてはくれていました。妹がそれを見ていて、それを父に言ってしまい、ぼくがおこられたことが何回かありました。……弟は、何も食べずにおふろばに入れられていました。父がいきなり、「こいつをどこかにすててくるんべ――」といいました。車に弟を乗せ、どこかの病院に弟をすててきました。ぼくは、弟のことを思い、家へ帰ってもただ「ボー」としているだけだった。ぼくが生まれた時の父は、何でも買ってくれて、何でもしてくれた父が、あんな父になってしまったのが不思議でした……」。

（中二、男、O・H）

注・実父は保護者遺棄で逮捕。実母は家出、行方不明となる。虚弱児施設に入るが、年齢にあわせて養護施設に移る。

（栃木県）

以下、施設児の家族状況を見るために、職員が記した注のみを並べてみる。

・借財のため両親家出行方不明。一人残され、それを苦にして自殺未遂。

（昭和四八年、福岡県、F園）

・両親別居後、父は行方不明、母は精神分裂病で入院。従兄夫婦が面倒をみようとしたが、うまくゆかず四七年入園。母は四八年入院中死亡。行方不明であった父が見つかり、面会にくるが、子は拒否している。
（昭和五〇年、北海道、M園）

・父は長崎県、熊本県の炭鉱で働いていた。子ども三人を残し両親行方不明。叔父に引取られたが、養育困難のため入園。
（昭和五一年、熊本県、S園）

・母親精神科の治療で長期入院。父は仕事、祖母は高齢のため養育困難となり施設に入所。幼少で入所のため母親のイメージを持てずにいたが、現在、仮退院で療養中の母親と手紙を交換したり、電話で話をしたりできるようになった。
（岐阜県）

・本児出生直後に母親が行方不明となる。父親が保育園に預けて仕事を続けるが養育困難となり、乳児院に入所。その後、父親の再婚で家庭に戻るが、継母との関係がうまくいかずに虐待を受け、再び入所となる。現在、父親の面会が時どきあり、継母との関係も改善されつつある。
（神奈川県）

このうち、県名のみあって年度と施設略名がないものは、平成二年版の『続泣くものか』から引用したものであるが、家族の背景事情はどちらもあまり変わっていない。

共通して多くみられる背景事情は、両親の不和・離婚、死亡、父親の病気、失職、過飲、暴行、行方不明、母親の重病、精神病、低知能、家出、売春などである。

結局これらの行為は、地域にかかわらずいつの時代にもあり、家庭裁判所にはかからず、警察署にも関係しない事態となって存在するのであって、高度成長期にもあったことを忘れてはならない。社会病理問題への対応は、不断に用意されなくてはならないのである。

2　法律的側面の前進

各種の法制定

当然のことながら、昭和後期にも家族をめぐる法律（政令や規則なども含む）が数多く制定されて社会を変革した。主要なものについては前章までにいくつも取り上げたが、洩れたものを含めて表11－1で一覧しておこう。

判例の進歩

また、家族に関係する法律問題について裁判にかけられた時、各裁判所は新しい判断を示して重要な判例（のちの類似事件の判断にも大きな影響を与える価値を持つ裁判例）を数多く作ってきた。これは法律の存在と同様に、いや時にはそれ以上に重要な意義を持っているので、刑法と民法で重要な二つの例をやや詳しく紹介する。これらは家族のなかの人権の尊重や両性の本質的平等を推進させたものとして高く評価できるものである。

尊属殺合憲判決――親殺しは重罰になるのか

昭和時代に発行されていた『六法全書』の「刑法」をみると、第二〇〇条に「おや」と思う条文が載っている。

表11-1　家族関係主要法規の制定

昭和20（1945）	11	婦人参政権実現（選挙法改正）
昭和21（1946）	1	公娼廃止指令（ＧＨＱ）
	10	生活保護法施行
昭和22（1947）	5	日本国憲法施行
昭和23（1948）	1	新民法・家事審判法施行・児童福祉法施行
	7	優生保護法・性病予防法施行
昭和31（1956）	5	売春防止法成立
昭和34（1959）	4	国民年金法公布
昭和36（1961）	11	児童扶養手当法公布
昭和37（1962）	3	改正民法公布
昭和38（1963）	7	老人福祉法施行
昭和39（1964）	7	母子福祉法施行
昭和45（1970）	6	家内労働法施行
昭和51（1976）	5	民法・人事訴訟法の一部改正、離婚復氏の自由
	5	戸籍法の一部改正，戸籍公開の制限
昭和59（1984）	5	国籍法改正，父系血統主義を父母両系血統主義に改める
昭和60（1985）	5	男女雇用機会均等法成立
昭和62（1987）	7	特別養子縁組制度成立（民法の一部改正）
	11	里親制度改正，単親でも認定など

「自己又ハ配偶者ノ直系尊属ヲ殺シタル者ハ死刑又ハ無期懲役ニ処ス」

直系尊属とは親等の上で自分より上の世代の血族、つまり父、母、祖父母などを指す用語で、ふつうに起こりやすい場合でいえば、「親殺し」を一般の殺人よりも重く罰するという規定である。このほかに、傷害致死罪、遺棄罪、逮捕監禁罪の四つの罪に該当する犯罪についても、それぞれ犯罪の相手が尊属であれば重く罰する規定を定めている。

そのなかでとくに問題なのは、殺人罪について、普通殺人は死刑、無期または三年以上の懲役が科せられるのに対して、尊属殺は死刑か無期懲役かのいずれかのみで、刑法の刑罰のなかで最低刑が最も厳しい。したがって心神衰弱などの特別な事情がある場合、法律上の減刑ができ、さらに、犯罪の情状を酌むときでも、どんな減刑を加えても、処刑の下限が懲役三年六カ月で、執行猶予は懲役三年以下の場合であるから、親殺しはどんな事情があろうとも執行猶予の可能性が断たれていることである。

ところで、このように犯罪の相手方との続柄によって刑罰が異なることは、新憲法第一四条の規定「すべて国民は、法の下に平等であって、……社会的身分……において、差別されない」に反するのではないか、という意見が起こっていた。

新憲法施行三年後、新しい考えがまだ定着していない昭和二五年に早速、尊属傷害致死事件が最高裁判所大法廷にかかった。

ある息子が父親から盗みの疑いをかけられて口論となり、物を投げつけられた息子が父親に投げ返してその父親を死に至らしめたという事件である。

この事件を審理した福岡地方裁判所飯塚支部は、刑法第二〇〇条は封建的で反民主主義的で新憲法に違反しているからと普通殺人罪を適用した。しかし検察側は承服せず上告した。最高裁判所は、これを重くみて大法廷にかけた。大法廷は最高裁判所判事一五名全員で審理するのだが、結論は一三対二と大きく割れ、多数意見者の意見、すなわち刑法第二〇〇条は憲法に合致しているから有効であるとの判断を下した（昭和二五年一〇月一一日）。

判決文によると、多数裁判官の意見は、

「尊属殺の重罰規定は『我が子の親に対する道徳的義務をとくに重視したものであり』、『夫婦、親子、兄弟等の関係を支配する道徳は、人倫の大本、人類普遍の道徳原理、すなわち、学説上の所謂自然法に属するものといわなければならない』と言い、子の親に対する孝道は人類の普遍の絶対的なモラルである。しかも、尊属殺を重罰するのは被害者の尊属親を保護する点ではなく、『加害者たる卑属（子や孫）の背倫理性』をとくに考慮するところにある」。

さらにまたこれに加えて、

「原判決がこの親に対する道徳をとくに重視する道徳を以て封建的、半民主主義的と断定したことは、これ親子の間の自然関係を新憲法の下において否定せられたところの戸主を中心とする人為的、社会的な家族制度と混同したものであり、畢竟《ひっきょう》するに封建的、反民主主義的の理由を以て既存の淳風美俗を十把一束に排斥し、所謂《いわゆる》『浴湯と共に子供まで流してしまう』弊に陥り易い現代の風潮と同一の誤謬を犯しているものと認められる」

と厳しく批判した。

要するに親殺しを重くみるのは、いつの時代でも変わらず存続する人類の普遍的な道徳原理なのだというのである。

これに対しての少数意見の一人、真野毅裁判官は、

「多数意見はしきりに親子の道徳を強調するが、そして、それは民主主義を理解しない者の俗耳に入り易いものであるが、子の親（直系尊属）に対する道徳の中から、正しい民主主義的な人間の尊厳、人格の尊重に基く道徳を差し引いたら、その後に一体何が残るだろうか。……孝道の核心は報恩である点において、封建武士の知行、扶持、禄に対する報恩を核心とする封建的主従関係と同じ根本原理に立つものである」

と反論し、もう一人の穂積重遠裁判官も、

「尊属殺重罰という特別の規定によって親孝行を強制せんとするがごときは、道徳に対する法律の限界を超える法律万能思想であって、かえって孝行という美徳の神聖を害するものといってよかろう(4)」

と批判する意見を書いた。

当時の世論

この判決を掲載した翌一〇月一二日の朝日新聞は、最高裁発足以来の二大事件だといいながらも、二頁しかない紙面のなかで比較的小さく扱った。どちらかというと、もう一件の経済統制法は臨時法ではあるが、違反事件は廃止後も刑を免除すべきではないという判決の方を大きく扱った。こちらの問題の方が当時は意義が大きかったのである。

しかし当日の朝日新聞「天声人語」欄では家庭殺人事件の一部として詳しく取り上げ、判決の結論に賛成してこう述べる。

「判事の少数意見の中には『親に対する子の義務は自然の愛情から出た任意的な服従報恩の奉仕で、法律的規制を与えぬ方が道徳的価値を純化するものだ』との論もある。哲学的には確かに傾聴すべき一理ではあるが、社会生活を律する実感からは遠いものがある。純法律論の密林に入り過ぎると出口を見失って人間の実生活からかけ離れてしまう危険なしとしない。純粋に人格平等の原則を強調するの余り、親を大切にする美俗までを封建的、反民主主義的だと一般に思い誤らせる結果を招いたとしたら、償い難い大きな損失である。『法律は相争うための道具としてでなく、相親しむためのものとして運用すべきだ』との牧野英一博士の言は味わうべきだ。最高裁の判決は平凡だが安心できるものといえよう(5)」。

担当記者の年齢が分からないが、たしかに、こういう家族観が当時の大人たちの考えを支配したことのあらわれであろう。

尊属殺違憲判決

だが、その七年後の昭和三二年二月二〇日になされた最高裁判所の判決は、少しながらも転換した。親族から反対されて結婚し、母屋では暮らせず納屋に居住していたA女とB男がいた。嫁のA女をかばい続けていたB男が二六年に死亡した後は、A女は納屋に住むことも難しくなった。そこでA女は、ひどい仕打ちをうらんでネコイラズ入りの毒まんじゅうを一家の人々に食べさせようとしたが、果たせず逮捕された。

一審の高松地方裁判所は、減刑を含みながらも、尊属殺人未遂を適用したので上告された。最高裁判所の意見は六対四できわどい分かれ方をしたが、多数意見は、嫁と亡き夫の親との間には本来の親子関係があるといえない。「夫が死亡した後の嫁には尊属殺人で罰するのまちがいで殺人罪で処分すべきである」と言った。少数意見は、「夫の死んだ後、妻が婚姻関係を断つ意思表示の届け出をしない間は、夫の両親に対する道徳義務は生前と同じ……国民の道義的感情である」と強調していた。

これは養親の親（舅姑）だからこうなったのであって、実親殺しの違憲判決が出るのは、もう少し先の昭和四九（一九七四）年四月四日のことであった。(6) 法務省はこの判決をふまえ、刑法の口語化改正と合わせて、尊属加重規定を一括して削除する刑法改正案を用意して国会にかけ、ようやく平成七（一九九五）年六月に削除が実現された。

結局、昭和二〇～三〇年代の最高裁判所には、まだまだ古い時代の道徳的家族観が支配していたということになろう。

継続し難い重大な事由――有責者からの離婚請求を認めるか

次に、この時代の支配的判断となった裁判所の家族観、とくにその中心とも言える夫婦の離婚観がうかがえるケースを取り上げよう。

新しい民法は、第七七〇条第一項五号で、「その他婚姻を継続し難い重大な事由」がある時は離婚の訴えができるという規定を設けた。明治民法には「姦通」とか「遺棄」とか「虐待」の具体的な事由しかなかったのに比べると、応用がきくこの相対的な事由をおいたことはかなりの前進であり、円滑な生活ができない夫婦が離婚できる道を開いたといえる。しかし、その破綻の原因を作った者を相手とする訴えなら認めてよいが、反対に原因を作った者の側からの訴えは認められない、という考えをとっていた。これを「有責主義の離婚請求の考え」という。反対に、破綻しているのならば、どちらが原因を作ったかは関係なく離婚を認めた方が夫婦のためにも良いのではないか、という考えを「破綻主義の考え」という。これをめぐる当時（昭和二〇年代）の代表的事件である。

井上喜作と敏子（民事事件は氏名を公表する）は昭和一二年結婚（届出は一八年）して普通に暮らしていたが、子はなかった。戦後の昭和二一年、夫はB女と親しくなり、その間に子もできた。きつい性格の妻との間で激しいけんかがあった。たとえば、「元来嫉妬心強く、感情が激するままに行動する性癖のある敏子は、喜作に暴言をはいたり、ほうきでたたいたり、出刃包丁をふりまわしたり、頭から水をかけたり、［喜作の］靴を便所に投げ込んだりした……」。のち、夫はB女と同棲し、妻は実家に戻った。夫は「婚姻が続く状況にないから」と離婚訴訟を起こした。しかし、一審も二審も請求を棄却した。二審の大阪高等裁判所はこういう。

「自己の責に帰すべき事由によって婚姻関係の破壊をもたらしながら、これを離婚の訴えの原因とするようなことは信義誠実の原則によっても許されないものと言わなければならない。本件において……婚姻関係の破壊をもたらしたのは主として夫喜作［である］……といわなければならない。従って民法七七〇条一項五号に基く喜作の本訴請求も採用できない」。

「信義誠実」という言葉を使いながら、はっきり有責者からの離婚請求はだめだと言い切ったのである。そこで夫は、最高裁へ上告した。その主な理由は次の三点である。

① 民法の五号では、障害発生の責任がどちらにあるかを問うていないではないか。

② 最初の原因は夫が作ったとしても、その後の妻の行動もひどいもので、両者の行動が原因となって破綻したのだから、信義誠実をいうのはおかしいことだ。

③ この裁判所の判決には実益がない。形式的に夫婦を続けてみても今後円満になる見込みはまったくなく、自分も妻もB女も子どもも不幸になるばかりではないか。

最高裁の判断

しかし、最高裁は全面的にはねつけて、昭和二七（一九五二）年二月一九日非常に熱のこもった長い判決を下した。

「……結局夫が勝手に情婦を持ち、その為め最早《もはや》妻とは同棲出来ないから、これを追い出すということに帰着するのであって、もしかかる請求が是認されるならば、妻は全く俗にいう踏んだり蹴ったりである。法はかくの如き不徳義、勝手気儘を許すものではない。道徳を守り、不徳義を許さないことが法の最重要な職分である。全て法はこの趣旨において解釈されなければならない。

論旨では夫の情婦の地位を云為《うんい》するけれども、同人の不幸は自ら招けるものといわなければならない。妻ある男と通じてその妻を追い出し、自ら取って代わらんとするが如きは始めから間違って居る。或いは男に欺された同情すべきものであるかも知れないけれども、少なくとも過失は免れない。そのため正当の妻たる敏子を犠牲にすることは許されない。戦後に多く見られる男女関係の余りの無軌道は患うべきものがある。本訴の如き請求が、法の認める処なりとして当裁判所において是認されるならば、右の無軌道に拍車をかける結果を承知する虞《おそれ》が多分にある。(7)……」

判決の焦点は、「夫婦に破綻はない。そのうえ有責配偶者からの離婚請求だから、離婚は許されない」というもので、完全に有責主義の考えに立った最初の代表的判決になった。この判決は中央に使われた言葉をとって、「踏んだり蹴ったり判決」という名（俗称）で、法律学の教室では伝えられるようになった。

それにしても、「不徳義、勝手気儘」「不徳義を許さないことが法の最重要職分」「男女関係の余りの無軌道は患《わずら》うべきものがある」などといった本来の判決文には必要ない道徳論が、度を越して多すぎる。この当時の裁判官の道徳的情熱がうかがわれるのは少し困ったことだという批判も起こった。

有責主義請求認容判決

だが、ここで鮮明に言切った「有責主義的判断」は、昭和二九年一一月五日と同年一二月一四日の最高裁判決にも引き継がれ、その後の下級の裁判所（高等裁判所や地方裁判所のこと）の判決でもほとんど守られていった。

では、法学者の考えはどうだろうか。最高裁の結論に賛成する立場と反対する立場の学者が半々になる程に大きく見解が分かれた。家族法のなかでは、おそらく最大の論争を呼んだ問題になったのである。

賛成論の法学者は、男女衡平の精神、正しい恋愛の保護、恣意的離婚の防止、女性の不利益防止、諸外国の立法も大部分同様（ただし、スイス、北欧諸国、ドイツ、中国、ソビエトなどを除く）などの理由を挙げてである。

一方、反対論の立場の法学者は、近代的婚姻のあり方に反道徳的で人権侵害だ、妻子の経済問題と離婚とは別、慎重に愛情回復の可能性を認定すべきである、事実の前に法規は極めて無力だ、離婚法の進歩に逆行している。などの考えによっていた。

その後、地方裁判所段階ではいくつか離婚を認める判決もあった（昭和三五年長野、昭和三八年大阪など）が、裁判所の大勢としては有責主義が優勢のうちに数十年が経過した。

ようやく昭和六二（一九八七）年九月に至って、最高裁判所は有責配偶者からの離婚請求を認めた。(8) 実に三五年後の大きな転換で、各新聞は一面トップで詳しく報道した。これは「昭和後期」の、しかも最後の出来ごとであるので詳細は省略するが、大筋だけ紹介しておきたい。

昭和六二年の最高裁判決は、無条件に破綻主義の立場をとったものではない。

①　別居期間が両当事者の年齢及び同居期間との対比において相当の長期間に及んでいること。

②　未成熟の子（経済的に自立して生活でき難い子）が存在しない場合。

③　相手方配偶者が離婚により精神的・社会的・経済的にきわめて過酷な状態におかれるなど、離婚請求を認容することが著しく社会主義に反するといえるような特段の事情が認められないこと。

の三点を条件として挙げた。このケースでは、夫婦とも七〇歳を超え、同居一二年に対して別居が三五年余りあり、子はすでに成人自立していた。

その後のケースでは、別居の期間が離婚の是非について大きな目安となり、八年ないし一〇年程度の期間があれば離婚請求が認められるようになってきている。

3　拡大家族か核家族か

拡大家族観念と核家族観念

経済や法律の側面からみると、家族のありようは確かに大きく変わってきたが、内側から心理的に規制する根本のあり方（基本的な原型＝家族観念）まで変わったかどうかははっきり言えない。

戦前の家族観念は、日常のしきたりからみても、法律的側面からみても「家《いえ》の観念」にほぼ統一されていた。祖先崇拝に根ざした家屋敷や財産や地位を、父系の子孫が引き継ぎ発展させることを願う生活連続体が、要約した場合の「家」であり、ほぼ国民的合意にもなっていた。これは現実生活としては「拡大家族」が望ましいという意識に結び付く。

しかし戦後の新民法はこれを否定し、個人の人権を尊重し両性の平等を宣言したことから、夫婦と未婚の子からなる核家族の成員の幸福をはかることが第一に望ましいと考え、それが産業化社会にも適合してきた。これが「核家族観念」である。

日本社会の現象としては、たしかに「核家族」の形をとる世帯が増えてきているが、親夫婦と人間関係をはっきり断絶しようとまで考える人は少ない。むしろ反対に、良好な関係を継続しようとの意識が強い。その具体例を列挙してみよう。

① 若夫婦に乳幼児がいて共働きするケースでは、昭和五九年厚生省調査でも子の保育を頼む先は何よりも夫婦どちらかの親であり、零歳児の場合では同居の親四二%、別居の親一二%、計五四%がみており、年長児になるとさらにこの割合が高くなる。

② 一時に巨額の費用を要する結婚費用については、親が大部分を負担するものとの考えを多くの親子が持っている。平成元年での三和銀行調査によると、平均総費用七四五万円のうち七一%が親からの援助（一部は借入れ）に頼っている。また親の方も、七二%まで「親が負担するのが望ましい」と考えており、女親よりも男親にその傾向が強く、特に五〇代・六〇代の男性では八割を超えている。

③ 親が高齢になった場合は子が全体的に援助するものとの考えやしきたりも、昭和六〇年頃まで

ははっきり残っていた。五九年の厚生省調査でも、寝たきり老人の七割は、配偶者のほか、同居・別居の嫁が援助していた。「介護休業法」が平成一一年に施行され、「介護保険制度」が全面的に発足するのが平成一二年で、それまでは親族の援助に頼るしかないという時代でもあった。

④　三歳くらいまでの乳幼児を養子縁組した養親は、自分たち夫婦と養子の間に本当の親子関係がないことを養子に告げる「真実告知」をためらう傾向が日本人には強い。平成二〇年に岡山県ベビー救済協会が、その機関で嬰児を特別養子に斡旋した約一五〇組の養親にアンケートしたところ、真実告知をした夫婦は約二割にとどまっていた。同時期に同会が斡旋した欧米人の養親は八割が告知済みで、残り二割も「告知する予定」と答えているのとは大違いである。[9] これは日本人養親に、真実の血縁関係がある親子であることを擬制したいとの意識の強い表れと受けとめられる。

⑤　正月には年賀状交換のしきたりが盛んだが、近親者が死亡した年は喪中ハガキが使われる。その近親者には（同居者ならともかく）別居している親や祖父母の死亡まで含まれるのが普通である。これも「核家族観念」に徹していないことの表れではないだろうか。

本音とたてまえのジレンマ

このようなことから、昭和六一年人口問題研究所が「望ましい家族構成とは」を質問したとき、「核家族よりも三世帯が同居する拡大家族の方が良い」とする回答が七割にも上っていた。

結局、昭和の戦後四三年間の間には、「わたしとあなた調査」（昭和三六年）、「ニューファミリー」（昭和五二年）など、新しい現代的な家族の誕生と出現を賑やかに紹介し、「核家族概念」の勝利として告げるような時代もあったが、それは大都市周辺の「団地族」などのごく一部の現象であったようで、郡部はもちろん、都市部においても、少なくとも七割を占める一般市民の心のなかには「拡大家族観念」が残っていたことが昭和末期にははっきりしてきた。

しかしその人たちも、日常生活では「核家族」の良さや便利さに漬っていながら、時に「拡大家族」の大切さに変わる。混在して使い分けているのである。私は昭和五五年に編集した『世界の老人の生き方』という書物の中で、日本人は「顔はアメリカ、心はアジア」という言葉でこの両面性を表現したことがあるが、(10) これも同じことである。

この原理的に異なる二つのことを使い分けるのは、便利なようだが内面では葛藤を起こし、人間関係を混乱させる。「身の上相談」にも結局このジレンマをめぐる問題が一番多くみられたことも、昭和後期時代の表象であるためであろう。しかしこの両面性を持つことがまた、日本人のやさしさを作っているように私には思われる。

4　一般庶民が考える家族論

テーマ談話室「家族」

研究者や評論家は、とかく世帯構成の変化とか、離婚率の増減とか、児童虐待の頻発などを家族問題として論ずることが多いが、私の考えとは違っている。世間一般の庶民は、それとは別の次元から家族の問題を考えているようである。

朝日新聞が昭和六二年九月から六三年八月までの一年間「テーマ談話室・家族」の欄を設けて、形や内容にとらわれず自由な意見を求めたところ四四〇〇編もの投稿が集まり、その中の約一〇〇〇編が紙面に掲載されて、のち『家族――日本人の家族観』上・下二巻にまとめられた。各編六〇〇字前後という字数の制約はあるものの、研究者や評論家の文には見られない、きわめて率直であけすけな意見が並んでいて壮観である。従来の「身の上相談」や「人生案内」とは異なって、自分なりの判断や結論がついている例が多い。いわば庶民が考える「家族論」の集大成となっている。時期もちょうど昭和時代末期なので、これを庶民が考える昭和後期の家族問題の集約としてみることができよう。

もっともこの投稿には欠陥も多い。第一に、投稿者が短い文章を書くのに不慣れな人が多いためか、主語・述語のつながりが不明確で、副詞がどれにかかっているか分からない場合が少なくない。そのため、主張がどこにおかれているか読み取れないものもある。だがそれだけに、日頃あまり物を言わない人たちのナマの素朴な感情をくみとることが出来る。

投稿者は、男性四割、女性六割。一〇代から八〇代まで広がっているが、平均すれば男には高年者が多く（五〇歳以上が八割）、女には中年者と高年者が多く（三〇～五〇代で七割）、若年者が少ない。総じて体験的意見が多い。総数が厖大なので、以下五つの問題にしぼって投稿のそれぞれ一部のみを紹介する。[11]性別・年齢・地域・職業は重要なので残すが、氏名は省略させていただく。

(1)家族を規定するもの

「家族はいるだけでも幸せではないか」という主張はかなり多い。

「ささやかなトラブルで崩壊することもあれば、不運、不幸の連続でも耐えて自浄を続けているものもある。喜びや幸運を素直に享受するのが家族の特徴だが、むしろ家族の真価は不幸や不運のとき発揮されるものであるといいたい。世間の人がすべて背を向けても、最後まで支えてやるのが家族であり、犠牲をもいとわぬ気持が家族のきずなであると私は思っている」。

（九月一五日、銚子市、男、五六歳、会社員）

「しゅうとめが老いて一時寝たきりになったとき、母がどうでるか不安だった。でも母は変わらない。両手にしゅうとめの排せつ物がべったりついてもグチひとつ言わず、とうとう元気にして医者をうならせた母。どんなにいびっても母を愛していたしゅうとめ。そこには何十年の家族の生きざまがあった。もっと金持ちの親類が呼んでも、ここが一番と母の元を離れなかった祖母。家族って愛だと信じている。きずついても疲れても死にたくなっても、そこに帰ればよみがえる所。私の家族は平凡で生き方がぶきっちょでいつも損ばかりしているが、愛だけはごろごろしていた」。

（九月四日、日立市、女、三五歳、主婦）

(2)家族はひどいもの

他方、「家族は幸せを奪ったひどいもの」という主張もあるが、数は少ない。

「一度でよいから母親に思う存分口答えし、ひどかった仕打をなじりたいと思いながらこの年までなし得ず、今やボケ老人になった母親に相変わらず口あたりのよいいたわり言葉を吐いている。反抗してもせいぜい逃げるという手しか使えず、どうやらこのまま親を見送ることになるらしい。

……目が薄くなってからは「そんな人は知りませんな」と私を玄関払いしたこともある。時には自分の都合で、娘に夫婦別れを暗に要求する。親には無条件で従うべきだと思っている……。

小学生のころ「山よりも高く海よりも深い親の恩を、あんたはどがいして返すだ」と繰り返し問うた。山と海を眺めて小学生がやっとみつけた答えは「死ぬことによってしか返せない」という絶望であった。私にとって家族の原点はこのようなものであり、後を継がなかった後継ぎ娘としてその後遺症と闘いながら生きている。ひとり言ででも本心を吐き、家族は仲良いものとか親孝行とかいう神話的言葉から心を開放したい」。

（九月一日、東京都、女、五三歳、無職）

「家族って何だろう。私は二一、二三日改めて真剣に考えた。夫が二八歳、私が二〇歳で結婚した。夫は三歳で母を亡くし、きょうだい四人の所へ義母が来た。二二歳のとき父が逝き、義母も家を出た。……兄たちの言い分は、兄弟の縁を切って他人になってもらう、と夫の籍を抜き分家届を渡された。……それから三五年、人には想像もできないような生活をしてきた。独占欲の強い義母。戦争でもなかったら私はあの生活に堪えられなかったかも知れない。義母が逝き、夫も後を追うように逝ったとき、私はホッとして考えたものだ。これでも家族といえただろうかと」。

（一〇月一日、埼玉県、女、七一歳、無職）

(3)家族がいること・いないこと

家族のない生活は自由ですばらしいという人もいるが、この主張はきわめて少ない。

「縁あって子どもをもうけないことを条件に結婚した。ひとはみな「氏」の絶えることを恐れ子孫を残すことにこだわり「血」を信じているようだが、私にはそのような思いは全くない。子孫のためでも誰のためでもない、二人だけの人生なのである。生きてゆくぐらい何とでもなる。子どもをもうけなかったからその養育や就学、就職、結婚、そして新しい親族との付き合いなどにわずらわされない。大きな家も必要ないし住宅ローンに苦しむこともない。

おかげで、特に努力もしないのに老後の備えは自然に備わった。……私か妻のどちらかが世間様のお世話になるのは避けられない。これだけは申し訳なく、償いにはならないだろうが遺体を学術解剖用に献体することでお許し願いたい。無宗教だから成仏昇天しない。自然にかえるだけである。このような生き方をし、死んでゆく私にとって、「家族とは一体何なんだろう」と思う。家族のない生活って何と自由で素晴しいのだろうと、余生を楽しんでいる」。

（一二月一〇日、厚木市、男、六四歳、無職）

⑷家族がいなくてわびしい

しかし、「家族がいなくてわびしい」という人の方が、さすがに多い。とくに妻を失った夫、夫を失った妻の声が多い。

「家族の全くいない独り暮らしの身には、このテーマは残酷すぎます。家族間の不信、トラブルさえ、喜びも悲しみも分かちあえるきずなを持たない私には、うらやましいばかりです。来る日も来る日も味気ない三度の食事、テレビや新聞を見ての話題も独り言。花を生けても絵を飾っても晴れない心。病気や事故の時の不安もさることながら、年をとっての独り暮らしは本当にわびしいものです。

子どもを産んだことのない私のたった一つの夢は、他人のお子さんからでも一度でもよいから「お母さん」と呼んでもらいたい。私の年なら孫もいることですから「おばあちゃん」と呼んでもらいたい。家族のいないこの寂りょうは言葉には表せない深淵です。家族のいらっしゃる方々、目には見えないでも、お幸せをどうか大切になさってください」。

（一一月一二日、別府市、女、六五歳、無職）

「二二歳で結婚。その半年後、建設会社に勤める夫はエジプトに単身赴任した。……その間の心の流線は——出発後二カ月ぐらいは独身にもどったような少し気軽な気分。夫のエジプトでの暮らしに好奇心を持ち、それとなく過ぎて行った。しかし五カ月、六カ月と時がたつにつれ、「私たちは本当に夫婦なのだろうか」といった問いが、胸にすみついた。仕事を持っていた私にとって、平日はそれほどでもないが、土曜・日曜になるとむなしさが倍増した。夫婦であることの実感は急速にうすれていった。いったい二人は何なんだろうと、もやもやの煙に突っ込んだような状態だった。いっしょの時を過ごすということは、家族にとってきわめて重要なことだと思う」。

（九月一九日、瑞浪市、女、二七歳、主婦）

「三六年前に妻に先立たれて、その存在がいかに大きかったか分かった。逝かれてみるとわからぬことばかり。戸惑いの連続だった。残された子らは大一から小五までの三男一女。情緒不安定の多感期であったが、父親の苦労を見かねたのか洗濯や勉強は進んでやったが、炊事はいやがった。……私は独身を通してきたが、子らにもずいぶん辛い思いをさせたと反省している」。

（一〇月二九日、浦和市、男、八四歳、元厚生技官）

よく討議されたテーマ

「テーマ談話室」という主題のとおり、いろいろなテーマをめぐってよく意見が交されている。

前半では、「お互いの呼び方」「父親不在の痛ましさ」などのほか、「戸籍の表示」「夫婦別姓」「離婚後の父の面会権」など比較的法に近い外面的な問題についての投稿が多かったが、後半（下巻）には読者が慣れてきたためか、本音の表現がみられるようになり、「不倫と愛情」をめぐる問題が数としては一番多く、「親子同居の苦しさ」と「婚出者の相続放棄」も女性の心情がよく現れていた。また、世間の目が厳しく、近所の噂が気にかかるという発言も多い。「車を持たない家族」「男のおんぶ」「母子家庭でいること」など。

戦時中、親の反対で正式な結婚ができず、婚前妊娠で苦しんだ、私生子に生まれて「すごくみじめな一生だった」と告白したり、「幼時に母に捨てられた」例をめぐって、「不幸だった」という例と「それをばねにして立上り、今はいい結婚をしているから親をうらまない」など多様である。

(1)「夫婦別姓」をめぐって

「結婚しても男女別姓でいるべきだと思う。なぜ、男女共学、就職と男と肩を並べて生きてきたのに結婚に際しては女は男の姓を名乗らなければならないのか。現代では、「家に入る」とか「嫁になる」という意識のある「嫁さん」がどれだけいるだろうか。……現在の家制度など廃止して、愛情のない依存関係でなく、個人の尊厳をもとにした個々の自立を望みたい」。

（一一月一九日、狛江市、女、二六歳、主婦）

「一一月一九日付の姓のつけ方についての黒川さん、小川さんのご意見ともに賛成です。私はこれを発展させ、「結婚とともに夫婦で新しい姓をつくる」ことを提案します。旧姓はミドルネームとして残してもよいし、新姓は夫婦の旧姓から一字ずつとるなどの方法もあります。結婚は男女の合意で成立し、二人で新戸籍を作る現在の法律上の考え方は、新しい姓をつくることでより明確になります。子どもは両親と同じ姓ですが、その子が結婚するときはまた新しい姓となる。つまり姓は一代限りで、最終的に同姓であるのは夫婦のみ。こうなれば家の制度から実質的に解放され、一人息子と一人娘の結婚でどちらの姓にするかでもめることもなくなるでしょう」。

（一一月二五日、東京都、女、三四歳、主婦）

これら若い世代の女性から出された別姓論に対して、暗い気持ちになるという強烈な反対論が五七歳の主婦から寄せられた。

「結婚と姓についての若い方々の考え方を読んで暗澹たる気持ちになった。先代から子孫に相続された家宝が姓であり、それを守るのが家族ではなかろうか。それゆえに親は子どもを育て、信頼を保ち、安心して老後を託す道を作る。新しい姓を作る人は小さい時から一切親の世話にならぬ覚悟をしてほしい。学費も結婚資金も親まかせ、夫とは平等に、親とのかかわりを少しでも避けようとする。子の親になっても先代のお墓に合掌さえもしないのか。ちぐはぐな姓の墓の乱立を案じる。

同じ姓を名乗る家族がいてこそ生活に張りがある」。（一二月九日、久留米市、女、五七歳、主婦）

しかしこのような反対論は、また次のような賛成論に圧倒された。結局、全体としては別姓論支持者の声が紙面を多く飾った。この時代が、夫婦別姓問題で一番騒がれた時代であったことが分かる。しかし、国会では自民党長老の反対が強く、その後二五年近くなっても民法改正は進んでいない。

「夫婦別姓を実行しているものとして一二月九日付「『新しい姓』に大反対」を読み、「家」意識の根強さにがく然としました。新しい憲法と民法で家族制度は民主的で平等なものに変わったはずです。結婚は家と家がするものでなく、自立した個人と個人が家庭を築くのです。お互いは平等で、妻が夫に従属するわけではありません。……個人の立ち場がもっと尊重されて多様な生き方ができてしかるべきでしょう。他人と違うことをする人を非難するのは日本人の悪い癖です。結婚でどのような姓を選んでも、親と子の関係が変わるわけではありません。大切なのは家族の一人ひとりが幸せになることです。姓を守るために家族があるのではないのです」。（一月六日、東京都、男、二八歳、教員）

(2)「不倫と愛情」をめぐって

結婚後も、別の異性との間に恋愛感情が高まることがある。男はかなり気楽にその交際を続けるものが多いが、女性にとっては現代でも難しい。その感情発露のためにもこの談話室は使われたようだ。

ただし、投稿者には、匿名希望が多い。

「私五六歳、オクテもオクテ、生まれて初めて恋を知った。相手は昔好きだった人。お互いにこれ以上近づいてはいけない人。食欲なく、出るのはため息ばかり。心得違いだと自分に言い聞かせる。甘い涙がにじみ出る。目が赤いのに主人は気がつかないのだろうか。彼が知ったら迷惑だろうか、喜ぶだろうか。気違いばあさんから逃げ出すだろうか。こんな感情は時が過ぎれば治まるだろう。知れないように隠さなければいけない、年頃の二人の息子もいる。どうしようもない気持ちを静めるためにもペンをとってみた」。　（一月二〇日、大分市、女、五六歳、狂いそうな主婦）

「いわゆる「不倫の恋」を涙ながらに非難する妻たちよ。あなた方は言う、快楽の影に涙ありと。幼子を抱え夫に見向きもされず、必死に生活と取っ組んでいる飾らない女の涙。対して身軽で自由気ままで、若さという武器を持ち着かざることを許されている女の快楽。……妻を裏切るような男を私は信じているのです。何かがあるのでもない、未来を見つめるのでもない、ただ愛するが故に信じてしまうのです。

愛する人にすでに妻子があった。私は傷ついています、じゅうぶん。あの人は妻と別れる気など、毛頭ないと言う。私からみれば、「妻」は存在しているだけで私を傷つけるのです。最初に婚姻届なるものに署名し役所に提出した、ただそれだけのことで私という一人の人間の気持ちを抑えつけろと要求できるのですか。結婚は、人を愛する心を踏みにじってもいいのですか」。　（一月二八日、三鷹市、女、二五歳、公務員）

「私が夫と知り合ったのは一六年前、高校二年でした。当時彼には妻（仕事の都合で別居中）がいました。でも若かった私は愛さえあれば他の何もいらない、戸籍上の妻の地位など純粋に相手を思う気持ちと比べればとるに足りないものと考え、夫の胸にとび込んでいきました。そして三年後、二〇歳になって周囲を説得し入籍しました。

それから一〇年、二人の子どもとともに楽しく幸せな日々でした。ある日、偶然開いたノートから夫が他に思いを寄せる女性がいるのを知りました。……夫も相手の女性も、そして私もそれぞれ心に痛みを持って、それでも人は愛するもの。人を愛する心は自分自身を豊かにするものであり、しっとや憎しみで私の愛をこわしてはいけない。だれのためでもない、自分のために愛するのだ。そう思いそれから三年、夫は今もその女性とつき合っていますが、家に帰れば私に優しく子どもたちとも楽しく暮らしています」。

（二月九日、栃木県、女、三三歳、塾講師）

もちろん、批判者の声も数多く寄せられ、「不倫問題を八方丸く収める解決など決してない」など、厳しい意見が少なくないが、一つだけ取り上げる。

「不倫の恋の正当性は、言葉で人に納得させるのはほとんど不可能であろう。最終的に決断をした時に、配偶者を傷つけ子どもの信頼を裏切り、そのことにより自分の傷と世間の白い目にじっと耐えるという行動によってしか、真剣な愛の存在を証明できないのではなかろうか。このような重荷に黙って耐える覚悟のない人は、愛が恋に変わりそうになったら、相手を愛する真剣さゆえに、相手の前から消え去ることで恋のつぼみを摘み取るべきではなかろうか」。

（三月二五日、茨城県、男、四五歳、公務員）

談話室のまとめ

このシリーズ「家族」談話室は、一年間続いて昭和六三年八月末日で終了になった。終わりが予告されたためか、終回には、まとめに相応しい見事な意見が寄せられて最後を飾っている。それは、昭和の家族論全体のまとめといってもも通るほどのものである。

「全体として（女は）言いたい放題ではないか」と憤慨する老年男性の声もあったほど、特に女性が大きな声で他人を非難し自己の主張を通そうとする声が強かった。思えば半世紀前の昭和日本では、女性は女々しい泣き言しか投書できなかったのだから、これは大変な進歩で、男女の考えが対等に近づいてきたことを物語る。短い文のなかに本音を語ることが上手になってきているようだ。

「長い間家庭のいろいろの形を聞き考えました。親と子、夫と妻、兄と弟。千人の人には千人の境遇があると切実に感じました。親子の血のつながりも、しゃぼん玉のようにはかなく頼りない場合もあると知りました。家族とはかくあるべし、という願いがいつの間にか私達の一般的な家庭像となってしまいその物差しに合わないものはペケ、ペケとバッテンをつけているのではないでしょうか。人間そのものが一人として同じものはいないのですから、その人間が作っている集合体である家庭がA家、B家とそれぞれにあって当然ではないでしょうか。ねばならない、という枠をすててA家はそうか、B家は……と肯定することでトラブルは半減するのではないでしょうか。……

男と女の区別なく人間の一人ひとりが大切にされる社会になった今、その一人ひとりが正しく生かされる家庭像、男女の共同生活の形が見出されなくてはなりますまい。若い人たちは今からその作業に取り組んで下さい」。

（八月三一日、日田市、女、六八歳、主婦）

「新しい家族の姿を」とタイトルされたこの六八歳の言葉は、全体のまとめにふさわしい文章になっている。昭和の最終年にこのような意見を得たことは素晴しいことだった。

以下、私なりのまとめを追加しておきたい。

① 未婚者同士の恋愛を、親や周囲が阻んで悩むという戦前の大きな問題は、ほとんどみられない。本人の意思に基づく恋愛婚が当然な時代になってきたことの表れであろう。

② 当時五〇代以上の男女（昭和一〇年頃以前の出生者）は、戦時中に起こった家族のトラブル（父や夫の戦死、家業の倒産、負債による家族の逃亡、両親の離婚、父親の暴力など）が人生を大きく規制してきたことを語る例が多い。それで苦しみから逃れられなかった人もいるが、反対にそれをバネに幸福をかちえた例も多い。

③ 父親の酒乱、暴行、浪費などによる家族崩壊は、昭和四〇年頃までは多くあったが、投稿されたもののなかではその後は少なくなっているようである。

④ 配偶者との関係以上に、同居別居を問わず実親や義父母との関係のもつれの方が多く語られている。成人後の親との人間関係の深さと拘束の強さが、日本家族の大きな特色として持続されている。

注

（1）「生活革新指数」の算出方法は、「穀物消費中のパン支出割合」一〇、「副食費中の加工食品割合」一〇、

「衣料費中の既製服割合」二〇、「光熱費中の電気・ガス代比率」二〇、「家計費中の教養娯楽費比率」二〇、「耐久消費財（電気洗濯機・テレビ・カメラ・電気冷蔵庫・扇風機）購入量」二〇の比重（合計一〇〇）で、いずれも一九五三年を基準とした変動率にし、総合した指数。

（2）全社協養護施設協議会編『作文集・泣くものか』昭和五二年、亜紀書房、一二頁ほか。

（3）全社協養護施設協議会編『作文集・続泣くものか』平成二年、亜紀書房、八三頁ほか。

（4）『最高裁判所刑事判例集』四巻一〇号、昭和二六年、二〇三七頁。

（5）無記名「天声人語」朝日新聞、昭和二五年一〇月一二日。

（6）『最高裁判所刑事判例集』二七巻三号、昭和四九年、二六五頁。

（7）『最高裁判所刑事判例集』六巻二号、昭和二七年、一一〇頁。

（8）『最高裁判所民事判例集』四一巻六号、昭和六三年、一四二三頁。

（9）堀章一郎編『岡山県ベビー救済協会二〇年の歩み』平成二三年、同会、六〇頁。

（10）湯沢雍彦「日本——顔はアメリカ心はアジア」昭和五五年、湯沢雍彦編『世界の老人の生き方』有斐閣、二〇五頁。

（11）朝日新聞テーマ談話室『家族——日本人の家族観』上巻、昭和六三年、朝日ソノラマ、一四、三三、五四、三三八、三七四、三九八、四〇三、四一一頁。

朝日新聞テーマ談話室『家族——日本人の家族観』下巻、昭和六三年、朝日ソノラマ、四〇、四四、五二、六六、六九、七二、八九、一二七、三八一、五二四頁。

第十二章　家族不安感の克服に向けて

1　マスコミ報道と家族崩壊論の高まり

一般論と自分論

家族のいろいろな側面の変化が伝えられるようになった昭和四〇年以降は、家族に対する不安感が高まり、「家族病理論」や「家族崩壊論」が強まって、そのまま平成に持ち込まれた時でもあった。出生率の低下も、熟年離婚の増加や学校中退者の増加も若者未婚率の上昇も、原因はすべて家族の弱体化に求められ、昔に比べて日本の家族は駄目になった、教育力もなくなった、扶養力もなくなった、まとまりもなくなった、このまま進めば、家族は崩壊してなくなり、社会も危機に瀕するだろう、という「家族危機＝社会崩壊論」につながっていくとマスコミは言い立てていた。(1) しかし私は、昭和六〇年頃、東京都江戸川区のある区民学級へ招かれたことを思い出す。

本題に入る前に私は、一〇〇名近い出席者に質問してみた。

「日本の家族のほとんどは、昔の働きを失って病んでいるようだという意見に賛成しますか」。

その時、ほぼ全員に近い九五名の手が挙がった。「では、あなたの家や親類の家で困ったことが起こって悩んでいますか」と続いて聞いてみると、三人の手しか挙がらなかった。「これはおかしなことですね。なぜこんなに違うんでしょうか」とたずねると、皆首をひねるばかりで誰も説明できなかった。

以上のことは、「家族の危機とは一体どういうことなのか」の再考をうながすとともに、「家族危機」とは一部少数例のことなのか、大多数の一般例のことなのかを区別して考えることの必要性を示すことにほかならないと思われる。

報道過多から生まれる風潮

このくい違いに気がついた私は、ほかの集会や大学の授業でもクイズの形でこのことを確かめることを始めた。昭和六三年頃のことである。

問一　ごく最近、五〇代夫婦が離婚する割合は、同年齢夫婦の中で一％もない(a)、いや二％以上はある(b)。

問二　三〇年前に比べると、最近の自殺率は低下している(a)、いや上昇している(b)。

問三　最近において未婚の母は、三〇年前に比べると減っている(a)、いや増えている(b)。

問四　自分の家庭生活に満足感を持つ青少年の割合は、昭和四五年頃と比べると昭和六三年の方が増えている(a)、いや減っている(b)。

問五　結婚した夫婦が持続する期間は、昭和一〇年頃と比べると最近は長くなっている(a)、いや短くなっている(b)。

私の経験からすると、ほとんどの人は、以上の質問について迷うことなく、全部(b)の方を選んだ。そして、今さら何で分かりきったことを改めてきくのか、と怪訝な顔をした。昔持っていたたくさんの機能を失って、日本の家族は病みつつある、夫婦のつながりも親子のつながりも衰えて、崩壊の一歩手前にある、という滔滔《とうとう》たる風潮のなかにあって、それは当然至極の判断なのであろう。ところが、正解は全問とも(a)なのであって、(b)は大間違いなのである。

実際の数値

正答の根拠を逆の順序で示しておこう。

問五については、昭和一〇年の平均結婚余命は二七・八五年であったが、昭和六〇年のそれは三七・四一年と一〇年ものびていることが、人口問題研究所の手で算出されている（人口問題研究所資料二五七号）。寿命が延びてその分早期の夫婦の死に別れが減ったという要因が一番大きいが、一定期間だけ続く夫婦の確率も最近の方が高い。離婚する夫婦でも平均五年で別れていたものが、平均一〇年は続くようになったのだから、日本の夫婦は、こわれやすくなってはいないのである。

問四、最近の全国一五～二三歳の青少年一般の意識としては、九〇％の者が自己の家庭に満足し、学校生活にも八〇％の者が満足感を示している（昭和六三年青少年対策本部調査）。しかもこれらの数値は、昭和四五年、昭和五五年のいずれよりも向上しているのである。家庭のほか学校・地域・職場なども同じで、適応できず不満足感を抱く青少年は、全体ではなく一部であることを認識する必要がある。

問三、「未婚の母」そのものの統計はないが、婚姻していない女性から生まれた子の数は「非嫡出子」として昭和三五年には一万九六一二人いたが、昭和六二年には一万三一三八人に減っている。明治時代には世界有数であったこの割合も、戦後はほぼ減少の傾向にあって、最近は先進国中最低である。

問二、自殺率（人口一〇万人当たりの年間自殺件数の割合）は、当時の最新統計である昭和六〇年が一九・四、その三〇年前である昭和三〇年は二五・二であったから、これもかなり低下している。

問一、国勢調査と人口動態統計の結果を再検討してみると、五〇代を含む熟年世代の離婚は、夫五〇代の夫婦をとっても、妻五〇代のそれをとっても、増えていることは確かである。しかし、妻五〇代夫婦の離婚発生率はわずか〇・一四％にすぎない。三〇年前に比べれば四倍に増えているが、現在でも実に小さな割合で、一％にもはるかに遠い。現代は、ほとんどの熟年夫婦は離婚に無関係であることを論ずべきなのである。(2)

誤解と克服

以上のように、信頼できる全国統計からみる限り、市民の大部分は家族の大勢を誤解していたことは明らかである。日本人は、どうして自国の大勢の動きを誤解しているのだろうか。

簡単に言ってしまえば、日本の庶民は新聞やテレビの情報を信じすぎて、自分の周辺の見聞を信用せず、疑わしくても自分で調べてみることをしないからである。マス・メディアをよく見る大都市のインテリ男性ほどそうである。

一般の認識が誤っていることの原因は、マスコミ報道の責任であろう。マス・メディアの中心をなす新聞とテレビは、実は昭和六〇年頃から離婚問題の報道をやめていた。離婚は減少を始めていたがそれを報道しようとしなかった。要するにマスコミは、悪くなった記事ばかりを流すことが好きなのである。

一方、受け手側の市民の方にも責任がある。他人志向性が強くて、活字やテレビ報道の権威に弱い。報道を頭から信じるのは、自分なりの見聞や家族観や生き方への確信がないからである。小学校からの批判を許さない教育方法の結果で、よく言えば状況適応主義だが、地域社会に根ざした自分なりの原則を立てようとしないあいまいな態度が、無批判の幻想を作っているといえるのである。

2　家族と離れて暮らす人は急増したか

多くは家族中心の生活者

家族崩壊論者の大きな拠り所の一つは、家族と離れて暮らす個人が急増しているとの思いである。たしかに国勢調査の結果をみると、昭和二五年には八九万人に過ぎなかった単身世帯者は三五年後の昭和六〇年には七九〇万人に増加している。世帯数を単位としてみると昭和六〇年には全体の二〇%、

表12-1　人員別にみた世帯数と割合の推移　（万人）

	総人口	二人以上の世帯	単身世帯	施設等居住者
昭和25(1950)	8,412 (100.0)	8,273 (98.3)	89 (1.1)	50(推定) (0.6)
昭和35(1960)	9,430 (100.0)	8,970 (95.1)	372 (3.9)	88 (0.9)
昭和45(1970)	10,453 (100.0)	9,707 (92.9)	614 (5.9)	132 (1.3)
昭和55(1980)	11,702 (100.0)	10,835 (92.6)	711 (6.1)	156 (1.4)
昭和60(1985)	12,100 (100.0)	11,143 (92.1)	790 (6.5)	167 (1.4)
平成2(1990)	12,361 (100.0)	11,249 (91.0)	939 (7.6)	173 (1.4)

出所：人口問題研究所編『人口の動向1997』111頁。なお施設等には次のものが含まれる。寮・寄宿舎，病院，診療所，自衛隊営舎，社会施設（養護施設・老人ホームなど），矯正施設（刑務所・少年院など），その他。

東京都などでは三四％を超える存在になったのでその感じが強くなるが、人数の点から見直してみるとそうではない。全人口の一・一％から六・五％へ増しただけにすぎないのである。このほか施設などに居住している人も家族を離れているので、この両者の合計を「家族外生活者」（一人の家族とも同居していない人）と呼ぶことができる。昭和六〇年には家族外生活者は九五七万人もいたが、総人口のなかでみると七・九％にすぎない。残りの九二・一％の人は「二人以上の普通世帯」のなかで暮らしている。二人以上の普通世帯のなかには、知人とか使用人など家族でも親族でもない人を含む世帯もごくわずか含まれるが、圧倒的大部分は、家族関係がある者同士が寄りそって暮らしている「家族生活者」なのである（表12-1）。

では昔はどうだったのだろうか。

戦前にはこれに相当する統計がないが、たま

表 12- 2　家族外生活者の居住場所の推移（万人）

	昭和 60 (1985)	平成 7 (1995)	平成 17 (2005)
一戸を構える単身者	639	982	1338
間借り・下宿の単身者	32	25	33
会社独身寮の単身者	118	117	75
寮・寄宿舎の学生	33	32	26
病院などの入院者	71	74	76
社会施設の入所者	37	52	107
自衛隊営舎居住者	12	10	10
矯正施設の入所者	6	5	8
そ の 他	9	7	5

出所：人口問題研究所編『人口の動向』1991 年=80 頁，1997 年=111 頁，2008 年=117 頁。

たま大正九（一九二〇）年の第一回国勢調査について分析した社会学者戸田貞三の研究（『家族構成』）がある。それによると家族外生活者は約六〇〇万人いて、総人口の一〇・八％に当たるとしたが、さらに戸田が入れ落とした一人世帯と準世帯居住者をこれに加えると一二・五％にもなる（大正期には、住込みの奉公人・女中・同居人がとくに多かった）。そうすると大正九年の家族生活者は八七・五％となって、昭和六〇年の九二・一％よりも少なかったことになる。

戸田は大正九年の数値について、「国民の約九割までが家族内だから……（国民の）大多数は常に家族にその生活の根拠を置いている[3]」と説明したが、昭和時代は末年までもそれ以上に「家族」が中心の時代だったとさえ言えるのである（なお、平成期に入ると、独身寮や寄宿舎などの生活者が減り、戸建住宅単身者と社会施設入居者が増加していることが見て取れる。表12－2）。

非離婚夫婦の圧倒的健在

実は、家族の病理論ないし危機論は、少なくとも日本では古い時代からくり返し言われ続けてきた。私が知る限りもっとも古い例は、実に八〇〇年の昔、平安時代の流行歌を集めたとされる『梁塵秘抄《りょうじんひしょう》』にも登場している。

嫗《おうな》の子どもの有様は、
　冠者は博打《ばくち》の打ち負けや　勝つ世なし
禅師はまだきに夜行好むめり
　姫が心のしどけなければ　いとわびし
（ばばの子どものありさまは、長男ばくちで負けばかり。勝ったためしなし。次男は小僧っ子のくせに夜遊びに夢中。姫ごはまただらしなくて、ほんに辛いことばかり）。

江戸時代には、中期以降、再三奢侈《しゃし》禁止令が出され、窃盗・姦通・心中などに厳しい制裁が用意されたが、それだけ事件が少なくなかったからであろう。

大正六年には、家族関係のまとまりが悪化したとして、わざわざ教育会議と臨時法制審議会を召集するまでに支配層の心配は大きくなっていた。それは、「我国固有ノ淳風美俗カ日ニ喪ヒテ虚栄奢侈ノ風ヲ長シ……各階級間ノ融和ヲ害シ淳美ノ風漸ク去ラムトスルノ恐ナキニアラス」という危機感からであった。しかし会議は難行したため、調停制度だけは成立したが民法などの改正にまでは至らなかった。

さて戦後は、官庁までが白書などで危機発言に参加するようになった。

また、昭和四七年一〇月から四八年夏にかけて、「子捨て・子殺し」に関する新聞記事が急増し、週刊誌には「親不知《しらず》、子不知《しらず》の時代」なることばまで登場した。だが増えたのは情報の量であって、事実の量ではなかった。しかし、人びとは情報のみにしか接しえず、しかも日本人の新聞・テレビへの信頼感はきわめて高いので、マス・メディアが多く扱えば扱うほど、事実も多いのだという認識が広まったのである。

これからみても、昭和後期において、日本の家族が全体に危機的状況にあるという表現はかなり適切さを欠いている。危機的状況はいつもあるのだが、それは少数の存在であって、大部分の家族は何とか平穏無事な暮らしを続けてきたというべきなのである。

たとえば、離婚の数と率は昭和戦後の四〇年間で倍以上に増加したが、他方、「離婚しない夫婦」の総数も、国勢調査ごとに増加を続けてきた。こちらは、平成二年でも離婚夫婦の三〇〇〇倍もいるのである。生まれた子どもを成年になるまできちんと養育することも、家族の重要な機能の一つである。子を虐待する親が少なからずいることも事実だが、親子全体からみれば幸い一％にも遠いくらい少ない数である。病理家族の存在を認めつつも、大部分の夫婦。親子が健在ならば「家族崩壊」などとは言えないのではないだろうか。

日本家族の本当の弱点

ただし、すぐに危機には結びつかないまでも、大多数の日本の家族にも弱点がいくつかある。その最大の課題は、家族のなかの人間関係すなわち心のつながりの淡さ・薄さにある、と私には思われる。アメリカの歴史学者ジョン・ダワー教授は、「日本は仕事では称賛に値する国だが、羨ましい国だとは全然思えない。最大の問題は、実質的に父親が不在で夫婦の対話がなく、真の親子の対話もない。つまり真の家庭生活がないので、われわれ欧米人には耐えられない社会だからだ」と語っているが、正に的を射た発言であると思う。

特に、大都市圏に住む夫の大部分は、会社と同僚との交際に時間と関心の全力を費やして妻子と交流していない。確かに、かなりの収入を家族にもたらしているが、家事育児の責任をほとんどまったく果たしていない。「夫が午後六時過ぎに隣にいない生活なんか考えられない」というヨーロッパの女性からは、たちまち離婚請求を突きつけられることだろう。

とにかく日本では夫の在宅時間を増やし、地位の対等性、役割の共同性、情緒の一体性を確立することが先決なのである。

このことは同時に、親子関係にもひびいてくる。国際比較調査で青少年に「充実感（生きがい）を感じるときはいつか」を聞いてみると、「家族といるとき」をあげる者が各国では六〇～七〇％以上もいるのに、日本はわずか二三％で一一カ国中最下位であった（平成五年）。親子の大部分が同居しているからこの数字になったのだが（他国は別居）家族すなわち親子が、「生きる拠り所」になってはいないのである。

では、救いの道はないのだろうか。まずは皆が「家族」こそ一番大切なものとの思いを増し、その実現をはかるよう努めることではないだろうか。

統計数理研究所の「国民性調査委員会」が昭和三三年から続けている質問の一つに「あなたにとって一番大切と思うものは何ですか。一つだけあげてください（なんでもかまいません）」がある。

最初の昭和三三年には、一位＝生命・健康・自分、二位＝愛情・精神、三位＝金・財産で、四位＝家族（一二％）であった。しかし五年ごとの調査で、金・財産や国家・社会が徐々に減り、昭和五八年からは「家族」が第一位（三三％）に上り、六三年には「子ども」を含めた「家族」は四三％を占めるようになった。その後もこの傾向は上昇を続け、最新の平成二〇年には「家族」だけで四六％（子どもを加えると五二％）を占めるまでになった。これは、金・財産＝三％、仕事・信用＝二％、家・先祖＝一％、国家・社会＝一％をはるかに引き離した数字である。

結局、心の拠り所として、生活の糧として「家族」が一番求められてきたのである。すでに満たされた人はもちろん、そうでない人も求める先に家族を夢みるようになった。むろん、安定した職業の拡大や社会保障の充実、地域社会の協調など、外部の課題もたくさん残されていることは確かだが、まずは昭和の末に、ここに行きついたということに、意味がある時だったのではないだろうか。

注

（1）非常にたくさんの論考があるが、単著として代表的なものをあげれば、我妻洋『家族の崩壊』昭和六〇年、文藝春秋。

（2）湯沢雍彦「家族は本当に危機なのか」『教育と医学』四三巻一号、平成七年、四〇～四三頁。
（3）戸田貞三『家族構成』昭和一二年、弘文堂、一二一～一三五頁。

あとがき

私が昭和四二年に初めて女子大学で一般教養「法学」を講義したとき、話が「離婚」に及ぶと女子学生の表情は暗くなり、「性」に触れるとみな下を向いてしまったことを思い出す。ところが六〇年代になると全く平気になり、「離婚」に触れるとかえって目の色が輝き出した。二〇年の間でもこれだけの変化があった。

いま、自宅で夕食を食べながらテレビを観ていると、ＮＨＫ総合テレビの表看板ともいってよい「夜七時のニュース」を、男と女のアナウンサーが交互に放送している。それに続く「クローズアップ現代」の枠を担当するキャスターは、連日Ｋさんという大変有能な女性である。毎日のことで慣れてしまって何とも思わないが、実はこの現象は昭和時代にはなかったことなのである。昭和五〇年代の国際婦人年でご一緒した市川房枝（婦人運動家）さんは、「ＮＨＫはニュース放送ぐらい女性にやらせればいいのに、男社会はなんて度量が狭いのかね」とよく語っておられた。昭和と平成はこれだけでも変わってきた。家族と社会は激しく動いてきたのである。

本書は、戦後の昭和を家族・家庭の面から再検討したものである。綴りながら思ったことを、もう一度箇条書きにしてみよう。

戦後昭和の四三年間は、家族・家庭にとって、波乱多くもなかなかに貴重な時だったと思われる。

混乱・困窮の時から改革の大改正を受けて再生し、経済成長の大波にのって生活水準を急上昇させ、成長停滞後もバブルを何とか乗りこえて、どうやら先進国の一角を占める生活に辿りつくことができた時だったからである。

簡単にいって、戦前の日本の家族の四分の三は「貧しい家族」であった。それが昭和四〇年代にはにエンゲル係数も三〇を割り、四分の三以上は文化的な暮らしができる「貧しくない家族」に変わったのである。主観的な評価ながら、昭和四〇年以降は自己の「生活程度は中流」とする人が九割に近づき、「総中流階層時代」という言葉まで生まれた。こういうことは過去の日本の歴史になかったし、その後大きな不況に巻きこまれて抜け出せないでいる平成の時代にもないことだったのである。昭和四〇年代にはGNP（国民総生産）が世界第二位になり（一人当り国民所得は二〇位だったが）、「昭和元禄」の賑やかなレジャーが拡がって、大阪万博には六〇〇〇万の人が群がった。

だが、裏側に起こった反動も大きかった。戦後の復興を担ってきた石炭がにわかに石油にとって代わられて炭鉱が倒産し、数万の家族が犠牲になった。その後の急激な経済成長の主役となってきた重化学工業は、たくさんの公害問題をひき起こした。すばらしい景観も数多く破壊された。深刻な健康障害や生活環境障害も拡がって、世界一の「公害先進国」になってしまった。交通戦争や住宅難も続いて、収入は増えたものの落ち着いた幸福感には遠いものだった。

これらの激しい動きのなかで、民主化の法改革が続々と行われた功績はやはり大きい。明治民法の中核として半世紀以上庶民を苦しめてきた「家の制度」は撤廃され、民主化された新法はとくに女性と若者を勇気づけた。今なら何でもない男女の平等が、無権利状態の女性についても一足飛びに達成されたのだから、これは家族にとって大革命である。敗戦のすばらしい効果だったといえる。

労働の場や国籍、教育の場に大きく残っていた宿題は、昭和五〇年からの「国際婦人の一一年」にかけてかなり改善された。戦後の日本は国際化されたからこそ、ひとりよがりが是正されたのである。

「家庭生活の貧しさ」と「個人をしばる家制度」の二つが、戦前の家族問題を暗くする二つの大きな元凶である、と私はずっと思ってきた。だからこの二つがほぼ克服されてきた戦後昭和の後半つまり四〇年以降は、家族問題は減少するはずと私は簡単に考えていた。

ところが、この時期になって離婚率は上昇し、家庭裁判所の紛争事件も親の保護に恵まれない子も増加してきた。新しい時代の、質を変えた新しい問題が増えてきたのである。終わりの二つの章は、昭和のしめくくりとして取り上げたつもりだが、新しい時代の家族問題の始まりを告げる章になったようでもある。今後も怠りなく考察を続けることとしていきたい。

『明治の結婚　明治の離婚』（角川選書）から始めた私なりの家族問題史も、どうやら昭和末期まで辿りついた。この一二〇余年間を書物にまとめることは、家族問題研究会事務局長を勤めていた若い時からの私の夢であった。誰も書かないので自分で果たさねばと思いながらも、二度目の定年までは余裕がなくて出来なかった。その後、「養子と里親を考える会」の仕事を兼ねながらであったが四冊にまとめあげて、今ようやく五〇年前からの宿題を書き終えた気分でほっとしている。

厳しい出版事情のなかで出し続けて下さったミネルヴァ書房のご厚情には感謝のほかない。細かい編集事務を続けて担当して下さった柿山真紀さんにもお礼を申し上げる。また、面倒な資料の検索に協力して下さった東京都杉並区立中央図書館の御尽力にも厚く感謝申し上げたい。手書き原稿をパソコンに打ち込む仕事をお願いした駒ヶ嶺何千子、金子優香里のお二人のご苦労にも感謝したい。またこの仕事に専念することを認めて協力してくれた私の妻と娘にも深く感謝申し上げたい。

平成二四（二〇一二）年夏

湯沢雍彦

人名索引

ま　行

や・ら・わ行

事項索引

あ　行

か　行

さ　行

た　行

な・は行

ま・や・ら・わ行

《著者紹介》

湯沢 雍彦（ゆざわ・やすひこ）

1930年　東京都生まれ。

東京都立大学人文学部社会学専攻・同法学専攻卒業。

東京家庭裁判所調査官，お茶の水女子大学教授，郡山女子大学教授，東洋英和女学院大学教授を経て，

現　在　お茶の水女子大学名誉教授，養子と里親を考える会理事，地域社会研究所理事。

著　作　『少子化をのりこえたデンマーク』朝日新聞社，2001年。

『里親制度の国際比較』ミネルヴァ書房，2004年。

『里親入門』ミネルヴァ書房，2005年。

『明治の結婚　明治の離婚』角川書店，2005年。

『大正期の家庭生活』クレス出版，2008年。

『新版　データで読む家族問題』日本放送出版協会，2008年。

『大正期の家族問題』ミネルヴァ書房，2010年。

『昭和前期の家族問題』ミネルヴァ書房，2011年，ほか。

昭和後期の家族問題
——1945～88年，混乱・新生・動揺のなかで——

2012年９月30日　初版第１刷発行　〈検印省略〉

定価はカバーに
表示しています

編　者　湯　沢　雍　彦
発行者　杉　田　啓　三
印刷者　中　村　知　史

発行所　株式会社　ミネルヴァ書房
607-8494　京都市山科区日ノ岡堤谷町１
電　話　(075)　581-5191
振替口座　01020-0-8076

中村印刷・藤沢製本

ISBN978-4-623-06289-8
Printed in Japan

〈ミネルヴァ日本評伝選〉 四六判・上製カバー

李方子 ――一韓国人として悔いなく 小田部雄次著 本体二八〇〇円

池田勇人 ――所得倍増でいくんだ 藤井信幸著 本体三〇〇〇円

松永安左エ門 ――生きているうち鬼といわれても 橘川武郎著 本体二五〇〇円

出光佐三 ――黄金の奴隷たるなかれ 橘川武郎著 本体二四〇〇円

本田宗一郎 ――やってみもせんで、何がわかる 伊丹敬之著 本体二二〇〇円

正宗白鳥 ――何云つてやがるんだ 大嶋仁著 本体二五〇〇円

川端康成 ――美しい日本の私 大久保喬樹著 本体二四〇〇円

薩摩治郎八 ――パリ日本館こそわがいのち 小林茂著 本体三五〇〇円

三島由紀夫 ――豊饒の海へ注ぐ 島内景二著 本体三〇〇〇円

井上有一 ――書は万人の芸術である 海上雅臣著 本体二七〇〇円

手塚治虫 ――アーチストになるな 竹内オサム著 本体二四〇〇円

吉田正 ――誰よりも君を愛す 金子勇著 本体三〇〇〇円

力道山 ――人生は体当たり、ぶつかるだけだ 岡村正史著 本体二五〇〇円

西田天香 ――この心この身このくらし 宮田昌明著 本体三〇〇〇円

平泉澄 ――国のために我つくさなむ 若井敏明著 本体三〇〇〇円

福田恆存 ――人間は弱い 川久保剛著 本体二八〇〇円

瀧川幸辰 ――汝の道を歩め 伊藤孝夫著 本体二二〇〇円

フランク・ロイド・ライト ――建築は自然への捧げ物 大久保美春著 本体二四〇〇円

ミネルヴァ書房

http://www.minervashobo.cp.jp/